# RÉSUMÉS
## DE
# LEÇONS DE PHILOSOPHIE

N° 227

Imprimatur :

Turonibus, die 26 martii 1908.

RENATUS FRANCISCUS,
Archiepisc. Turon.

---

Tout exemplaire qui ne sera pas revêtu de la signature ci-dessous sera réputé contrefait.

---

## EXTRAIT DU CATALOGUE :

**Cours de Philosophie** (Programme des Baccalauréats). Ouvrage approuvé par LL. EE. les Cardinaux de Bordeaux, de Rodez, de Reims, par Mgr l'Archevêque de Lyon et par Mgr l'Evêque de Tarentaise. In-8°, 900 pages.

**Méthodologie de l'Enseignement de la Philosophie.** In-8° broché, 120 pages.

**Éléments de Philosophie**, comprenant la Philosophie scientifique et la Philosophie morale (Classe de mathématiques), avec *Résumés* sous forme de *Tableaux analytiques* (Programme des Baccalauréats). In-8°. Cet ouvrage est extrait du précédent.

**Résumés de Leçons de Philosophie** sous forme de Tableaux analytiques (Programmes des divers baccalauréats). Extrait du Cours de Philosophie. In-8°.

**Précis de Philosophie** à l'usage des aspirants au Brevet supérieur et au Baccalauréat. In-12.

**Cours de Littérature.** In-12.

**Cours abrégé de Littérature.** In-12.

**Précis d'Histoire littéraire**, à l'usage des aspirants au Baccalauréat et au Brevet supérieur. In-12.

**Recueil de Compositions françaises.** Plans et développements précédés de conseils. In-8°, 176 pages.

**La Composition française aux divers examens** (Enseignement primaire, Brevet élémentaire et supérieur, Certificat d'aptitude pédagogique, Enseignement secondaire et Baccalauréats). 3 vol. in-8°.

**Morceaux choisis** traduits des Littératures étrangères, anciennes et modernes, avec notices biographiques, notes littéraires et sommaires. In-12.

**Morceaux choisis de la Littérature française.** Moyen âge, Renaissance, XVII°, XVIII°, XIX° siècle. Recueil à l'usage des classes supérieures de l'enseignement secondaire. In-12, 880 pages.

COLLECTION D'OUVRAGES CLASSIQUES
RÉDIGÉS EN COURS GRADUÉS CONFORMÉMENT AUX PROGRAMMES OFFICIELS

# RÉSUMÉS
DE
# LEÇONS DE PHILOSOPHIE

SOUS FORME

DE TABLEAUX ANALYTIQUES

A L'USAGE

DES CANDIDATS AUX DIVERS EXAMENS

Par F. J.

TROISIÈME ÉDITION

TOURS
MAISON ALFRED MAME ET FILS
IMPRIMEURS-LIBRAIRES

PARIS
J. DE GIGORD
RUE CASSETTE, 15

ET CHEZ LES PRINCIPAUX LIBRAIRES

Tous droits réservés

# AVERTISSEMENT

Ces *Tableaux analytiques* sont extraits du *Cours de Philosophie*, par F.-J., répondant au programme du baccalauréat *Lettres-Philosophie*. Ils ne se réduisent pas à la nomenclature sèche, et partant assez stérile, des principales divisions de chaque leçon ; ils en contiennent les définitions, les cadres, les idées directrices, et forment ainsi un résumé substantiel.

On leur a donné la forme des tableaux synoptiques ; car, plus que toute autre peut-être, cette forme habitue l'esprit à saisir les questions dans toute leur étendue et leurs divisions naturelles, d'où résultent l'unité et la coordination des connaissances, conditions indispensables de toute science.

L'expérience démontre chaque jour l'utilité des *mémento*, des résumés sommaires des questions dont le développement a fait ou doit faire l'objet d'une sérieuse étude. L'usage auquel ils sont destinés est double : ils permettent d'embrasser facilement le plan d'une leçon et d'en dégager l'ordre logique ; ils facilitent la révision des cours, principalement à l'époque des examens.

C'est dans ce but qu'ont été rédigés ces *Résumés de leçons de philosophie*.

# PRÉLIMINAIRES

## 1re LEÇON

### LA SCIENCE, LES SCIENCES

**LA SCIENCE ET LES SCIENCES**

**Définition.**
Considérée dans l'esprit (subjectivement), la *science* est la connaissance certaine de la vérité ; considérée en soi (objectivement), elle est un système de connaissances sur une matière donnée.
On peut encore la définir, dans son sens le plus général : la connaissance des *raisons des choses*, c'est-à-dire des causes et des lois.

**Causes, lois, rapports.**
La *cause* d'un phénomène est la force qui le produit ; elle répond à la question *pourquoi*.
La *loi*, c'est la manière constante dont il est produit ; elle répond à la question *comment*.
Dans les *sciences abstraites*, où il n'y a pas de causes à découvrir, on cherche les *rapports* nécessaires entre les *principes* et les *conséquences* qui en découlent. Ces rapports sont aussi appelés *lois*.

**Connaissance empirique, scientifique, métaphysique.**
Il y a une grande différence entre la *connaissance empirique* des choses et leur connaissance *scientifique* :
L'une se borne à constater les phénomènes, l'autre les explique par leurs causes et leurs lois ; la première voit la multiplicité des faits particuliers, la deuxième les ramène à l'unité des types, des lois.
— Souvent l'explication scientifique elle-même ne suffit pas ; la science n'atteint que les causes secondes : il faut avoir recours à la *métaphysique* pour saisir les premiers principes et la cause première.

**Ce qui constitue une science.**
Toute science est constituée : 1° par un *objet*, dont elle étudie la nature et les lois ; 2° par une *méthode* particulière adaptée à l'étude de cet objet. Ainsi la géométrie a pour objet l'étude des grandeurs, et sa méthode est la démonstration.

**Origine psychologique de la science.**
La science répond au plus impérieux de nos penchants : l'*instinct de curiosité*, le *besoin de savoir*.
Ce besoin se manifeste d'abord par les *questions que l'enfant pose à propos de tout* ; ensuite par l'*étonnement*, qui, d'après Platon, « est un sentiment propre au philosophe, et le commencement de la philosophie. »
La science est l'œuvre de la raison et non des sens : voir, ce n'est pas comprendre ; la *connaissance sensitive* n'est que l'occasion de la *connaissance scientifique*.

**Genèse des diverses sciences.**
A l'origine, on a appelé *philosophie* l'ensemble des connaissances humaines ; la *philosophie* était la science universelle, la science du tout. Mais une tendance naturelle vers le progrès a fait sortir de la philosophie toutes les autres sciences : la mathématique, ou science des grandeurs, fut la première à se détacher du tronc commun ; puis la physique (XVIIe siècle), la linguistique (XIXe siècle), la physiologie, la chimie, etc. — La morale et la psychologie elles-mêmes tendent aujourd'hui à se constituer sciences indépendantes, c'est-à-dire ayant leur objet et leur méthode propres.

**Science absolue et sciences particulières.**
La *science absolue* ou universelle, synthèse de toutes les sciences particulières, serait la connaissance universelle et parfaite de l'ensemble et des parties de l'univers. — Cette science absolue n'appartient qu'à Dieu. — L'homme y tend par les *sciences particulières*, qui coexistent dans la science totale et la constituent par leur ensemble.

## LA SCIENCE ET LES SCIENCES

**Caractères de la science.**

1° *L'universalité.* — La science s'occupe de ce qu'il y a de *général* et de *permanent* dans les êtres et dans les faits. — « Il n'y a pas de science du particulier, de ce qui passe. » (Aristote.) A propos du particulier, du passager, la science dégage le général et le permanent.

2° *La liaison.* — La science est un enchaînement de propositions, d'êtres ou de faits. — Des propositions ou des faits isolés et sans lien logique ne sont pas la science : la connaissance des êtres ou des faits particuliers devient scientifique, quand elle est *systématisée*, quand on en connaît les éléments, les caractères et les lois.

3° *La science est immuable et impersonnelle dans ses principes.* — La géométrie n'a pas changé depuis Euclide : elle a découvert de nouveaux théorèmes, elle n'a rejeté aucun des anciens. Toute vérité découverte, d'abord personnelle, cesse bientôt de l'être pour tomber dans le fonds commun de l'humanité. La vérité n'est à personne, elle est à tous.

4° *La science est indéfiniment perfectible, quoique immuable dans ses principes.* — Elle est l'œuvre collective des générations successives et s'accroît indéfiniment par leurs travaux. En face de la science, l'humanité est comme un homme qui apprend toujours.

5° *La science est la recherche désintéressée du vrai.* — « En soi, la science, dit Aristote, est indépendante de l'utilité. » Elle vaut par elle-même ; elle est un *but* avant d'être un *moyen* ; elle répond à un besoin impérieux de l'homme : le *besoin du vrai.* — En fait, elle trouve sa véritable valeur dans les applications ; sans la pratique, elle est exposée à n'être que curiosité et vanité.

---

## 2ᵉ LEÇON

### CLASSIFICATION ET HIÉRARCHIE DES SCIENCES

**CLASSIFICATION DES SCIENCES**

Classer les sciences, c'est déterminer les rapports qui les unissent, de manière à montrer leur place naturelle dans l'ensemble des connaissances humaines ; c'est les ranger en groupes distincts et subordonnés.

**Qualités d'une bonne classification.**
1° Elle doit se faire d'après la nature des objets connus et non d'après les facultés du sujet connaissant.
2° Elle doit suivre l'ordre naturel d'évolution, c'est-à-dire aller de la généralité décroissante à la complexité croissante.

**Une classification peut être :**
1° *Objective*, si l'on se place au point de vue de l'objet connu (cl. d'Ampère).
2° *Subjective*, si l'on se place au point de vue du sujet connaissant (cl. de Bacon).
3° Elle est dite *positive*, si elle considère seulement la connaissance elle-même, avec ses caractères propres, en dehors du sujet connaissant et de l'objet connu (cl. d'A. Comte).

**Avantages d'une bonne classification.**
1° Elle sert à montrer l'unité et la diversité des connaissances humaines ;
2° Le domaine propre de chaque science ;
3° Les rapports logiques qui les unissent les unes aux autres ;
4° L'ordre dans lequel elles doivent être étudiées.

**Deux grandes divisions des sciences.**
Les sciences sont dites *théologiques*, si elles se fondent à la fois sur les principes rationnels et les principes révélés ;
Et *philosophiques*, si elles se fondent exclusivement sur les principes rationnels.
On ne parlera que de ces dernières.

# CLASSIFICATION DES SCIENCES

## CLASSIFICATION DES SCIENCES (suite) — PRINCIPALES CLASSIFICATIONS

### Classification d'Aristote. (Subjective.)

Aristote distinguait, d'après les formes de l'activité humaine :
1° Les sciences *spéculatives*, dont le but est la connaissance pure : physique, mathématiques et philosophie première.
2° — *pratiques*, dont le but est de diriger nos actions : morale, économique et politique.
3° — *poétiques* ou l'*art* : poétique, rhétorique et dialectique.

CRITIQUE. — Classification artificielle, inexacte, incomplète.

### Classification des Scolastiques. (Objective.)

Les scolastiques divisaient la philosophie en deux sections :
1° Le *trivium*, ou section des *lettres*, comprenant la grammaire, la rhétorique et la dialectique ;
2° Le *quadrivium*, ou section des *sciences*, comprenant la musique, l'arithmétique, la géométrie et l'astronomie.
— Au-dessus et en dehors de ces sciences, qui formaient les *sept arts libéraux*, il y avait : le droit canon, le droit civil et la théologie.

CRITIQUE. — Cette classification n'avait rien de philosophique.

### Classification de Bacon et de d'Alembert. (Subjective.)

Bacon (*De Augmentis*) divise les sciences en trois ordres, correspondant aux trois facultés de l'âme :
1° *Sciences de mémoire* ou *histoire*, se subdivisant en histoire proprement dite, histoire littéraire et histoire naturelle ;
2° — *d'imagination* ou *poésie*, se subdivisant en poésie narrative, dramatique et parabolique ;
3° — *de raison* ou *philosophie*, se subdivisant en science de la nature, de l'homme et de Dieu.

D'Alembert, dans le *Discours préliminaire* de l'Encyclopédie, a reproduit la classification de Bacon, mais en modifiant l'ordre des facultés et en faisant remarquer ce qu'il y a d'arbitraire.

CRITIQUE. — Cette classification est factice, superficielle, incomplète, mais commode pour l'étude.

### Classification d'Ampère. (Objective.)

Ampère divise les sciences en deux grands groupes ou *règnes*, 4 *sous-règnes*, 8 *embranchements*, 16 *sous-embranchements*, 32 *sciences du 1er ordre*, 64 *sciences du 2e ordre* et 128 *sciences du 3e ordre*.

| | | | |
|---|---|---|---|
| Sciences *cosmologiques* ou de la matière, divisées en 2 sous-règnes, 4 embranchements et 16 sciences du 1er ordre. | 1er sous-règne : Sciences *cosmologiques* proprement dites. | 1er embranchement : Sciences mathématiques. | Arithmétique ou *arithmologie*, géométrie, mécanique. |
| | | 2e embranchement : Sciences physiques. | Physique générale, chimie, géologie, astronomie descriptive, sciences de l'industrie, des mines. |
| | 2e sous-règne : Sciences *physiologiques*. | 1er embranchement : Sciences naturelles. | Zoologie, botanique, agriculture, zootechnie. |
| | | 2e embranchement : Sciences médicales. | Nosologie, hygiène, médecine pratique. |
| Sciences *noologiques* ou de l'esprit, formant 2 sous-règnes, 4 embranchements et 16 sciences du 1er ordre. | 1er sous-règne : Sciences *noologiques* proprement dites. | 1er embranchement : Sciences philosophiques. | Psychologie, logique, morale, métaphysique. |
| | | 2e embranchement : Sciences dialegmatiques. | Grammaire, littérature, pédagogie. |
| | 2e sous-règne : Sciences *sociales*. | 1er embranchement : Sciences ethnologiques. | Ethnologie, archéologie, histoire, science des religions, géographie politique. |
| | | 2e embranchement : Sciences politiques. | Législation, économie politique, science militaire, science du gouvernement. |

CRITIQUE. — Cette classification est juste, si on se place au point de vue de l'origine des idées : toutes nos connaissances nous viennent, en effet, de l'esprit (sciences noologiques) ou des sens (sciences cosmologiques). On lui reproche l'abus des néologismes, les divisions trop multipliées et parfois arbitraires.

CLASSIFICATION DES SCIENCES (suite).

PRINCIPALES CLASSIFICATIONS (suite).

Classification d'A. Comte. (Positiviste.)
: Auguste Comte distingue les sciences et les arts, la spéculation et la pratique; mais il ne s'occupe que de classer les sciences. Il les divise :
1° En sciences *abstraites* ou *générales*, qui ont pour objet la découverte des lois. Il y a six sciences fondamentales : les mathématiques, l'astronomie, la physique, la chimie, la biologie et la sociologie. — Elles sont classées par ordre croissant de complexité et décroissant de généralité.
2° En sciences *concrètes* ou *particulières*, qui font l'application des lois aux êtres et aux faits. — Aug. Comte croit que ces sciences ne sont point encore formées, et que, par conséquent, toute classification en est impossible.
CRITIQUE. — On reconnaît à cette classification plus de clarté et de simplicité qu'à celle d'Ampère; mais elle renferme de graves erreurs : on lui reproche d'établir une distinction trop tranchée entre les sciences abstraites et les sciences concrètes, d'oublier la philosophie, de supprimer la métaphysique, enfin d'exagérer l'importance de l'ordre adopté.

Classification de H. Spencer. (Positiviste.)
: Herbert Spencer a distingué :
1° Les sciences *abstraites* (logique, mathématiques), qui ont pour objet des rapports;
2° — *abstraites-concrètes* (mécanique, physique, chimie, etc.), qui étudient les phénomènes;
3° — *concrètes* (astronomie, biologie, psychologie, etc.), qui traitent des êtres en eux-mêmes.
CRITIQUE. — Comme A. Comte, H. Spencer oublie la métaphysique, couronnement nécessaire des sciences et de la philosophie elle-même.

Hiérarchie des sciences.
: Par *hiérarchie des sciences* on peut entendre :
1° L'ordre de *dignité* de chacune d'elles : à ce point de vue les sciences philosophiques tiennent le premier rang;
2° Ou bien leur *dépendance logique*, qui indique l'ordre d'étude. — Alors on doit partir de ce principe que *la hiérarchie des sciences doit aller du général au particulier, ou du simple au composé*. — On a alors l'ordre suivant : sciences *mathématiques*, — sciences *physiques et naturelles*, — sciences *morales* ou *philosophiques*, — sciences *historiques*. Cette hiérarchie conduit à une classification qui est *objective*, comme celle d'Ampère, et *progressive*, comme celle de Comte.

---

## 3° LEÇON

## PHILOSOPHIE — OBJET ET DIVISION DE LA PHILOSOPHIE

LA PHILOSOPHIE. — OBJET ET DIVISION DE LA PHILOSOPHIE.

Définitions de la philosophie.
: Le mot philosophie signifie *amour de la sagesse* ou *de la science*.
Platon définissait la philosophie : science de la raison des choses.
Aristote et tout le moyen âge : science des principes et des causes.
Pour Bossuet, la philosophie « consiste à connaître Dieu et à se connaître soi-même ».
Aujourd'hui on la définit : science rationnelle de l'homme, de la nature et de Dieu.

Rapports de la philosophie avec les autres sciences.
: « Toutes les sciences empruntent leurs principes de la philosophie. » (DESCARTES.)
Elle est le lien commun des notions générales et des principes que toutes impliquent;
Elle établit la légitimité de la connaissance (problème de la certitude);
Elle étudie les principes directeurs de l'entendement (notions et vérités premières);
Elle donne la théorie générale de la méthode, et détermine celle qui convient à chaque science;
Enfin, elle ramène la science à l'unité par une synthèse générale.
En un mot, la philosophie domine, éclaire et complète toutes les sciences.

## LA PHILOSOPHIE. — OBJET ET DIVISION DE LA PHILOSOPHIE (suite)

**Philosophie d'une science ou d'un art.**
C'est le système des idées générales et des principes qui servent de fondement à cette science ou à cet art.
Chaque science a sa philosophie ; la philosophie proprement dite n'est que la synthèse de toutes ces philosophies particulières.
La philosophie des *mathématiques* établit la légitimité et la valeur des axiomes et des définitions ;
— des *sciences naturelles* discute les problèmes relatifs à l'essence de la matière, à l'origine de la vie, etc.;
— de la *grammaire* rend raison des lois générales du langage ;
— de *l'histoire* explique les événements de la vie des peuples par les causes qui les produisent et les lois qui les régissent ;
— du *droit* cherche et juge les motifs des lois... ; etc.

**Esprit philosophique et philosophisme.**
L'esprit philosophique est cet esprit d'*observation* et de *réflexion* qui cherche les *raisons* des choses, qui se rend compte, qui s'attache avant tout à la vérité, qui est exempt de *préjugés*, de *préventions*, de *passions*.
— A l'esprit *philosophique* on oppose le *philosophisme*, esprit sophistique, superficiel, sceptique, intéressé, se cherchant lui-même et non la vérité. — C'est l'esprit philosophique perverti, retourné.

**Esprit philosophique et esprit scientifique.**
L'un et l'autre sont un esprit de curiosité critique.
Le premier est *général*, curieux de tous les objets ; le second est *particulier*, curieux de tel ou tel objet.
L'esprit philosophique cherche à résoudre toutes les questions de *comment* et de *pourquoi*.
L'esprit scientifique ne se pose généralement que la première de ces deux questions.
— Cette distinction n'a cependant rien d'absolu, et ces deux esprits, loin de s'exclure, s'allient heureusement au profit de la science et de la philosophie.
L'idéal, c'est l'union de la philosophie et de la science, c'est le savant philosophe et le philosophe savant.

**A quoi sert la philosophie.**
La philosophie nous élève au-dessus des sens et du monde visible ;
— nous met en rapport avec le triple but de notre activité : le vrai, le bien, le beau ;
— nous apprend à nous connaître et à développer nos facultés ;
— nous dit notre nature, notre origine, notre destinée et les moyens de la remplir ;
— nous fait connaître nos droits et nos devoirs ;
Enfin, elle nous enseigne l'art de juger, de raisonner, d'être bons et heureux.

**Division de la philosophie.**
La philosophie se divise d'abord en autant de parties qu'il y a d'objets de la pensée : la *matière* ou le *monde*, saisi par les sens, objet de la *cosmologie* ou des *sciences physiques et naturelles* ; l'*âme*, connue par la conscience, objet de la *psychologie* ; Dieu, connu par la raison, objet de la *théodicée*.
Puis elle étudie l'*être* en tant qu'*être* : c'est l'objet de la *métaphysique*.
Mais l'être se présente à nous sous trois aspects : comme vrai, comme bien, comme beau ;
De là, la *logique*, science du vrai, objet de l'intelligence ;
— la *morale*, science du bien, objet de la volonté ;
— l'*esthétique*, science du beau, objet de l'imagination créatrice et du goût.

# PSYCHOLOGIE

## 1ʳᵉ LEÇON

### OBJET DE LA PSYCHOLOGIE. — PSYCHOLOGIE ET PHYSIOLOGIE MÉTHODE DE LA PSYCHOLOGIE

**I. — L'HOMME**

**Définition.** — L'homme est un composé de deux éléments, l'un spirituel et l'autre matériel : l'âme et le corps, qui, substantiellement unis, forment la *personne humaine*.

**Le moi.** — L'unité de la personne humaine s'exprime par le mot *moi*.
Le *moi*, c'est l'âme et le corps substantiellement unis ; c'est la personne humaine en tant qu'elle a conscience d'elle-même, en tant qu'elle est à la fois sujet et objet de la pensée.
La permanence et l'identité du *moi* sont attestées par la conscience.

**Autres définitions de l'homme.**
- Platon a défini l'homme : « une âme qui se sert d'un corps, » et de Bonald : « une intelligence servie par des organes. » — Ces deux définitions ne tiennent pas assez compte de l'union substantielle de l'âme et du corps ; elles établissent de l'un à l'autre un rapport d'accident et non un rapport naturel. « L'âme et le corps, dit Bossuet, forment un tout naturel. » Aristote, et avec lui la plupart des anciens et des scolastiques, ont défini l'homme : « animal raisonnable. » C'est la définition généralement adoptée.
- Les *idéalistes* : Platon, Descartes..., n'ont vu dans l'homme qu'un esprit enchaîné à un corps ;
- Les *sensualistes* et *matérialistes* : Locke, Condillac..., qu'un animal plus parfait, mais de même espèce que les autres.
- La doctrine vraie, celle des *spiritualistes*, enseigne que l'homme est la résultante de l'union de l'âme et du corps.

**L'Âme.** — Dans le sens le plus général, l'âme est le *principe interne* de toutes les opérations des corps vivants. — Elle est simplement *végétative* dans les plantes et *sensitive* dans les bêtes ; dans l'homme, elle est *raisonnable* et *libre*, *spirituelle* et *immortelle*.
Bossuet définit l'âme de l'homme : « une substance intelligente, née pour vivre dans un corps et lui être intimement unie. »

**La vie.** — La vie est l'*activité intérieure* par laquelle un être se meut lui-même. — Sa marque distinctive est la *spontanéité*.

**Les trois vies de l'homme.**
On distingue dans l'homme trois vies :
1° La vie purement *physique* ou *végétative*, caractérisée par la nutrition ;
2° La vie *animale* ou *sensitive*, caractérisée par la sensation ;
3° La vie *morale* ou *humaine* proprement dite, caractérisée par l'entendement, le sentiment, la volonté.
Une seule et même âme, l'âme raisonnable, est le principe de ces trois vies et des phénomènes qui leur sont propres.
Dans le chrétien, il y a, de plus, la vie *surnaturelle*, caractérisée par la foi et la grâce.

# OBJET DE LA PSYCHOLOGIE

## I. — PHYSIOLOGIE ET PSYCHOLOGIE

Le corps et l'âme peuvent être étudiés séparément. Ils sont l'objet de deux sciences : la *physiologie* et la *psychologie*.

### Distinction et rapports de la physiologie et de la psychologie.

La *physiologie* est la science qui a pour objet l'étude du corps vivant et de ses fonctions.

La *psychologie* est la science de l'âme et de ses facultés. — On distingue quelquefois la *psychologie expérimentale*, qui étudie les faits et les facultés par la conscience, et la *psychologie rationnelle*, qui étudie la nature de l'âme et ses facultés par le raisonnement.

La psychologie et la physiologie diffèrent :
1° Par *leur objet* : l'une étudie les faits de la vie de l'âme, l'autre ceux de la vie du corps ;
2° Par *les moyens d'observation* : la psychologie emploie l'observation interne ou réflexion ; la physiologie, l'observation externe ou des sens.

Quoique différentes, ces deux sciences doivent être considérées comme sœurs et se prêter un mutuel secours. — Nombre de faits de conscience sont des faits complexes qui relèvent à la fois de la psychologie et de la physiologie.

### Distinction des faits physiologiques et des faits psychologiques.

Les phénomènes *physiologiques* appartiennent à la vie végétative ;
Les phénomènes *psychologiques* appartiennent à la vie sensitive ou à la vie morale.
Ces faits diffèrent :
1° *Par leur nature*. — Les faits *physiologiques* appartiennent à la matière organisée, se localisent dans le temps et dans l'espace, ont une forme, une étendue, peuvent se mesurer, et, en définitive, se ramener à des mouvements. — Les faits *psychologiques* appartiennent à l'âme ; ils se localisent dans le temps et non dans l'espace ; ils échappent à toute idée de forme, d'étendue, de mesure, et ne sauraient se résoudre en mouvements.
2° *Par leur cause*. — La cause des faits *physiologiques* n'est pas perçue directement ; elle n'est connue que par ses effets. — La cause des faits *psychologiques* est perçue en même temps que le phénomène lui-même.
3° *Par la faculté qui connaît.* — Les faits *physiologiques* sont perçus par les sens ; — les faits *psychologiques* par la conscience.
4° *Par leur fin*. — Les faits *physiologiques* ont pour but la conservation de l'individu ou de l'espèce. — Les faits *psychologiques*, chez l'homme, ont pour but le développement de la vie morale : le vrai, le bien, le beau. — Chez l'animal, ils se confondent avec les faits physiologiques.

## II. — MÉTHODE DE LA PSYCHOLOGIE

La psychologie est une science d'observation et, comme telle, emploie surtout la *méthode inductive*, avec ses divers procédés.
Mais la méthode *proprement psychologique*, c'est l'*observation interne* ou *introspection*.
Cependant ce procédé ne suffit pas ; il doit être complété par l'*observation externe*, la *psychologie comparée* et l'*expérimentation*.

### 1° Observation interne ou introspection. (*Méthode subjective.*)

L'*observation interne* se fait par la *conscience psychologique*, faculté ou opération par laquelle l'âme se connaît elle-même, et connaît ses actes et ses états. C'est le propre des faits psychiques de n'être directement saisissables que par la conscience de celui qui les éprouve.

Quelques auteurs ont nié la possibilité de l'*observation interne* : on ne peut pas, disent-ils, être à la fois *sujet connaissant* et *objet connu*, acteur et spectateur, etc.

On répond que l'observation interne est *difficile* mais *possible*, et qu'elle est la condition de toute connaissance.

On reproche encore à cette méthode de n'étudier que des faits individuels, et on lui refuse tout caractère scientifique. — Il est vrai que la méthode *subjective* ne saurait suffire, et qu'il faut y joindre l'*observation externe* ; mais l'objection porte aussi bien contre toute connaissance, qui est d'abord particulière, concrète, et ne devient générale que par l'abstraction, l'analogie et la généralisation.

## III. — MÉTHODE DE LA PSYCHOLOGIE (suite.)

**2° Observation externe.**
*(Méthode objective.)*

Ce procédé consiste à étudier les états psychologiques au dehors, dans les faits matériels qui les traduisent.

L'observation externe est *directe*, si on étudie les états de conscience à l'aide des signes extérieurs qui les manifestent : *gestes, langage, physionomie, actes*, etc.; *indirecte*, si on les étudie dans les *langues*, les *littératures*, l'*histoire*, les *arts*, les *religions* et les *civilisations* en général.

**3° Psychologie comparée.**

A l'observation externe se rattache la *psychologie comparée*, qui est aussi une source de précieuses informations. Elle consiste à étudier et à comparer les mêmes phénomènes chez l'homme et chez l'animal, ou chez l'homme seulement, mais à ses différents *âges*, et dans ce qu'on a appelé les états *morbides* ou *tératologiques*, tels que le *somnambulisme*, l'*hystérie*, l'*aphasie*, l'*amnésie*, l'*aliénation mentale*, etc.

**4° De l'expérimentation en psychologie.**
—
Psycho-physiologie et psycho-physique.

Réduite à l'observation seule, soit *interne*, soit *externe*, la psychologie manquerait d'un des principaux caractères de la science, l'*expérimentation*, la *mesure*.

L'expérimentation est-elle possible en psychologie? — Non, avait-on dit longtemps. — Oui, répondent aujourd'hui les *psycho-physiologistes* (École anglaise : Bain, Stuart-Mill, Spencer, Ribot); en agissant sur les *concomitants physiologiques*, on peut produire à volonté le fait *psychique* correspondant. — Oui, disent encore les *psycho-physiciens* (École allemande : Weber, Wundt, Fechner, Helmholtz...), on peut mesurer, jusqu'à un certain point, le phénomène *psychique* en mesurant son *antécédent physiologique*.

Il y a une part de vérité dans ces assertions. On peut, de plus, expérimenter, sur soi ou sur les autres l'influence d'un motif, d'une idée, de la vue d'une image, d'une personne; en politique, on expérimente l'effet d'une loi; en pédagogie, d'un système d'émulation ou de répression, etc.; mais toutes ces expériences ne donnent que des résultats très vagues et qui n'ont pas le caractère rigoureux des sciences physiques et mathématiques.

En résumé, la vraie méthode psychologique est à la fois *introspective* et *expérimentale*, *subjective* et *objective*. — Ce qu'il faut bien remarquer et retenir, c'est que le fond de la méthode, c'est l'*observation interne*; l'observation *externe*, la *psychologie comparée*, l'*expérimentation*, n'ont de valeur qu'en s'appuyant sur elle.

**IV. — Importance de la psychologie.**

La psychologie occupe un rang à part dans l'étude de la philosophie :

Elle fournit des données à la *logique*, qui suppose la connaissance des facultés intellectuelles;

A la *morale*, qui implique la connaissance de la volonté, de la liberté;

A la *pédagogie*, qui ne saurait cultiver des facultés qu'elle ne connaît pas;

A la *littérature*, à la *théodicée*, à l'*histoire*, à la *politique*, à la *sociologie*, etc.

## 2ᵉ LEÇON

## DIVERSES SORTES DE PHÉNOMÈNES PSYCHOLOGIQUES. — LES FACULTÉS
## DÉTERMINATION ET DIVISION DES FACULTÉS

**LES FACULTÉS DE L'AME**

**Diverses sortes de phénomènes psychologiques.**
Les phénomènes psychologiques se partagent en deux classes :
1° Les *opérations de la vie sensitive*, qui dépendent immédiatement du corps et qui sont communes à l'homme et à l'animal : telles sont les opérations des sens externes et internes, les appétits, les passions, etc.
2° Les *opérations de la vie intellectuelle*, qui sont élevées au-dessus des sens et sont propres à l'homme ; elles se résument dans les opérations des trois *facultés* : l'entendement, le sentiment, la volonté.

**Détermination des facultés : trois ordres de faits moraux.**
**Solidarité des facultés.**
*Faculté* veut dire puissance, pouvoir de produire certains phénomènes ou d'éprouver certaines modifications. L'âme agit par ses facultés, qui sont, non de *simples catégories de faits*, comme le prétendent les empiristes, mais de véritables forces, distinctes des faits qu'elles produisent.
Une faculté se révèle à nous par les effets qu'elle produit. — Tout ordre de faits distincts implique une faculté distincte. — Or, en observant les phénomènes moraux, en les classant, on arrive à en distinguer trois groupes :
1° Des *faits d'intelligence* : perceptions, idées, souvenirs, dont le caractère essentiel est d'être *représentatifs*, c'est-à-dire de nous donner l'idée ou représentation intellectuelle des choses ;
2° Des *faits de sensibilité* : estime, mépris, inclinations, qui ont pour caractère d'être *affectifs*, c'est-à-dire agréables ou pénibles ;
3° Des *faits de volonté* : desseins, intentions, résolutions, qui consistent en un *effort* dont nous nous attribuons l'initiative.
Ces trois classes de faits répondent à des divisions réelles ; il est nécessaire de les admettre, mais inutile d'en ajouter d'autres, comme l'ont fait Garnier, Jouffroy et quelques autres psychologues.
— Il est indispensable de remarquer que les facultés ne sont que les modes variés de l'activité d'un sujet unique, le *moi*, et que tout fait d'intelligence, de sensibilité, de volonté, n'émane pas seulement de la faculté dont il porte le nom, mais du concours plus ou moins accusé de toutes les énergies de l'âme.

**Analogie entre les opérations de la vie sensitive et celles de la vie intellectuelle.** — Dans les opérations sensitives, on peut distinguer trois sortes de phénomènes, analogues aux trois facultés intellectuelles :
1° Des phénomènes *sensitifs* ou sensations proprement dites, impressions produites par l'action des objets matériels ;
2°   —   *affectifs* ou appétits, caractérisés par le plaisir et la douleur ;
3°   —   *actifs* ou instincts, qui se manifestent par le mouvement.

**Division des facultés.**
La philosophie traditionnelle ne reconnaissait que deux facultés morales :
1° L'*intelligence*, qui a pour objet le vrai ;
2° La *volonté*, qui a pour objet le bien, et qui a pour prérogative le libre arbitre. — Si l'on détermine les facultés d'après leur objet, on voit que cette division est la seule vraie et qu'il faut y ramener la nouvelle.
Dans cette classification on oppose les *sens* à l'*intelligence*, l'*appétit sensitif* à la *volonté*. L'appétit sensitif suit la connaissance sensible ; la volonté, la connaissance intellectuelle.

**LES FACULTÉS DE L'AME** (suite)

**Division des facultés.** (suite)

La philosophie moderne reconnaît trois facultés :
1° L'*intelligence*, faculté de penser, de juger, de raisonner ;
2° Le *sentiment*, faculté à laquelle elle rapporte les inclinations et les émotions morales ;
3° La *volonté* ou *liberté*, faculté de se déterminer.
Observons que, dans la division traditionnelle, la volonté *renferme* à la fois la *sensibilité morale* et le *libre arbitre* ou *volonté*.

**Ordre à suivre dans l'étude des facultés.** — Il faut suivre l'ordre de leur développement naturel :
1° Les opérations sensitives : sens, appétits, passions ;
2° Les opérations intellectuelles : intelligence, sentiment, volonté.
Cet ordre est à la fois logique et chronologique ; mais il faut bien se garder de cultiver à part chaque faculté, comme le veut Rousseau ; c'est l'homme tout entier qu'il faut former.

---

## 3º LEÇON

### DE L'ACTIVITÉ. — SES MODES

**DE L'ACTIVITÉ. — SES MODES**

**De l'activité.**

**Définition.** — L'activité est le pouvoir de produire des actes, d'être cause d'effets.
Tout être est actif à quelque degré : « L'activité est une conséquence de l'existence. » (SAINT THOMAS.)
L'*inertie* n'est pas l'absence totale d'activité, mais simplement l'impuissance des corps à se donner à eux-mêmes le mouvement ou à modifier le mouvement qu'ils ont reçu.
*Activité du minéral.* — L'activité du minéral s'exerce surtout au dehors ; elle est transitive plus qu'immanente ; elle se manifeste par la cohésion, l'attraction, la cristallisation, l'élasticité, etc.
Cette activité est purement mécanique, privée de toute spontanéité ; la *réaction* est toujours *égale à l'action* ou impression reçue.
*Activité de l'être vivant.* — L'activité de l'être vivant est caractérisée par la *spontanéité*. Chez lui, la *réaction* est ordinairement *supérieure à l'action*.
— Dans *la plante*, la spontanéité est à son plus bas degré : elle se manifeste par la nutrition, la croissance et la reproduction.
— Dans *l'animal*, la spontanéité est plus variée et plus noble : aux trois facultés de nutrition, de croissance, de reproduction, l'animal joint la sensation, l'appétit et le mouvement.
— *L'homme* résume en lui toutes les puissances du monde inférieur : il se nourrit, croît, se reproduit, comme la plante ; il sent, a des appétits, se meut, comme l'animal ; de plus, il connaît le vrai, le bien, le beau par sa raison, et sa volonté peut se déterminer librement.
*L'âme humaine est essentiellement active :* vivre, sentir, penser, aimer, vouloir, souffrir, jouir, c'est agir et réagir de différentes manières.

# DE LA SENSIBILITÉ

**DE L'ACTIVITÉ. — SES MODES** *(Suite)*

**Différentes sortes d'activité psychologique ; ses modes.**

L'*activité psychologique* est *spontanée* ou *réfléchie* ; la première est une des caractéristiques de l'animal, mais on la trouve aussi chez l'homme ; la deuxième est propre à l'homme.
L'*activité spontanée* se présente sous deux modes :
1° L'*instinct*, force ou impulsion naturelle ;
2° L'*habitude*, disposition acquise ou développée par des actes réitérés.
L'*activité réfléchie* ne se présente que sous le mode de la *volonté libre*.
*Considérée dans son origine*, l'activité, chez l'homme, revêt donc trois formes : l'*instinct*, l'*habitude* et la *volonté libre* ;
*Considérée dans les objets auxquels elle s'applique*, elle se divise en activité *physique*, *intellectuelle* et *morale*.

---

## 4ᵉ LEÇON

### DE LA SENSIBILITÉ — DU PLAISIR ET DE LA DOULEUR

**DE LA SENSIBILITÉ**

**Définition.** — La sensibilité est la faculté de *sentir*.
Sentir, c'est avoir des *sensations* ou des *sentiments* ; par exemple, jouir, souffrir, espérer, craindre.

**Espèces de sensibilité.**

On distingue la sensibilité physique et la sensibilité intellectuelle ou morale.
La *sensibilité physique* est la faculté d'éprouver des *sensations*.
Elle implique le corps et se localise dans le corps entier ou dans quelqu'une de ses parties ;
Elle résulte de l'impression faite sur l'âme par les phénomènes corporels et appartient exclusivement à la vie sensitive ou animale ;
Elle est attachée aux organes : pas d'organes, pas de sensation ;
Elle est sujette à se perdre en se répétant ou en se prolongeant.
— La *sensibilité intellectuelle* ou *morale* est la faculté d'éprouver des *sentiments*.
Elle se rapporte à l'intelligence et à la volonté ;
Ne se localise pas dans le corps ;
Est excitée par les idées, sans l'intervention des sens. — Les sens peuvent en être la cause occasionnelle, mais non la cause efficiente.
L'exercice lui donne une puissance toujours croissante.
*Il y a entre ces deux sortes de sensibilité des rapports étroits :*
La tristesse rend malade (action du sentiment sur la sensation) ;
Une mauvaise digestion rend triste (action de la sensation sur le sentiment).
La sensibilité semble quelquefois mixte : dans un dîner d'amis, sensations et sentiments se font valoir réciproquement.

**Origine des sentiments.** — Les sentiments viennent du *cœur*.
Le mot *cœur*, dans toutes les langues, est synonyme de sentiment et s'oppose à l'*esprit*.
L'esprit juge, raisonne ; le cœur sent.
Au sens plein et fort que lui donne la langue, le cœur exprime ce qu'il y a en nous de plus intime et de plus profond : dignité personnelle, courage, héroïsme, etc.

**Classification des sentiments.**

On peut diviser les sentiments en quatre classes :
1° *Sentiments intellectuels*, qui se ramènent à deux : le sentiment du vrai et le sentiment du faux ;
2° *Sentiments esthétiques* : sentiment du beau et du laid ;
3° *Sentiments moraux* : estime, mépris, satisfaction de conscience, remords ;
4° *Sentiments religieux* : adoration, respect.

## DE LA SENSIBILITÉ (Suite)

**Éléments de la sensation.**
Tout fait de sensibilité physique implique :
1° *Des conditions antécédentes :* une impression organique et sa transmission au cerveau ;
2° *La sensation proprement dite* ou *perception sensible,* qu'il ne faut pas confondre avec la perception intellectuelle ;
3° *Des phénomènes concomitants ou subséquents :* attraction ou répulsion, plaisir ou douleur.
Il faut distinguer l'*impression* organique, phénomène physiologique, de la *sensation*, phénomène psychologique. La première est la condition de la deuxième.

**Nature du sujet sentant.** — Les *cartésiens* ont prétendu que c'est l'âme seule qui sent, la sensation exigeant un principe simple. Les *matérialistes*, que c'est le corps seul, la sensation demandant un principe étendu. Aristote et saint Thomas répondent que c'est à la fois le *corps* et l'*âme*, c'est-à-dire l'*organe animé* qui sent, parce que la sensation exige un principe simple et un principe étendu.

**Espèces de sensations et d'émotions.**
On distingue : 1° les *sensations internes*, qui proviennent des fonctions de la vie et excitent l'homme à faire ce qui est utile pour la conservation de sa santé : faim, soif, froid, chaud, etc. ; 2° les *sensations externes*, qui résultent de l'exercice des cinq sens : vue, ouïe, etc.
— Il y a deux choses à considérer dans toute sensation : 1° elle est agréable ou désagréable (affective) ; 2° elle nous apprend quelque chose de distinct sur les objets sensibles (représentative).
Dans le premier cas, elle s'appelle *émotion*.
L'émotion résulte d'une inclination physique ou morale satisfaite ou contrariée. Il y en a de deux sortes ; ce sont : 1° des *émotions physiques* ou *sensations affectives*, si elles appartiennent à la sensibilité physique ; 2° des *sentiments*, si elles se rapportent à la sensibilité morale : joie, tristesse, etc.

## II. — PLAISIR ET DOULEUR

**Définition et caractères du plaisir et de la douleur.** — Il n'y a pas, à proprement parler, de définition du plaisir et de la douleur. On dit ordinairement que le plaisir est une émotion agréable qui convient à la nature, et la douleur, une émotion désagréable contraire à la nature.
Ce sont deux phénomènes essentiellement *affectifs*, qui se distinguent des phénomènes intellectuels et volontaires ; ils sont *passifs*, *fatals* dans une certaine mesure, *subjectifs*, *instables* et *variables* ; l'habitude les *émousse*, ils sont *relatifs* l'un à l'autre ; l'un ne peut exister avec l'autre, mais ils se font valoir réciproquement par le contraste.

**Origine.** — Le *plaisir* naît de l'activité qui se déploie normalement ; la *douleur*, de l'activité empêchée, exagérée ou faussée.
Il n'est pas un seul mode de l'activité que le plaisir n'accompagne à quelque degré ; de là, le plaisir d'un *travail modéré*, du *jeu*, du *rire*, l'*attrait de la nouveauté*, le *besoin de changement*. De là aussi la douleur qui suit l'oisiveté, l'ennui.
*Nos facultés sont des puissances essentiellement actives :* agir est un besoin ; l'inaction forcée, un supplice ; le *far-niente*, la *rêverie*, ne sont pas l'inactivité absolue, mais le libre déploiement de l'imagination, la détente, la mise en liberté de toutes nos forces.

**Rapports du plaisir et de la douleur avec l'inclination.** — Condillac, Stuart Mill et les *associationnistes* prétendent que le plaisir et la douleur précèdent l'inclination. — Cette opinion est insoutenable : cela résulte de la définition même du plaisir et de la douleur. Le plaisir et la douleur révèlent l'inclination et la fortifient, mais ne la créent pas.
Il faut admettre avec Aristote, F. Bouillier, la plupart des spiritualistes, la priorité de l'inclination sur le plaisir et la douleur.

**Rapports du plaisir et de la douleur.** — La douleur est-elle le fait primitif de la vie, et le plaisir n'est-il que la cessation de la douleur ? — Épicure, Cardan, Montaigne, Kant, Schopenhauer et les pessimistes l'affirment. Mais Platon, Aristote, Descartes, Leibniz, Spinoza, Hamilton, F. Bouillier, soutiennent le contraire. Pour eux, c'est le plaisir qui est le fait positif. La vie est bonne.
Y a-t-il un état indifférent entre le plaisir et la douleur ? Quelques auteurs l'ont prétendu, mais le plus grand nombre pense le contraire.

*Rôle du plaisir et de la douleur dans la vie humaine.* — A un point de vue très général, le plaisir est le signe du bien, mais il n'est pas le bien ;

**III. SENSIBILITÉ ET ÉDUCATION** { **II. PLAISIR ET DOULEUR (Suite.)** {

la douleur, le signe du mal, mais n'est pas le mal. Tant qu'ils sont modérés, le plaisir et la douleur excitent l'activité ; dès qu'ils deviennent excessifs, ils la paralysent.

En général, le plaisir est *stimulant*, la douleur *déprimante*; mais tant qu'elle ne dépasse pas une certaine limite, elle est, elle aussi, essentiellement *stimulante*, c'est la source de tout progrès.

L'éducation doit régler tous les modes de l'activité chez l'enfant : le but est de former « une âme saine dans un corps sain ». Il faut apprendre à l'enfant à dominer ses inclinations, à ne pas se laisser abattre par la douleur et à faire prédominer le moral sur le physique.

---

## 5ᵉ LEÇON

### APPÉTITS : INCLINATIONS, PENCHANTS, PASSIONS, DÉSIRS.

**I. — APPÉTITS, INCLINATIONS, PENCHANTS** {

**Définitions.** — Les *appétits* sont des tendances naturelles par lesquelles l'être sensitif se sent porté vers quelque chose pour la satisfaction de ses sens.

Les *inclinations* et les *penchants* sont des mouvements naturels de l'âme vers des objets conformes à sa nature morale.

Les uns et les autres sont les ressorts, les mobiles de l'activité, soit spontanée, soit réfléchie.

**Différence de nature.** — Les *appétits* appartiennent à la vie physique et ont pour but sa conservation et son développement ; ils se manifestent par des *sensations*.

Les *inclinations* et les *penchants* se rapportent à la vie morale : ce sont des *sentiments*.

Les *appétits* sont limités dans leur développement et se manifestent d'une manière périodique.

Les *inclinations* et les *penchants* ont un développement illimité, ne sont pas périodiques.

**Similitude de rôle.** — Les *inclinations* et les *penchants* jouent dans la vie intellectuelle et morale le même rôle que les *appétits* dans la vie animale ou physiologique : ce sont des principes d'impulsion.

Appliqués à la vie physique, les mots *penchant* et *inclination* sont synonymes d'*appétit*.

L'*appétit* non satisfait devient un *besoin*.

Il est important de remarquer qu'il y a des *besoins naturels* et d'autres purement *factices*; ces derniers, c'est nous qui nous les donnons, et, par conséquent, nous en sommes responsables.

**Moralité de ces mobiles d'activité.** — Les *inclinations*, les *penchants*, les *appétits* sont bons, s'ils restent dans l'ordre ; ils sont mauvais, s'ils s'en écartent.

L'éducation doit les régler, les perfectionner, les diriger, les contenir, les soumettre à la raison.

Il y a des inclinations qu'il ne faut pas contenir, mais qu'il faut au contraire sans cesse développer : l'amour du bien, du vrai, du beau.

**Sens du mot Instinct appliqué à l'homme.** — Appliqué à l'homme, le mot instinct est synonyme d'appétit, d'inclination, de penchant : instinct ou penchant d'imitation.

**Classification des inclinations ou penchants.** — On les range en trois classes : *personnelles*, *sociales*, *supérieures* ou *idéales*.

## II. — PASSIONS

**Définition.** — Le mot passion a deux sens, l'un purement *psychologique* et l'autre *moral*.

Au sens *psychologique*, la passion est un mouvement de l'âme qui poursuit un certain bien ou s'éloigne d'un certain mal. — Dans ce sens, la passion est un mobile, un stimulant de l'activité, qui est bon ou mauvais selon l'usage que l'on en fait.

Au sens *moral*, les passions sont des mouvements violents et excessifs de l'âme, qui troublent le jugement, paralysent la liberté et nous entraînent loin du but que la raison nous propose. Ainsi entendues, elles sont notre œuvre : ce sont des inclinations, des penchants, des besoins, des désirs déréglés, et nous sommes responsables des actes qu'elles nous font commettre.

**Différence entre l'inclination et la passion.** — L'*inclination* est innée, permanente ; elle a pour fin un bien nécessaire au corps ou à l'âme ;

La *passion* n'est ni primitive ni permanente ; elle est violente, jalouse, égoïste, exclusive, obsédante, déformatrice, et n'a pour fin que le plaisir.

**Causes des passions.**
Ces causes sont *extérieures* ou *intérieures* :

1° extérieures :
- 1° Les *circonstances habituelles* : âge, position de fortune, milieu ; ou *accidentelles* : rencontre d'un objet, d'une personne... ;
- 2° L'*organisme* : état de santé ou de maladie, complexion lymphatique ou sanguine... ;
- 3° Les *influences morales* : éducation, exemples, livres, fréquentations.

2° intérieures :
- 1° L'*imagination*, qui joue le rôle de « maîtresse d'erreur et de fausseté » ;
- 2° La *volonté*, qui *consent* en s'abstenant, en laissant faire, ou qui se rend *complice* en se faisant l'auxiliaire de la passion.

**Lois des passions.** —
1° L'habitude les émousse, mais les transforme en besoins ;
2° Le changement les stimule et les excite ;
3° Elles sont contagieuses et se communiquent par l'exemple ;
4° Elles subsistent en dehors de leur objet, grâce à l'imagination ;
5° Elles sont accompagnées d'efforts musculaires et organiques.

**A quelle vie appartiennent les passions.** — D'après saint Thomas et Bossuet, les passions appartiennent au composé humain, corps et âme réunis ; M. Paul Janet les attribue surtout au corps.

Chez l'animal, on ne doit pas entendre le mot passion dans le sens d'abus, comme chez l'homme ; il ne peut y avoir, chez l'être privé de raison, ni désordre ni déviation. De là vient la régularité de conduite des animaux.

**Classification des passions.**
La classification des passions est donnée par celle des inclinations. Elles sont :

1° Personnelles.
- *Physiques*, naissant des appétits, se rapportant au corps : gourmandise, ivrognerie ;
- *Morales*, venant des penchants et se rapportant surtout à l'âme : égoïsme, avarice ;

2° Sociales.
- *Malveillantes* : envie, jalousie, haine, etc.
- *Bienveillantes* : chauvinisme, esprit de parti, nostalgie, etc.

3° Supérieures.
- *Intellectuelles* : passion de la science, de la lecture, etc.;
- *Morales* : fausse admiration ;
- *Esthétiques* : passion des beaux-arts ;
- *Religieuses* : intolérance, fanatisme, etc.

La classification la plus simple est celle que donne le catéchisme : les sept péchés capitaux.

## II. — PASSIONS (Suite)

**Source et classification des passions d'après la philosophie traditionnelle.** — Aristote, saint Thomas, Bossuet distinguent les passions suivant qu'elles naissent de l'appétit *concupiscible* ou de l'appétit *irascible*.

*Six naissent de l'appétit concupiscible* : l'amour, le désir, la joie, qui se rapportent au bien ; la haine, l'aversion, la tristesse, qui se rapportent au mal.

*Cinq naissent de l'appétit irascible* : *deux impulsives*, espérance et courage ; *deux répulsives* ou *dépressives*, désespoir et crainte ; enfin la colère.

Toutes ces passions peuvent se ramener au seul *amour*, qui est la première des passions et la source de toutes les autres.

**Autres classifications des passions.** — Descartes et Malebranche reconnaissent *six passions* primitives : l'*admiration*, l'*amour*, la *haine*, le *désir*, la *joie* et la *tristesse* ;

Spinoza ne reconnaît comme passion primitive que le *désir*, duquel découlent la *joie* et la *tristesse* ;

La Rochefoucauld les confond toutes dans l'*amour de soi* ou *amour-propre* ;

Aug. Comte reconnaît deux passions fondamentales : l'*égoïsme*, qui renferme sept inclinations personnelles, et l'*altruisme*, qui comprend trois passions sociales ;

H. Spencer admet trois sortes de sentiments : *égoïstes*, *altruistes* et *égo-altruistes* ;

Fourier trouve dans l'homme douze passions : *cinq sensitives*, *quatre affectives*, *trois distributives*.

Il serait trop long de montrer tout ce que ces classifications ont d'artificiel et d'incomplet.

**Usage des passions.** — **Stoïcisme et fouriérisme.** — Les *stoïciens* repoussent les passions comme des maladies de l'âme ; les *fouriéristes* veulent réhabiliter les passions et fonder toute la morale sur l'*attraction passionnelle*. La vérité n'est ni dans la doctrine des stoïciens ni dans celle de Fourier : les passions, en elles-mêmes, ne sont ni bonnes ni mauvaises ; elles deviennent l'un ou l'autre par l'usage que nous en faisons.

## III. — DÉSIR

**Définition.** — On entend, en général, par désir la tendance ou l'inclination qui nous porte vers les objets.

**Divers sens.**
Ce mot a plusieurs sens. Il signifie :
1° *Appétit, inclination, penchant ;* alors il est spontané, non imputable : désir de nourriture ;
2° *Appétit, inclination, penchant, exaltés par l'imagination ;* dans ce cas, il est imputable : désir de vengeance ;
3° Quelquefois *passion :* désir ou passion de la richesse... C'est le désir changé en habitude.

**Désir, désirable, préférable.** — Le désir suppose :
1° Le sentiment pénible d'une privation présente ;
2° L'appréhension (action de saisir par l'idée ou l'image) d'un bien futur.
Le désir a pour *cause efficiente* une *peine*, et pour *cause finale* un *bien*.
Tout bien étant connu est désirable ; mais tout ce qui est désirable ne l'est pas au même degré ; c'est pourquoi on distingue le *préférable*, qui est le désiré le plus important et le plus universel.

**Désir et connaissance.** — Il ne faut pas confondre le *désir* et la *connaissance :* ce sont deux opérations différentes. La connaissance est la condition du désir, mais non la cause. La cause du désir, c'est l'objet en tant que bon ou désirable.

**Désir et volonté** (voir 19e leçon, page 42).

# 6º LEÇON

## SENSIBILITÉ MORALE. — INCLINATIONS PERSONNELLES, INCLINATIONS SOCIALES, INCLINATIONS SUPÉRIEURES

**Définition de la sensibilité morale.** — La *sensibilité morale* est l'ensemble des inclinations, des affections, des désirs.

Les *inclinations* sont des mouvements naturels de l'âme vers des objets conformes à sa nature.

**Division.** — Il doit y avoir autant d'inclinations que notre être comporte de fins ou de rapports naturels ; on peut les ranger en trois groupes : inclinations *personnelles*, inclinations *sociales*, inclinations *supérieures*.

**I. — INCLINATIONS PERSONNELLES**

1º relatives au corps.
: Elles forment la sensibilité physique.
  On les appelle proprement *appétits*. (Voir 5ᵉ leçon, page 13.)

2º relatives à l'âme et à la personne humaine tout entière.
: Ce sont les inclinations proprement dites. Elles se rapportent :
  a) à l'*intelligence* : *Curiosité* ou besoin de vérité. — Penchant de la nature qui va au-devant de l'instruction. Il y a une curiosité malsaine.
  b) à la *sensibilité* : *Besoin d'émotion*. — « Nous aimons à aimer, » dit saint Augustin ; — goût pour le théâtre, les jeux violents, les cirques, les romans...
  c) à la *volonté* : *Besoin d'action*. — Tendance à étendre notre action sur tout ce qui nous entoure, personnes et choses.
  *Amour de la liberté*. — Désir d'aller et de venir sans contrainte, de se posséder pleinement soi-même. — Ne pas confondre l'*esprit d'indépendance* et l'*esprit de révolte*.
  *Amour de la propriété*, laquelle est le complément et la condition de la liberté, de l'indépendance, de la vie. L'excès produit l'*avarice*, la *cupidité*.
  *Amour du pouvoir*. — Désir d'étendre notre action sur nos semblables. — A l'amour du pouvoir se rattache le *sentiment de la responsabilité*.
  d) à la *personne humaine tout entière* : *amour de soi*, inclination fondamentale, à laquelle se rattachent directement :
  *L'estime de soi*. — Sentiment par lequel l'homme a conscience de son mérite.
  *La confiance en soi*. — Sentiment par lequel on a conscience de sa force et de ses ressources.
  *Le sentiment de l'honneur*. — Souci de mériter et de garder sa propre estime et celle des autres. — Ce sentiment ne doit pas dégénérer en *orgueil*, en *vanité*.
  *Le sentiment de la dignité humaine*. — Estime de soi-même, comme sujet de la loi morale, laquelle rend inviolable dans l'usage légitime de ses facultés.
  *L'amour de la gloire*. — Amour des grandes choses, attrait pour ce qui mérite de la considération et de l'estime.

Toutes les inclinations personnelles peuvent se ramener à l'*amour de soi*, qui n'est que la tendance consciente à être et à persévérer dans l'être. — Ne pas confondre l'amour de soi avec l'*égoïsme*, qui en est le dérèglement.

SENSIBILITÉ MORALE

Outre les inclinations qui attachent en quelque sorte l'homme à lui-même, il y a aussi les inclinations qui le portent vers les autres hommes et font de lui un être sociable. On peut en distinguer trois groupes :

**II. — INCLINATIONS SOCIALES**

**1° Celles qui nous portent vers les hommes en général.**

*Sociabilité.* — Attrait de l'homme pour l'homme. L'homme étant fait pour la société, il trouve son plus grand plaisir dans la fréquentation de ses semblables.

*Sympathie.* — Penchant à éprouver les mêmes sentiments qu'autrui, quand ils nous sont connus ; c'est la plus générale des inclinations sociales. La sympathie produit la *bienveillance* et conduit à la bienfaisance.

*Instincts de véracité et de crédulité.* — Penchants qui nous portent, le premier à dire la vérité, et le second à croire que nos semblables la disent. Ces deux instincts sont la base et la condition de toutes les relations sociales.

*Instinct d'imitation.* — Penchant qui nous porte à reproduire ce que nous voyons faire. La puissance de l'exemple est fondée sur cet instinct.

*Instinct d'originalité.* — Penchant qui nous porte à être nous-mêmes. Il sert de contrepoids à l'instinct d'imitation, qui tend à annihiler la personnalité de chacun. — La mode est la résultante de l'instinct d'imitation, mêlé à l'instinct d'originalité.

*Sentiment de l'émulation.* — Sentiment qui nous fait vouloir égaler et surpasser nos semblables en vertu, en mérite, en gloire. Ne pas confondre l'émulation, qui est un sentiment noble et désintéressé, avec la *rivalité*, l'*envie*, la *jalousie*, qui sont des passions malveillantes, déprimantes et basses. La première a pour principes le sentiment de l'honneur, l'estime de soi, le désir d'excellence ; les autres sont fondées sur l'égoïsme.

**2° Celles qui s'adressent à certains groupes : on les appelle familiales ou corporatives.**

*Affections de famille ou domestiques.* — La famille est le groupe le plus naturel qui unisse les hommes ; c'est la condition et la première forme de la société ; aussi les affections de famille sont-elles le modèle et le principe des affections sociales. On distingue :

*L'amour conjugal.* — Sentiment qui unit deux âmes qui se sont données librement l'une à l'autre pour fonder une famille. Il se manifeste par la fidélité, le support mutuel et le dévouement.

*L'amour paternel.* — Affection des parents pour les enfants. Il doit toujours être réglé par la raison, être un sentiment, non une sensation.

*L'amour filial.* — Affection des enfants pour leurs parents. Cette affection, qu'on appelle *piété filiale*, se prouve par l'obéissance, le respect, l'amour et l'aide dans le besoin.

*L'amour fraternel.* — Affection des enfants les uns pour les autres. Il se manifeste par la tendresse, la confiance, le dévouement réciproques.

*L'amour de la patrie.* — C'est une extension de l'amour de la famille. Ce sentiment tient le milieu entre l'amour de la famille et l'amour de l'humanité. Il se manifeste par la soumission aux lois, le respect de l'autorité, le dévouement à la chose publique.

*Esprit de corps.* — Attachement des membres d'une même société, d'une même compagnie, à des principes, à des intérêts communs. Ne doit pas dégénérer en esprit de coterie.

**3° Celles qui reposent sur le choix : elles sont dites électives.**

*Amitié.* — Union de deux âmes qui se veulent et se font du bien. L'amitié est fondée sur l'estime réciproque et ne peut exister qu'entre des cœurs vertueux ; elle se révèle par la confiance et le dévouement. Les liaisons des méchants sont des complicités, non des amitiés.

*Amour.* — Au-dessus de l'amitié se place l'amour. C'est une inclination naturelle, et alors il est bon, noble, désintéressé ; ou bien c'est une passion mauvaise, et alors il est égoïste, intéressé, brutal. L'amour naturel produit l'union et le don de soi. C'est le lien le plus étroit qui se puisse former entre deux êtres.

**III. — INCLINATIONS SUPÉRIEURES**

ce sont les plus nobles et les plus consolantes; celles dont la satisfaction fait la dignité et le bonheur de la vie. Elles comprennent :

1° *L'amour* ou *le sentiment du vrai*, principe de la science. L'intelligence est faite pour la vérité, et c'est dans l'acquisition et la possession de la vérité que se trouve son bonheur. De là le dévouement à la science.

2° *L'amour du bien* ou *le sentiment moral*, principe de la vertu. Ensemble des sentiments qui nous portent vers le bien moral, objet de la volonté, et nous détournent du mal. Il ne suffit pas de connaître le bien pour le faire, il faut l'aimer.

3° *L'amour du beau* ou *le sentiment esthétique*, principe de l'art, dans lequel on fait rentrer le sentiment de la nature. L'amour du beau est l'ensemble des sentiments qui s'élèvent dans l'âme humaine en présence des grands spectacles de la nature, des chefs-d'œuvre de l'art, des belles actions morales.

4° *L'amour de Dieu* ou *sentiment religieux*, principe de la religion. Sentiment qui porte l'homme à s'incliner devant le Créateur de l'univers, à le respecter, à le craindre, à l'aimer.

Toutes ces inclinations supérieures ont pour caractères spéciaux d'être impersonnelles et désintéressées. Elles tendent vers l'infini et conduisent l'homme à Dieu, qui est l'infini réel et substantiel. — On les appelle inclinations *idéales*.

---

## 7° LEÇON

### DE L'INTELLIGENCE

**Définition.** — L'intelligence est la faculté de penser, de connaître l'universel et l'immatériel. Elle s'appelle encore *entendement* ou *raison*.

Entendue ainsi, l'animal ne la possède à aucun degré. L'animal peut connaître les objets matériels à l'aide des sens; mais il ne peut s'élever à l'idée ou représentation intellectuelle des choses.

**CLASSIFICATION DES FACULTÉS DE CONNAISSANCE**

L'intelligence *acquiert* la connaissance, la *conserve*, la *reproduit* et la *combine*, l'*élabore* et la *transforme*; d'où divers groupes de facultés.

**1° Facultés d'acquisition.**

1° La *perception externe* ou *des sens*, qui appartient à l'ordre sensible, par laquelle nous connaissons le monde extérieur ;

2° La *perception interne* ou *conscience psychologique*, faculté mixte par laquelle nous nous connaissons nous-mêmes ;

3° La *raison*, par laquelle nous connaissons le monde suprasensible. Les deux premières sont nommées *facultés expérimentales*, et l'on appelle *données de l'expérience* les connaissances acquises par leur moyen.

Les *données de la raison*, c'est tout ce qui est affirmé comme universel et nécessaire.

**2° Facultés de conservation et de combinaison.**

1° La *mémoire*, par laquelle l'âme conserve, rappelle et reconnaît les connaissances acquises ;

2° L'*association des idées*, acte par lequel la mémoire enchaîne les idées selon certaines lois ;

3° L'*imagination*, par laquelle l'âme combine et reproduit les images ou copies de sensations; unie à l'entendement, elle devient créatrice.

**3° Facultés d'élaboration et de transformation.**

L'esprit travaille sur les données des sens et de la conscience, acquises et conservées, et il en fait des pensées au moyen des facultés ou opérations dites d'élaboration, dont la condition commune est l'*attention*, qui concentre toutes les forces de l'intelligence sur un objet. Ces opérations sont :

L'*abstraction*, qui considère comme isolé ce qui n'existe pas isolément dans la nature ;

**CLASSIFICATION DES FACULTÉS DE CONNAISSANCE**

**3° Facultés d'élaboration et de transformation. (Suite).**

*L'analyse*, qui décompose un objet en ses éléments ;
*La comparaison*, qui rapproche les objets pour en saisir les rapports et les différences ;
*La généralisation*, qui étend une même idée aux objets de même nature ;
*La synthèse*, qui recompose un tout après qu'on en a étudié les éléments ;
*Le jugement*, qui affirme la convenance ou la disconvenance entre les idées ;
*Le raisonnement*, qui tire l'inconnu du connu.

**SENS ET ENTENDEMENT**

*Différences.* — Les sens ne perçoivent que ce qui passe, l'entendement ce qui demeure. (PLATON).
Les sens sont privés de toute réflexion, l'intelligence se replie sur elle-même, connaît et contrôle ses actes ;
Les sens perçoivent le particulier, l'entendement aperçoit le général ;
Les sens n'atteignent que le concret, l'entendement dégage l'abstrait ;
Les sens nous révèlent l'existence des objets contingents, l'entendement conçoit le nécessaire ;
Les sens nous donnent des sensations, l'entendement nous donne des idées ;
Les sens sont passifs, l'entendement est actif ;
Les sens ne supportent pas les extrêmes, l'entendement n'en est jamais blessé.

**IDÉE ET IMAGE**

La connaissance des sens se résout en *images*, celle de l'entendement en *idées*.
*L'image*, c'est la représentation sensible des choses ; *l'idée*, la représentation intellectuelle ;
L'objet de *l'image* est toujours individuel, celui de *l'idée* est universel ou individuel ;
*L'image* répond à la forme extérieure de l'objet, *l'idée* à l'essence ;
On se représente les choses à la fois par *l'image* et par *l'idée* ; mais on ne les comprend que par *l'idée*.
D'où, pour tous les objets matériels, deux sortes de connaissance : connaissance sensible (image), connaissance intellectuelle (idée).

**La pensée et l'organisme.** — On peut dire à la fois « qu'on ne pense pas sans organes », puisque ce sont les organes qui fournissent les images nécessaires à la pensée, et, d'autre part, que « c'est sans organes que l'on pense », puisque la pensée diffère absolument de l'image, à laquelle elle est surajoutée. Ces deux phénomènes sont toujours liés ensemble.

---

## 8ᵉ LEÇON

### CONDITION FONDAMENTALE DE TOUTE CONNAISSANCE INTELLECTUELLE : L'ATTENTION

**DE L'ATTENTION**

**Définitions. — Attention et sensation.**

« L'usage actif de nos sens, et, en général, de toutes nos opérations sensitives et intellectuelles, s'appelle attention. » (P. JANET.)
Voir et *regarder*, entendre et *écouter*, toucher et *palper*, sentir et *flairer*, goûter et *savourer*, désignent deux opérations d'un même sens ; mais la première est *passive*, la deuxième est *active*, c'est-à-dire qu'il y a attention. Il ne faut donc pas confondre, comme l'a fait Condillac, l'attention et la sensation.
On définit encore l'attention : l'acte par lequel l'esprit concentre volontairement ses forces sur un objet, à l'exclusion de tous les autres, pour le mieux étudier (adaptation de l'individu).
Ce qui caractérise essentiellement l'attention, c'est la substitution d'une unité relative d'états de conscience à la pluralité des états.

## DE L'ATTENTION (Suite.)

**Diverses formes de l'attention. — Distraction.**

On distingue : l'attention *volontaire*, celle qu'on vient de définir ; c'est la seule vraie ;
l'attention *spontanée*, réaction immédiate de l'esprit à la suite d'une sensation vive et soudaine ;
l'attention *involontaire* ou *préoccupation*, qui se produit malgré les efforts de la volonté pour l'empêcher.

L'attention volontaire prend différents noms. Elle s'appelle :
*observation*, si l'esprit s'applique à des objets matériels ;
*réflexion*, si l'esprit se replie sur lui-même et ses propres actes ;
*application*, attention suivie et continue. L'application peut produire la fatigue, la *contention* ;
*méditation*, réflexion approfondie et prolongée ;
*contemplation*, sorte de méditation dans laquelle l'âme se sent attirée vers un objet qu'elle admire ;
*extase*, degré le plus élevé de l'attention.

A l'*attention* s'oppose la *distraction*, impuissance de fixer son esprit sur un objet, ou bien encore de le détacher d'un objet : distractions des savants, des hommes absorbés.

**Maladies de l'attention.**

Les principaux états morbides de l'attention sont : l'*idée fixe*, qui est comme un excès d'attention. Elle résulte d'un état ou d'un groupe d'états qui ne peuvent être délogés de la conscience. L'*idée fixe* a des degrés, depuis la simple *préoccupation* jusqu'à la *fascination*, l'*obsession* et la *monomanie*.

Ces maladies sont des *hypertrophies* de l'attention ; il y a aussi des cas d'*atrophie*, par exemple l'*impossibilité* de rendre fixe un état de conscience, soit parce qu'il est trop faible, soit parce qu'il est trop rapide. — Chez l'enfant, le vieillard, l'homme fatigué, l'attention s'affaiblit.

**Source de l'attention.**

L'attention a sa source dans la curiosité naturelle de l'esprit.
Elle est excitée par la vivacité et la soudaineté des impressions : nulle attention qui ne vienne d'une émotion, c'est-à-dire d'un état affectif, plaisir ou douleur.
L'attention s'acquiert par l'habitude, par des actes répétés de volonté, et elle se soutient par la volonté, l'émotion et la variété.

**Rôle et effets de l'attention.**

L'attention agit 1° sur la *sensibilité* : tantôt elle l'active et tantôt elle l'affaiblit ; elle développe et exalte les passions ; 2° sur l'*intelligence* : elle vient en aide à nos moyens de connaître : elle seule les rend efficaces.

Elle a un rôle important dans l'acquisition, la conservation et l'élaboration de la connaissance. Elle rend nos facultés plus *fortes* ; elle produit les idées *claires*, *distinctes*, *durables*.

Dans les *découvertes scientifiques*, c'est l'attention qui rend capable de saisir les ressemblances, de faire des assimilations, des identifications, d'expliquer les phénomènes les uns par les autres, de tirer l'inconnu du connu.

Buffon a dit que le génie était une longue patience, c'est-à-dire une longue *attention*. — C'est l'attention qui rend les hommes graves, sérieux, prudents, capables des grandes affaires et des hautes spéculations. (Bossuet.)

En *éducation*, l'attention joue un rôle immense ; toute l'éducation de l'esprit consiste à rendre l'enfant attentif, non à une chose, mais à toutes sortes de choses, selon les besoins. — L'attention *exclusive* est un danger ; elle fait les esprits étroits et bornés.

## 9° LEÇON

## ACQUISITION DE LA CONNAISSANCE : PERCEPTION EXTERNE

**PERCEPTION EXTERNE**

- **Définition.** — La *perception externe* est la faculté par laquelle nous connaissons le monde extérieur ; elle se fait au moyen des sens.
  Perception se dit de la faculté elle-même et de ses actes.
  Perception s'emploie aussi souvent pour sensation.

- **Sens et organes des sens.**
  Il ne faut pas confondre les sens et leurs organes :
  Les organes des sens sont des instruments matériels : yeux, oreilles, nez, etc.
  Les sens sont des facultés sensitives s'exerçant par des organes déterminés : la vue, l'ouïe, l'odorat, etc.
  Il y a cinq sens externes. Inutile d'en admettre un plus grand nombre, tels que le *sens vital*, le *sens musculaire*.

- **Perceptions naturelles ou données primitives des sens.**
  Les perceptions naturelles sont celles qui dérivent immédiatement de la nature de chaque sens, avant toute éducation.
  La sensation propre de la vue, c'est la lumière ; celle de l'ouïe, le son ; celle de l'odorat, l'odeur ; celle du goût, la saveur.
  Le toucher nous donne plusieurs sensations : résistance, étendue, température, poli, rudesse, etc.
  Les *empiristes* prétendent que la notion d'étendue est acquise et dérivée de l'association de la vue et du toucher ;
  Les *nativistes* soutiennent, ce semble avec raison, que naturellement nous situons les corps dans l'espace, hors de nous.

- **Hiérarchie des sens.**
  Au point de vue de l'*influence générale sur la sensibilité*, c'est le tact qui tient le premier rang. On rapporte même tous les autres sens à celui-là.
  Au point de vue de l'*utilité matérielle* et de la *vie organique*, le tact et le goût sont au premier rang ;
  Au point de vue de la *vie intellectuelle* et des *notions fournies* : le tact, la vue et l'ouïe. Au point de vue de la *dignité*, la vue et l'ouïe, qui sont les sens esthétiques et sociaux par excellence.
  Le tact peut aussi arriver à une certaine distinction de la beauté.

- **Erreurs des sens.**
  Fausses inductions que nous tirons de leurs données.
  A proprement parler, les sens, pourvu qu'ils soient dans un état normal et exercés dans la sphère qui leur est propre, ne nous trompent jamais ; l'erreur vient du jugement qui interprète mal la perception des sens.

- **Éducation des sens.**
  — 
  **Perceptions acquises.**
  Les sens se perfectionnent par l'exercice, l'expérience et le raisonnement ; c'est ce qu'on appelle l'éducation des sens.
  On apprend à voir, à entendre, à goûter, etc.
  L'éducation peut avoir un double effet : 1° augmenter la portée et la perfection des sens dans le domaine de leurs perceptions propres, ou 2° augmenter leur portée en les associant les uns aux autres. On a alors ce qu'on appelle des *perceptions acquises*.
  Les *perceptions acquises* sont donc celles qui sont dues à l'expérience, à l'habitude, à l'éducation et à l'association de plusieurs sens. Les perceptions acquises sont innombrables.

- **Conditions de l'éducation des sens.**
  Il faut : 1° l'*attention* ; sans elle, pas d'association possible entre des représentations du domaine de différents sens ;
  2° La *mémoire imaginative* ; pas d'association possible entre une expérience actuelle et une expérience passée, si la mémoire imaginative n'en a gardé aucun résultat.
  3° L'*habitude*, qui donne aux perceptions acquises la facilité et la précision des perceptions naturelles ;
  4° Enfin, une condition physiologique, la *mobilité des organes*, qui permet leur adaptation aux objets.

**PERCEPTION EXTERNE** (Suite.)

- **Substitution des sens.**
  
  ...tion, mais ils peuvent se suppléer les uns les autres. Lorsque l'un manque, quelque autre se perfectionne ; par exemple, le tact, chez les aveugles (ex. de Laura Bridgemann).

- **Conditions de la perception.**
  
  La perception est conditionnée par les mêmes antécédents physiologiques que la sensation ;
  Il faut : 1° une *impression* d'un corps sur un organe, suivie d'un ébranlement cérébral ;
  2° que l'intensité de l'impression soit *suffisante* ;
  3° que l'organe soit disposé à la recevoir.
  Dans ces conditions, la perception sensible est suivie de la réaction du sujet ou perception proprement dite.

- **Différence entre la sensation et la perception.**
  
  Le mot sensation s'applique souvent à des phénomènes fort différents et prête ainsi à nombre de confusions.
  La sensation est *perceptive* ou *émotive*. En tant que perceptive, elle se rapporte aux sens, soit externes, soit internes ; en tant qu'émotive, elle se rapporte aux appétits.
  Dans le premier cas, elle est *représentative* et *objective* ; c'est la perception sensible ; dans le second, elle est *affective* et *subjective*.
  Les deux éléments étant d'ordinaire associés, cette distinction est difficile à faire.

- **Passage du sujet à l'objet. — Distinction du moi et du non-moi.**
  
  Parmi les objets qui affectent notre sensibilité, les uns nous sont extérieurs et étrangers, les autres nous sont personnels.
  Les premiers sont saisis par la *perception externe*, les autres par la *perception interne* ou *sens intime*.
  Il nous est impossible de confondre ces deux ordres de faits :
  Lorsque nous percevons, par le sens intime, nos affections propres, plaisir et douleur, nous les appelons nôtres et nous ne pouvons pas les projeter à l'extérieur (hors le cas d'hallucination) ;
  Lorsque nous percevons la figure, l'étendue, le mouvement, etc., des objets extérieurs, il nous est impossible de les croire nôtres et de ne pas nous distinguer des objets perçus.
  De l'..., ans toute perception externe, chez l'homme, la distinction du *moi* et du *non-moi*, du *sujet* et de l'*objet*.
  Il y a, entre le sujet et l'objet, une distinction tout empirique, dont l'animal est capable, puisqu'il a le sens intime, qui lui révèle les phénomènes qui s'accomplissent au dedans, et les sens externes, par lesquels il en perçoit qui diffèrent des premiers.

- **Diverses théories sur la perception externe.**
  
  On a imaginé bien des théories pour expliquer le phénomène de la perception externe. Voici les principales :
  1° *Théorie de l'illusion* (Leibniz, Taine), d'après laquelle nos perceptions ne seraient que des « rêves bien liés », des « hallucinations vraies ».
  2° *Théorie de la perception médiate*, qui comprend la théorie des *idées-images* (Démocrite, Épicure), celle des *idées-représentatives* (Locke), et l'*idéalisme* (Berkeley, Hume).
  3° *Théorie de l'inférence* ou du *raisonnement*, application du principe de causalité (Descartes, Cousin).
  4° *Théorie empirique des associationistes* (Stuart Mill, Spencer, Bain, etc.), d'après laquelle toutes nos perceptions sont des constructions de notre esprit résultant d'associations expérimentales.
  5° *Théorie de la perception immédiate*, comprenant la *théorie de Reid et des Écossais*, fondée sur l'induction ; la *théorie d'Aristote, de saint Thomas, de Bossuet*, d'après laquelle la perception est l'acte commun du *sensible* et du *sentant*, de l'objet et de l'organe animé ; les sens perçoivent réellement et directement les corps dans leur action sur les organes ; et la *théorie du vulgaire ou du sens commun*, qui se confond avec la précédente ; elle consiste à croire que le monde est une réalité objective et que nous le connaissons immédiatement et tel qu'il est.

# 10ᵉ LEÇON

## ACQUISITION DE LA CONNAISSANCE (SUITE) : CONSCIENCE OU PERCEPTION INTERNE

**PERCEPTION INTERNE. — CONSCIENCE DE SOI**

**Définition.** — La *conscience psychologique* (qu'il ne faut confondre ni avec la conscience morale ni avec le sens intime ou conscience sensible) est la faculté par laquelle notre âme se connaît elle-même, connaît ses facultés et leurs opérations : sensations, pensées, volitions. — L'exercice de la conscience constitue la *perception interne*.

**Conscience et sens intime.**
On désigne souvent la *conscience psychologique* sous le nom de *sens intime*. Il est important de les distinguer.
Le *sens intime* est l'accompagnement de tout phénomène interne en tant qu'il est senti ;
La *conscience psychologique* est l'acte par lequel le sujet sentant, pensant et voulant, se perçoit lui-même en tant que sujet et se distingue de tout ce qui n'est pas lui.
L'animal a le *sens intime*, qui lui donne une connaissance tout empirique de ses phénomènes internes ;
L'homme joint au sens intime la conscience intellectuelle, la conscience de soi, qui n'est au fond que l'entendement en tant qu'il s'applique à la connaissance du moi. L'animal ne peut pas dire moi.

La conscience est-elle une faculté spéciale ou bien est-elle co-extensive de toutes nos facultés ? C'est une question très controversée. — Certains philosophes, tels que Cousin, Hamilton, S. Mill, Bouillier, Janet, Rabier, enseignent que la conscience n'est pas une faculté particulière de l'intelligence, qu'elle est la forme commune, le mode fondamental de toutes nos facultés.
D'autres, Th. Reid, Dugald-Stewart, Royer-Collard, Jouffroy, Garnier, les néo-scolastiques, sont d'un avis contraire ; pour eux, la conscience serait, sinon une faculté particulière, du moins un *épiphénomène*, qui s'ajoute à toutes les opérations de l'esprit.

**Divers états et lois de la conscience.**
Il y a des états de conscience *clairs* et *distincts* que nous dirigeons : réflexions, raisonnements, efforts ;
Il en est d'autres, *confus*, *vagues* et *fugitifs*, qui échappent presque à la perception : rêveries, actions habituelles.
Ces phénomènes sont soumis à diverses lois : 1° *Loi d'intensité :* un phénomène trop faible échappe à la conscience ;
2° *Loi de l'attention :* l'attention augmente le relief des objets et en rend la conscience plus nette et plus précise ;
3° *Loi de succession ou d'habitude :* tout phénomène tend à s'émousser dans ses parties émotives par la continuité ou la répétition.

**Limites de la conscience.**
Ce sont les limites mêmes du moi : *l'âme et ses phénomènes*.
Elle ne peut atteindre ni les objets extérieurs, ni les états d'âme des autres hommes, ni Dieu.
On ne connaît tous ces êtres, de même que son propre corps, qu'indirectement, par les effets psychologiques qu'ils produisent sur le *moi*.

**Phénomènes de l'inconscience.**
Il peut arriver que les conditions ou les lois de la perception ne soient pas réalisées, que les phénomènes ne soient pas perçus par l'âme ; il y a alors *inconscience*.
L'inconscience se produit : 1° *Quand l'attention n'est pas éveillée ou qu'elle est exclusive :* passion, idée fixe, extase ;
2° *Quand l'impression est trop faible ou trop forte :* un son n'est perçu que si les vibrations sont assez rapides ; il devient confus, assourdissant, si elles le deviennent trop ;

**PERCEPTION INTERNE (Suite).**

**Phénomènes de l'inconscience. (Suite.)**
— tons, bruit d'un moulin, d'une chute d'eau ;
4° Enfin l'*habitude* rend inconscients une foule d'actes, soit instinctifs : accommodation des organes, yeux, bras, jambes ; soit volontaires : écriture, jeu du piano, etc.

L'immense majorité de nos richesses mentales demeure habituellement hors de la sphère de la conscience, dans ce domaine de l'inconscient, où le souvenir va les chercher.

*Rôle de l'inconscient dans la vie humaine.* L'inconscient a une grande part, soit dans la vie sensitive, soit dans la vie intellectuelle. C'est par lui que Leibniz explique les goûts, les préférences instinctives, les tristesses et les joies sans causes apparentes, le caractère personnel.

*Comment s'explique l'inconscience.* Différentes théories ont été proposées pour expliquer ce phénomène. Certains philosophes : Cousin, St. Mill, Bouillier, Rabier, le nient comme contradictoire. D'autres, Leibniz, Reid, Steward, Royer-Collard, Garnier, Taine, Hamilton, Schopenhauer, Hartmann, les néo-scolastiques et la plupart des physiologistes l'admettent, mais l'expliquent diversement : pour les uns, c'est un phénomène véritablement psychique ; pour les autres, purement physiologique.

**Notions dues à la conscience.**
Nous devons à la conscience : 1° La *notion du moi* et de tous les phénomènes qui l'affectent et le modifient : plaisir et douleur, joie et tristesse, désir et espérance, ambition, souvenir, idée, pensée, réflexion, etc.

2° La conscience nous révèle à nous-mêmes comme *substance* indépendante des phénomènes, comme *cause* de nos actes et comme *sujet* de nos opérations.

3° Enfin, c'est à elle que nous devons les notions de l'*unité*, de l'*identité* et de la *permanence* du moi.

Indirectement, la conscience nous révèle l'existence de notre corps, du monde extérieur, de Dieu.

**Certitude de la conscience.** — La certitude de la conscience est *absolue*, et toute autre certitude repose sur elle ; elle est *immédiate* ou *intuitive* : entre les faits observés et la conscience qui les observe, il n'y a pas d'intermédiaire ; il y a *identité* entre le sujet connaissant et l'objet connu.

**Conscience de soi et personnalité.** — Il ne faut pas confondre la conscience de soi avec la personnalité, ainsi que l'ont fait certains philosophes ; autrement, l'homme endormi, l'homme évanoui, le fou, ne seraient pas des personnes... Le criminel qui n'aurait plus conscience de ses crimes, ne serait pas punissable.

---

# 11ᵉ LEÇON

## ACQUISITION DE LA CONNAISSANCE (SUITE) : LA RAISON

**DE LA RAISON**

**I. Définition de quelques termes importants.**

Le *particulier*, c'est l'objet isolé, individuel, la qualité concrète : un homme, tel homme, un homme bon ;

Le *général* ou l'*universel*, c'est ce qui est le même dans un genre, dans un groupe d'êtres ou de faits : homme, bonté ;

Le *contingent*, c'est ce qui pourrait ne pas être ou être autrement : tout ce qui est créé est contingent ;

Le *nécessaire*, c'est ce qui ne peut pas ne pas être : Dieu est nécessaire ;

## DE LA RAISON (Suite.)

**Définition de quelques termes importants. (Suite.)**

*L'absolu*, c'est ce qui ne dépend de rien : l'être absolu est par soi-même ; il a en lui sa raison d'être ;

Le *relatif* ou *conditionnel*, c'est ce qui dépend d'un autre, qui n'est pas par soi, qui n'a pas en soi sa raison d'être ;

*L'infini*, c'est ce qui n'a de bornes ni dans l'être, ni dans la manière d'être, ni dans l'espace (immense), ni dans le temps (éternel).

Le *fini*, c'est ce qui a des bornes dans l'être, dans la manière d'être, dans l'espace et dans le temps ;

*L'indéfini* n'est pas l'infini : l'infini n'a pas de limites ; l'indéfini a des limites, et on peut toujours y ajouter quelque chose.

**II. Définition de la raison.** — La raison est la faculté de penser ou de comprendre. C'est l'esprit lui-même en tant que principe de vision intellectuelle. (Voir 7ᵉ leçon, différence entre l'entendement ou raison et les sens.)

On la définit encore : la faculté de connaître le général ou l'universel, le nécessaire, le parfait, l'absolu, l'infini ; — ou encore : la faculté de connaître le suprasensible, la faculté de discerner le vrai du faux ;

De rechercher les causes et les effets ;

De saisir la raison dans les choses, le pourquoi et le comment ; la faculté de l'absolu, la faculté de l'ordre, etc.

Toutes ces définitions, et d'autres encore, se ramènent à celle-ci : la *faculté de comprendre*.

**Divers noms de la raison.**

La raison prend des noms divers, suivant le point de vue où on la considère. Elle s'appelle :

1° *Conscience morale* ou *raison pratique*, si elle est appliquée à l'ordre moral ;

2° *Goût*, si elle s'applique à l'étude de l'art et du beau ;

3° *Sens commun*, en tant qu'elle nous révèle les vérités premières ;

4° *Bon sens*, en tant qu'elle applique et applique bien les premiers principes ;

**A quoi s'oppose la raison.**

Dans le langage ordinaire, on oppose la *raison de l'homme* à l'*instinct de l'animal*.

La raison de l'homme mûr s'oppose à l'ignorance, à l'étourderie, à l'irréflexion de l'enfant ;

Elle s'oppose encore à l'imbécillité, à la démence, à la folie, à la passion ;

On l'oppose enfin à l'esprit : la raison est la faculté des principes ; l'esprit, l'art de saisir les nuances des choses.

Le mot esprit a un sens défavorable, qui implique l'intention de briller, de surprendre, de se faire admirer.

**Raison et éducation.** — « La raison étant le principe naturel d'activité chez l'homme, » « la vertu n'étant que l'habitude de vivre selon la raison, » il s'ensuit que former l'homme, l'élever, c'est avant tout cultiver, développer, former sa raison, c'est-à-dire la dégager de la masse des instincts, des sensations, des appétits, pour en faire une force libre et indépendante de tout ce qu'elle doit dominer.

---

## 12ᵉ LEÇON

## NOTIONS ET VÉRITÉS PREMIÈRES

**I. NOTIONS ET VÉRITÉS PREMIÈRES**

**Définitions.** — Les *notions* sont des *idées* : un mot suffit pour les exprimer : être, cause. Les *vérités* sont des *jugements* exprimés par une proposition : tout phénomène a une cause.

Les *notions premières* sont les idées sans lesquelles la raison ne se conçoit pas : idées d'être, d'espace, de temps. Les *vérités premières* sont des jugements qui impliquent ces notions et qui nous servent à penser, « comme nos muscles et nos nerfs nous servent à nous mouvoir. » (BOSSUET et LEIBNIZ.)

# I. NOTIONS ET VÉRITÉS PREMIÈRES (Suite.)

**Pourquoi on les appelle premières.**
- normal de ses facultés ;
- 2° A cause de leur importance ;
- 3° A cause de leur liaison logique avec les vérités particulières qui en dérivent.

**Caractères des notions et vérités premières.**
Elles sont :
1° *Nécessaires* : nous ne pouvons pas penser sans elles, et elles ne peuvent pas ne pas être vraies ;
2° *Éternelles* : elles existent avant l'esprit qui les conçoit ; elles ont leur réalité vivante dans l'intelligence divine ;
3° *Absolues* : indépendantes des conditions de temps, de lieu, de quantité, de personnes ;
4° *Universelles* : communes à toutes les intelligences ; vraies de toutes choses ;
5° *Claires par elles-mêmes* : on ne les démontre pas ; elles servent à démontrer toutes les autres ;
6° *A priori* : c'est-à-dire non dérivées de l'expérience.
— *A priori* ne doit pas s'entendre que nous les formulions avant toute expérience ; mais seulement que l'esprit, par son activité propre, les saisit intuitivement, à l'occasion d'un fait.

**Rapports exprimés par les vérités premières.**
Ce sont les rapports nécessaires des choses. Ils se ramènent à deux groupes :
1° *Rapports d'une chose à tout ce qui lui est identique* : principe à conséquence, contenant à contenu, convenance ;
2° *Rapports d'une chose à tout ce qui fait qu'elle est* : rapport de cause et rapport de fin.
Trois principes, qu'on appelle *principes régulateurs de la raison* ou *directeurs de la connaissance*, expriment et résument tous ces rapports : 1° principe d'*identité*, 2° de *causalité*, 3° de *finalité* ou des *causes finales*.

**Principes propres, communs, pratiques, spéculatifs, analytiques, synthétiques.**
Les *principes propres* sont particuliers à une science ou à un groupe de sciences ;
Les *principes communs* sont la condition de toute science ; ces principes ne sont autres que les vérités premières. Qu'ils soient *propres* ou *communs*, les principes sont dits *pratiques*, s'ils règlent la conduite ; *spéculatifs*, s'ils règlent la pensée.
Ils sont dits *analytiques*, lorsque l'attribut est contenu dans l'idée du sujet ; et *synthétiques*, lorsque l'attribut ne répète pas purement et simplement le sujet.

**Classification des notions et des vérités premières.**
a) *Des notions premières.* — Aristote ramène à dix classes ou catégories toutes les idées universelles :
1° La *substance* : le fond de l'être ;
2° La *quantité* : grande ou petite, nombre ;
3° La *qualité* : habitudes, puissances ;
4° Les *relations* : d'où vient la chose, de qui elle est, à qui, ses rapports ;
5° L'*action* : ce qu'elle fait, changements qu'elle produit ;
6° La *passion* : au sens de *pâtir* : ce qu'elle reçoit ou souffre ;
7° Le *temps* : commencement, durée, quand ;
8° Le *lieu* : où est la chose, son lieu ;
9° La *situation* : comment elle est disposée : debout, couchée ;
10° L'*avoir* : ce qu'elle a, — être revêtu d'un manteau, couronné de lauriers.

Kant range les concepts purs ou idées à *priori* en trois classes :
1° les *formes de la sensibilité* : temps, espace ; 2° les *catégories de l'entendement* (ci-après) ; 3° les *idées de la raison pure* : moi, non-moi, absolu.

Aux catégories d'Aristote, il en substitue *douze*, rangées en quatre groupes :
1° *Quantité* : unité, pluralité, totalité ;
2° *Qualité* : affirmation ou réalité, négation, limitation (indéfini) ;
3° *Relation* : substance et inhérence (substance et mode), causalité et dépendance (cause et effet), communauté (action et réaction) ;
4° *Modalité* : possibilité, impossibilité ; existence, non-existence ; nécessité, contingence.

## NOTIONS ET VÉRITÉS PREMIÈRES

**I. NOTIONS ET VÉRITÉS PREMIÈRES (Suite)**

**Classification des notions et des vérités premières. (Suite.)**

b) *Des vérités premières.* — On peut les ramener à deux groupes :
1º Les vérités premières *analytiques, internes* ou *logiques* : le principe d'*identité*, le principe de *contradiction*, le principe d'*alternative* ou d'*exclusion du milieu*, auxquels se rattachent les axiomes logiques et mathématiques.
2º Les vérités premières *synthétiques, externes* ou *objectives* : le principe de *raison suffisante*, ou simplement principe de raison, auquel se rattachent les principes de causalité, de substance, de finalité, des lois, de moindre action; puis le principe d'*espace* : tout corps occupe un lieu dans l'espace, et le principe de *durée* : tout événement a lieu dans le temps. Quelques auteurs ajoutent le principe d'*absolu* : tout relatif suppose un absolu.

**II. PRINCIPE D'IDENTITÉ**

Ce principe se rattache à la notion d'être :
Nous ne pouvons concevoir qu'une chose puisse être et n'être pas en même temps, et nous disons : *Ce qui est, est;* — *A est A;* — *le même est le même;*
Aristote fait de ce principe la base de la logique et de la métaphysique.
*Principe de contradiction.* — C'est le principe d'identité exprimé négativement : *Une chose ne peut pas être et n'être pas en même temps.*
*Principe d'exclusion du milieu.* — Il dérive du principe de contradiction : *Une chose est ou n'est pas;* il faut qu'une porte soit ouverte ou fermée.
Ce principe s'appelle encore principe d'alternative, du milieu exclu, du tiers exclu.
*Rapports du principe d'identité avec la pensée.* — Le principe d'identité conditionne la possibilité de la pensée. Il exprime la nécessité pour la pensée de rester d'accord avec elle-même et de ne pas se contredire.
*Emploi du principe d'identité.* — Les mathématiques ne sont qu'une application du principe d'identité :
L'algèbre établit des équations : $A = A$, c'est-à-dire des *identités;*
La définition est l'expression d'une identité;
Les axiomes sont des identités qui n'ont pas besoin d'être démontrées.

**III. PRINCIPE DE RAISON SUFFISANTE**

Les principes de causalité et de finalité se résument en un seul principe, dit de *raison suffisante*, qui est le plus général des principes synthétiques.
Il se formule ainsi : *Nous ne pouvons concevoir que rien vienne de rien et soit sans but;* c'est-à-dire : aucune chose n'existe sans une raison qui explique *comment* et *pourquoi* elle existe.
*Comment* se rapporte à la cause efficiente; *pourquoi*, à la cause finale.
*Principe d'universelle intelligibilité.* — C'est le nom donné au principe de raison suffisante, en tant que par lui nous croyons que tout ce qui existe est *intelligible*, c'est-à-dire a une raison d'être, une raison explicative.
L'esprit est *intelligent*, c'est-à-dire capable de comprendre ;
Le monde est *intelligible*, c'est-à-dire rationnel, capable d'être ordonné de telle sorte que les principes de la raison s'y vérifient toujours.

**IV. PRINCIPES DE CAUSALITÉ ET DE SUBSTANCE**

**Les causes.**

On distingue quatre causes :
1º La *cause matérielle*, qui répond à la question de composition : De quoi est fait un être?
2º La *cause formelle*, qui répond à la question de type : Comment est fait cet être?
3º La *cause efficiente*, qui répond à la question d'origine : Par qui est fait cet être?
4º La *cause finale*, qui répond à la question de but : Pourquoi est fait cet être?
La cause proprement dite, c'est la cause efficiente.

**Principe de causalité.**

La causalité est le lien réel qui unit une cause à un effet.
Le principe de causalité se formule ainsi : *Il n'y a pas d'effet ou de fait sans cause.*
C'est une loi invincible de l'esprit humain.

**Cause et substance.**

Tout être est *cause et substance* :
*Cause*, en tant qu'il est capable de produire certains effets;
*Substance*, en tant qu'il est un être permanent, spécifié par divers caractères, support de divers attributs.

**Principe de substance.**

Le principe de substance se formule ainsi : *Tout attribut; tout mode suppose une substance.*
La forme des êtres change, leur manière d'être varie, mais leur substance demeure.

## V. PRINCIPES DE FINALITÉ, DES LOIS, DE MOINDRE ACTION

**de finalité.**
> but que se propose la cause efficiente en agissant.
> Le principe de finalité se formule ainsi : *Tout ce qui est ordonné suppose une intelligence et un but.*

**Fin suprême : fondement de l'ordre moral et social :** « Il y a une fin suprême qui est Dieu ; une vie future, vers laquelle tout homme doit tendre ; toute la moralité, toute la véritable utilité des actions humaines doit être appréciée d'après cette fin. » (Saint Thomas.)

**Principe des lois, d'induction, d'ordre.**
> Le principe des lois se formule ainsi : *Tout dans l'univers est soumis à des lois stables et générales.*
> Ce principe est le fondement des sciences physiques et naturelles ; on le nomme *principe d'induction* ou *principe d'ordre*.
> Les principes de causalité, de finalité et des lois peuvent se résumer ainsi : *Tout est l'œuvre d'une cause législatrice, et cette cause gouverne tout.*

**Principe de moindre action.**
> Au principe de finalité se rattache le principe de moindre action qu'on peut formuler ainsi : *La nature suit toujours les voies les plus simples et produit le maximum d'effet avec le minimum de cause.*
> C'est sur ce principe que repose la *loi d'économie*, qui veut qu'en toutes choses on n'explique pas par le plus ce qui peut s'expliquer par le moins.

## VI. IDÉE DE DIEU ET PREMIERS PRINCIPES. USAGE DES PRINCIPES

**L'idée de Dieu et les premiers principes.** — L'idée de Dieu résume en elle tous les principes directeurs de la raison :

1° *Principes d'identité et de contradiction* : Dieu est l'être nécessaire ; il ne peut pas ne pas être ;
2° — *de causalité* : Dieu est la cause première sans laquelle les causes secondes ne peuvent être conçues ;
3° — *de raison suffisante* : Dieu seul est la raison suffisante de tout ce qui existe et peut exister ;
4° — *de finalité* : Dieu est le premier principe et la raison dernière de l'harmonie du monde ;
5° — *des lois* : il n'y a pas de loi sans législateur ; Dieu est le législateur suprême.

**Usage des principes.** — Les principes sont le fondement, la règle, la source de toutes les sciences.

Il ne faut parler, écrire, penser, agir, qu'à la lumière des principes.

Toute contradiction apparaît immédiatement, mise en présence des principes.

« Avec ceux qui contestent les principes, on ne discute pas. »

## VII. ORIGINE DES IDÉES ET DES PRINCIPES PREMIERS

Peut-on expliquer les principes directeurs de la connaissance par l'expérience, l'association ou l'hérédité ? — Cette question pose l'important problème de *l'origine des idées*.

On peut ramener à trois groupes toutes les théories proposées :

1° *Empiristes* ou *sensualistes*, qui font dériver toutes nos idées des sens ou de l'expérience ;
2° *Idéalistes*, qui font appel à la raison plus qu'à l'expérience, ou à l'exclusion de l'expérience ;
3° *Spiritualiste* ou *empirico-rationnelle*, qui explique les principes par le concours de l'intelligence et de l'expérience.

**1° Théories sensualistes.**
> Elles se résument toutes dans la formule : « Il n'y a rien dans l'esprit qui n'ait passé par les sens. »
> Voici les principales : 1° *Théorie des idées-images* (Démocrite, Épicure, Lucrèce) ; c'est une théorie entièrement matérialiste.
> 2° *Système de la table rase*, de Locke. — Au commencement notre âme serait une *table rase*, vide de tout caractère, c'est-à-dire de toute idée ; la sensation et la réflexion sont la cause efficiente et totale de nos idées.
> 3° *Théorie de l'homme-statue*, de Condillac. — Toutes nos idées ne sont que des sensations transformées.
> 4° *Théorie positiviste*. — Comte, Littré et leurs disciples prétendent que l'absolu est inaccessible à l'esprit humain, que la science n'a d'autre objet que les faits et les lois, et ils rejettent ainsi tous les principes de métaphysique.

## VII. ORIGINE DES IDÉES ET DES PRINCIPES PREMIERS.

### 2° Théories sensualistes. (Suite.)

— On répond aux *positivistes*, comme à Condillac et à Locke, que l'expérience ne peut rendre compte du caractère absolu et nécessaire des principes premiers.

5° *Théorie associationiste.* — St. Mill, Bain, Spencer, etc., prétendent expliquer les principes par des *associations dites inséparables*. — L'association joue un rôle important dans l'acquisition des idées et dans l'éducation de l'esprit; mais elle s'explique par la nature même de l'esprit, loin de l'expliquer.

6° *Théorie évolutionniste.* — H. Spencer ajoute l'*hérédité* à l'empirisme et à l'associationisme. Les principes acquis par la race seraient innés dans l'individu, tout comme les instincts. — L'évolutionnisme, pas plus que l'associationisme et l'empirisme, ne peuvent rendre compte des idées premières. Si les premiers principes sont innés par le fait de l'hérédité, il y a eu un moment où ils n'étaient pas. — La solution est reculée, non résolue.

Tous ces systèmes peuvent contenir une part de vérité, mais ils sont dangereux et conduisent infailliblement au matérialisme et au scepticisme.

### 2° Théories idéalistes.

Les principales sont : 1° La *théorie de la préexistence des âmes et de la réminiscence*, de Platon. Le corps est une caverne dans laquelle l'âme est enfermée ; les idées sont des *réminiscences* de connaissances antérieures que les sens réveillent à propos des objets extérieurs. — Théorie contradictoire dans laquelle le corps est à la fois cause de la perte et de l'acquisition de la connaissance.

2° *Théorie de la vision en Dieu*, de Malebranche. — L'entendement est la faculté de recevoir des idées, mais son rôle est passif. Les idées ou les types des êtres sont en Dieu, et c'est en Dieu que nous les voyons intuitivement.

3° *Théorie des idées innées*, de Descartes. — Ce philosophe avait d'abord soutenu que Dieu avait déposé les idées dans l'intelligence, c'est-à-dire l'innéité absolue ; puis il ne soutint que l'innéité de la faculté de recevoir les idées de l'intelligence, ce qui est la vérité.

4° *Théorie des virtualités*, de Leibniz. — Les principes seraient gravés dans notre âme à l'état de *prédispositions*, de *virtualités;* l'expérience serait seulement l'occasion de leur développement. Cependant il corrigea heureusement ainsi le principe des sensualistes : « Rien n'est dans l'esprit qui n'ait passé par les sens, excepté *l'esprit lui-même.* »

5° *Les formes de la raison pure*, de Kant. — Les lois nécessaires et universelles de l'intelligence, que nous prenons pour les lois du monde réel, ne sont que les formes de notre pensée. Les choses n'existent qu'autant que nous nous en faisons l'idée.

— C'est un *subjectivisme* que le sens commun suffit à réfuter.

6° Le *traditionalisme*, qui prétend que les idées et les principes premiers ont été révélés par Dieu et se sont transmis de génération en génération avec le langage.

La théorie de la *raison impersonnelle*, qui n'admet qu'une seule et même raison, commune à tous les hommes.

**Solution spiritualiste ou empirico-rationnelle.** — Ni l'expérience seule ni la raison seule ne suffisent à expliquer l'origine des idées et des principes premiers. — Le *spiritualisme* fait la part de l'expérience et de la raison. La raison acquiert les notions et les vérités premières par sa vertu propre, avec le concours et à l'occasion des données expérimentales.

Dans cette solution, qui est celle de saint Thomas, de Bossuet, des scolastiques et des spiritualistes en général, et qui doit être tenue pour vraie, *les sens sont indispensables à la connaissance intellectuelle, parce qu'ils en fournissent la matière; mais c'est la raison qui, par l'abstraction, forme l'idée.* « L'intelligence est supérieure aux sens; mais elle a besoin de leur concours : il ne faut pas chercher l'origine des idées dans le corps ou l'âme seulement, mais dans le corps et l'âme réunis. » (SAINT THOMAS.)

# 13ᵉ LEÇON

## CONSERVATION DE LA CONNAISSANCE : MÉMOIRE

**CONSERVATION DE LA CONNAISSANCE. — LA MÉMOIRE**

La *mémoire* est la faculté de conserver, de retrouver et de localiser dans le passé nos perceptions antérieures.

L'*objet* direct de la mémoire, ce sont les phénomènes psychologiques du passé, envisagé comme tel.

Comme la conscience, la mémoire n'atteint immédiatement que le sujet : « On ne se souvient que de soi-même. » (ROYER-COLLARD.)

**Diverses sortes de mémoires.**
**Unité de la mémoire.**

On distingue : 1° Une *mémoire organique*, qui n'est que l'aptitude des muscles à reproduire spontanément certains mouvements : marcher, lire, jouer du piano, etc.;

2° La *mémoire sensible* ou *imaginative*, où se retiennent les choses sensibles et les sensations ;

3° La *mémoire intellectuelle*, par laquelle se retiennent les choses de raisonnement et d'intelligence.

La mémoire sensible reproduit les images, elle est commune à l'homme et à l'animal. La mémoire intellectuelle reproduit les idées ; elle est propre à l'homme ; c'est une forme de l'entendement. L'une et l'autre peuvent être *spontanées* ou *réfléchies*.

A un point de vue plus particulier on distingue encore : la *mémoire des mots* et la *mémoire des choses*; la mémoire des sons, des couleurs, du goût, des lieux, des noms, etc.

Toutes ces mémoires particulières s'expliquent par le développement plus ou moins grand de tel organe, de telle aptitude de l'esprit ; mais, malgré cette apparente multiplicité, on peut dire, en tenant compte des distinctions nécessaires entre la vie sensible et la vie intellectuelle, qu'il n'y a en réalité qu'*une mémoire*; l'unité est constituée par l'identité de la conscience.

**Fonctions ou moments de la mémoire.**

1° La *conservation* : la mémoire est comme une conscience continuée.

2° La *reproduction* : retour, réapparition, réviviscence d'un fait de conscience passé. — Les lois qui expliquent le phénomène de la conservation et de la reproduction sont encore très obscures. Les théories physiologiques, pas plus que les théories psychologiques, ne peuvent rendre compte de tous les faits.

3° La *reconnaissance* est un jugement par lequel on affirme que ce que l'on voit ou l'on pense, on l'a déjà vu ou pensé.

Cette reconnaissance implique trois notions importantes : la *notion de durée*, la croyance à l'*existence passée* de la pensée ou du fait, enfin l'*identité du moi*.

La reconnaissance est complétée par la *localisation dans le passé*, c'est-à-dire par l'affirmation que le *déjà vu* ou le *déjà pensé* se rapporte à telle date et à tel lieu. — Pour localiser, on a recours à des points de repère.

**Qualités d'une bonne mémoire.** — 1° *Facilité* à acquérir; 2° *ténacité* à conserver; 3° *promptitude* à rappeler et à reconnaître. La mémoire peut être *lente*, *fugitive*, *rebelle*, *infidèle*.

**Souvenir et réminiscence.** — Le souvenir est l'acte complet de la mémoire : il implique la reconnaissance et la localisation dans le passé.

La réminiscence n'est qu'un demi-souvenir, non accompagné de reconnaissance ou de localisation précise.

**CONSERVATION DE LA CONNAISSANCE — LA MÉMOIRE (Suite.)**

**L'oubli.** — C'est le contraire du souvenir ; c'est l'inconscience momentanée ou la perte totale des notions acquises.

L'oubli, phénomène très difficile à expliquer, est une des conditions de la mémoire.

**Conditions du travail de la mémoire.**

1° *Physiques et physiologiques : La santé et l'état de veille.* — Le cerveau ne garde l'impression du passé et ne peut la renouveler que s'il est dans un état sain et normal.

2° *Psychologiques.* — a) *L'attention* ou *l'effort volontaire de l'esprit* ;
b) *La répétition :* la mémoire, de même que l'habitude, ne s'acquiert que par la répétition ;
c) *L'émotion* ou *l'attrait :* on apprend vite et l'on fait souvent ce que l'on aime ;
d) *L'ordre, la liaison, le classement des faits et des idées,* sont de puissants moyens d'aider la mémoire.

3° *Métaphysiques.* — 1° *Notion du passé,* c'est-à-dire l'idée du point précis du temps où se place le souvenir ;
2° La *croyance à l'identité personnelle,* c'est-à-dire que la personne qui reconnaît est la même que celle qui a connu.

**Maladies de la mémoire.**

*L'amnésie,* partielle ou totale, subite ou progressive, temporaire ou définitive : épilepsie (amnésie totale), agraphie, etc.

*L'hypermnésie* consiste dans une surexcitation de la mémoire, produite par la maladie ou par certains narcotiques.

Dans la vieillesse, la destruction de la mémoire suit une loi de régression allant du moins stable au plus stable.

**Théories pour expliquer la mémoire.**

On a imaginé plusieurs hypothèses pour expliquer la mémoire ; presque toutes sont d'ordre mécaniste et physiologique.

Au XVIIe siècle, Descartes, Bossuet, Malebranche, l'attribuaient à des empreintes cérébrales persistantes dans le cerveau.

Les associationistes l'expliquent par une modification imprimée aux éléments nerveux et une association entre un certain nombre de ces éléments.

On admet généralement le concours simultané des états nerveux et de l'intelligence. Ce qui reste en nous, entre la perception primitive et le souvenir, c'est une aptitude acquise, une disposition permanente à refaire ce qui a été fait. — C'est en vertu de ce fait qu'on a voulu ramener la mémoire à l'habitude, et réciproquement. — L'habitude est un fait plus général que la mémoire.

**Rôle et nécessité de la mémoire.** — La mémoire est nécessaire à toutes nos opérations intellectuelles : Je ne puis ni juger ni comparer, par exemple, si je n'ai présents à la fois deux termes au moins.

Elle est la condition de toute instruction et de tout progrès.

L'oubli, c'est la mort de la science et de l'expérience.

Il importe de remarquer cependant que le développement de la mémoire, s'il était exclusif, offrirait de graves dangers. La mémoire doit être un auxiliaire de l'intelligence, mais non la remplacer.

« Mieux vaut, dit Montaigne, une tête bien faite qu'une tête bien pleine. » Souvent on rencontre des hommes très érudits qui sont de grands sots.

# 14º LEÇON

## CONSERVATION DE LA CONNAISSANCE (SUITE)
## DE L'ASSOCIATION DES IDÉES

**DE L'ASSOCIATION DES IDÉES**

**Définition.** — L'*association* ou *liaison des idées* est le phénomène par lequel tous les états de conscience se suggèrent ou s'appellent mutuellement.

Ce n'est point une faculté à part, mais une *loi de la mémoire*, en vertu de laquelle chacune de nos idées tend à éveiller celles qui lui ont été contiguës, soit *objectivement*, soit *subjectivement*. — Ce ne sont pas seulement les idées qui tendent ainsi à se réveiller, mais aussi les images, les jugements, etc.

**Loi de l'association.**
**Rapports sur lesquels elle repose.**

Les groupes anciens d'états de conscience tendent à se reconstituer. Cette loi générale repose sur les rapports qui lient les idées ou les états de conscience. Ces rapports peuvent être :

*Objectifs :*
1º *Rapports naturels.* Ce sont :
  a) *Rapports de cause à effet, et réciproquement* : le Cid me rappelle Corneille ;
  b) *Rapports de principe à conséquence ou de contenant à contenu* : liberté et responsabilité... ;
  c) *Rapports de moyen à fin, et réciproquement* : l'aile fait penser au vol.
2º *Rapports accidentels :* a) *De ressemblance et de contraste* : l'esclavage fait songer à la liberté.
  b) *De contiguïté dans l'espace et dans le temps* : mont Cenis et tunnel, Condé et Turenne.
3º *Rapports arbitraires ou conventionnels.*

Ou *subjectifs :* ces derniers, tout individuels, sont impossibles à classer et même à énumérer.

**Relations de l'association.**

1º Avec l'*attention*. — L'attention sert beaucoup à l'association des idées, parce qu'elle donne plus de relief et d'intensité aux états de conscience. Que de choses échappent à l'esprit distrait, qui frappent l'esprit attentif !

2º Avec l'*habitude*. — L'association suit les mêmes lois que l'habitude (lois de répétition, de continuité, d'intensité).

**Comment s'explique la loi fondamentale de l'association ?**

Elle s'explique, comme la mémoire, dont elle n'est qu'une *forme*, par une habitude à la fois *mentale* (psychologique) et *cérébrale* (physiologique) : L'esprit tend à repenser ce qu'il a déjà pensé.

Tout état de conscience laisse dans le cerveau une impression qui tend à renaître en même temps que l'état qui l'a produite.

La loi d'association joue un grand rôle dans la vie psychique ; mais elle ne suffit pas à expliquer tous les phénomènes psychologiques, comme l'ont prétendu Stuart Mill, Spencer, Bain et les associationistes. Elle n'explique ni les principes premiers, ni la conscience, ni la notion du moi, ni la raison, ni le jugement.

**Association et liaison des idées.**

Association des idées est un terme générique qui désigne à la fois et l'*association proprement dite :* purement extérieure, mécanique, commune à l'homme et à l'animal ; et la *liaison des idées :* liaison logique, rationnelle, qui est propre à l'homme.

La *première* se rapporte surtout à l'*imagination* et à la *mémoire* et caractérise les hommes sans principes, sans consistance ;

La *seconde* est un fait de l'entendement et donne l'habitude de la justesse des vues, de la fermeté du caractère.

La manière dont un homme associe habituellement ses idées révèle la portée de son esprit et son caractère intime.

## CONSERVATION DE LA CONNAISSANCE

**DE L'ASSOCIATION DES IDÉES** (Suite.)

- **Association des idées dans la littérature et les beaux-arts.**
  - L'association joue un grand rôle dans la littérature et les beaux-arts.
  - « Aucune idée ne va seule, » dit Jouffroy ; elles sont toutes plus ou moins suggestives, mais il y en a qui le sont plus que d'autres. Ce sont celles-là que l'écrivain et l'artiste doivent chercher à réveiller.

- **Association des idées et éducation.**
  - Les associations d'idées sont des habitudes psychologiques.
  - Il y en a de vraies et de bonnes, de logiques, conformes à la nature des choses ;
  - Il y en a d'autres qui sont fausses et mauvaises, superficielles et fondées sur les apparences.
  - L'éducation doit inspirer et fortifier les premières, prévenir les secondes ou les corriger.
  - L'habitude des associations vraies et bonnes constitue la justesse d'esprit, la noblesse du cœur, la rectitude de la volonté ;
  - L'habitude des associations fausses, mauvaises, constitue les esprits faux et légers, les cœurs vulgaires, les volontés sans consistance.

- Les *associations fausses* viennent surtout du désordre de l'âme, de la prédominance des facultés secondaires, imagination et sensibilité, sur la raison et la volonté ;
- Les *bonnes associations* viennent d'une conscience droite, d'une bonne conduite, de bonnes lectures, de bonnes fréquentations.
- Le meilleur moyen de corriger les associations fausses ou mauvaises, c'est de veiller sur soi pour n'en former volontairement que de bonnes et de les répéter souvent, afin d'en contracter l'habitude.

---

## 15ᵉ LEÇON

### CONSERVATION DE LA CONNAISSANCE (SUITE)
### DE L'IMAGINATION

**L'IMAGINATION**

- **Définition.** — L'imagination est la faculté de se représenter et de combiner les images des objets absents, réels ou possibles. — C'est un sens intérieur qui nous fait voir les objets au dedans de nous, lorsque les sens ont cessé d'agir.

- **Diverses sortes.**
  - On distingue :
    1. L'*imagination reproductrice*, qui ne fait que reproduire et combiner des images en dehors de l'entendement. Elle est commune à l'homme et à l'animal.
    2. L'*imagination créatrice*, faculté de transformer la réalité, d'inventer, de créer des types. — Elle ne crée pas de rien, mais elle arrange à son gré les données sensibles : « Elle imite en créant, et crée en imitant. »
  - La raison intervient pour mettre de l'ordre dans les constructions de l'imagination ; c'est ce qui les distingue du rêve.

- **Rapports de l'imagination et de l'entendement.**
  - L'opération de l'intelligence étant de comprendre l'immatériel dans une image, il s'ensuit que non seulement il n'y a pas antagonisme entre l'intelligence et l'imagination, mais que celle-ci est nécessaire aux opérations de celle-là. Il faut une image pour soutenir une idée : nous ne pensons qu'avec le secours d'images ou au moins de noms.
  - Il s'ensuit encore que le mauvais fonctionnement de l'imagination (faculté organique) nuit aux opérations intellectuelles.

- **Rapports de la mémoire et de l'imagination.**
  - L'imagination et la mémoire sensitive ont de grandes analogies ; il ne faut pas cependant les confondre.
  - L'imagination garde, reproduit, combine les images des objets et des sensations ;
  - La mémoire distingue et reconnaît ces objets et les rapporte au passé ; de plus, la mémoire intellectuelle rappelle les idées.
  - Ces deux facultés sont étroitement unies et se prêtent un mutuel secours.

**L'IMAGINATION (Suite.)**

- **Imagination et organisme.**
  - Toute image d'un mouvement est liée à une tendance à réaliser ce mouvement. Cela explique l'influence considérable de l'imagination sur l'organisme (gestes imitatifs dans un récit, malades imaginaires, etc.).
  - Quand l'image est isolée, elle se réalise infailliblement; s'il y a plusieurs images, la plus forte l'emporte (instinct d'imitation opposé à instinct d'originalité, vertige, tentation, etc.).
  - De son côté, l'organisme agit sur l'imagination (ivresse, opium, tristesse, joie).

- **Rôle de l'imagination.**
  - 1° *Dans l'exercice de l'activité humaine :* réglée par la raison, elle est un ressort qui augmente notre puissance;
  - 2° *Dans nos rapports sociaux :* elle excite la sensibilité, est la source de la sympathie, de la pitié pour les souffrances des autres; elle nous fait jouir de leurs plaisirs et souffrir de leurs douleurs;
  - 3° *Dans la littérature :* elle est la source des images, des tours ingénieux, donne au style la couleur et la vie;
  - 4° *Dans les sciences :* elle est la source des hypothèses, c'est un des éléments du génie scientifique; dans les *mathématiques*, elle soutient l'intelligence par des constructions idéales;
  - 5° *Dans les arts :* elle fournit les *fictions*, les *chimères*, les *symboles*, qui sont surtout l'œuvre de l'imagination créatrice.

- **Dangers de l'imagination.**
  - Quels que soient ses avantages, il faut se méfier de l'imagination : « Elle est maîtresse d'erreur et de fausseté. »
  - Si elle échappe au contrôle du jugement, elle s'égare et devient la « folle du logis », elle exagère et fausse tout, fait des hommes inquiets, ombrageux, sombres, rêveurs, inconstants; des hommes romanesques, qui se repaissent d'illusions et de chimères et vivent toujours en dehors de la réalité. Enfin elle trouble le cœur et l'intelligence, et surexcite les passions.

**Rapports de l'imagination avec le bonheur et la moralité.** — L'imagination est-elle un bien ou un mal pour l'homme? — On a soutenu l'un et l'autre. Elle peut être un bien ou un mal selon l'usage que l'on en fait et l'importance qu'on lui laisse prendre. Tenue dans son rôle, elle est un bien.

**Éducation de l'imagination.** — Elle doit se faire par la morale et la religion. Il faut repousser d'elle tout ce qui n'est pas noble et pur. Elle ne nous rend que ce que nous lui avons confié; seulement elle l'amplifie.

---

## 16ᵉ LEÇON

### ÉLABORATION DE LA CONNAISSANCE : ABSTRACTION COMPARAISON — GÉNÉRALISATION

**I. ABSTRACTION**

- **Définition.**
  - Abstraire, c'est considérer isolément dans un objet un de ses caractères; dans un tout, un de ses éléments; dans un groupe d'états de conscience, un de ces états.
  - On fait une abstraction quand on envisage la *substance* sans ses *qualités* (le fer sans son poids), les *qualités* sans la *substance* (le poids du fer ou sa forme), une *faculté à part des autres* (l'intelligence sans la volonté et la sensibilité), *l'universel en dehors de ce qui l'individualise* (l'homme en général et non tel homme).
  - L'abstraction est une séparation purement *mentale, intellectuelle* des choses; elle n'a rien de *réel*.
  - Rien de plus commun que cette opération de l'esprit : nous faisons des abstractions à chaque instant quand nous parlons ou que nous raisonnons (le juge voit dans le même homme, le père, l'époux, le citoyen, le propriétaire, le criminel, etc.).

## ÉLABORATION DE LA CONNAISSANCE

**I. ABSTRACTION**

*Mécanisme et effets de l'abstraction.*
« Les sens, a dit Laromiguière, sont des machines à abstraire; » chacun d'eux, en effet, nous fournit quelques notions indépendantes des autres sens; mais ce n'est là qu'une analogie de l'abstraction. Les sens ne s'élèvent pas au-dessus de l'individuel; or le caractère propre de l'idée *abstraite*, c'est l'*universel*, notion qui ne peut être donnée que par l'intelligence.
Cette opération de l'esprit transforme les notions réelles *concrètes* en notions *abstraites*, sans réalité; d'*individuelles*, elle les rend *universelles*, applicables à un grand nombre d'individus semblables.

**Idée abstraite et idée concrète.** — Nos moyens de connaître, sens, conscience, raison, ne nous présentent l'idée que sous sa forme *concrète :* un être ou un phénomène individuel avec ses divers attributs;
L'idée *abstraite* exprime le genre ou l'espèce à laquelle appartient ce fait ou ce phénomène individuel.
Il ne faut pas confondre l'*idée abstraite*, 1° avec l'*idée générale :* la première est le genre, la deuxième l'espèce : toute idée générale est abstraite (couleur d'orange), mais toute idée abstraite n'est pas générale (couleur de telle orange) ; 2° avec les idées des *choses suprasensibles :* les idées de forme, de couleur, sont des idées abstraites sensibles; les idées d'âme, de Dieu, sont des idées concrètes suprasensibles.

*Degrés de l'abstraction.*
Avoir l'idée d'une chose ronde ou carrée, c'est un premier degré de l'abstraction; concevoir l'idée de rondeur ou de carré en dehors de tout objet, c'est un deuxième degré; enfin, si l'on s'élève à l'idée générale de forme, on obtient l'abstraction la plus élevée dans ce genre.
On distingue des idées abstraites de *substance* (or, âme); de *qualité* (rond, blanc); de *quantité* (deux, cinq); de *rapports* (aller, travailler).

*Nécessité et rôle de l'abstraction.*
Abstraire est une nécessité pour l'esprit de l'homme, qui ne peut connaître distinctement plusieurs phénomènes à la fois.
L'abstraction a pour effet : 1° de rendre la connaissance claire et distincte;
2° Elle est la condition de la *généralisation*, de la *définition*, de la *classification*, du *raisonnement;*
3° Elle est la condition de la *science*, qui a pour but de dégager les idées générales des faits complexes dans lesquels elles sont mêlées.

*Abus de l'abstraction.*
1° L'abstraction tend à nous faire perdre de vue les rapports des parties qui composent un tout;
2° Elle est l'origine de la *partialité*, de l'*esprit de système*, qui juge les hommes et les choses à un point de vue exclusif;
3° Elle conduit aux abstractions *réalisées*, c'est-à-dire à attribuer une existence réelle et même personnelle à de pures conceptions de l'esprit (vertus occultes des anciens physiciens).

**II. COMPARAISON**

**Définition.** — La comparaison est une opération par laquelle l'esprit rapproche deux ou plusieurs objets pour en saisir les rapports.
Le résultat de la comparaison est un *jugement affirmatif*, qui unit les objets par leurs éléments communs, et un *jugement négatif*, qui les sépare par leurs éléments propres.

**Importance.** — C'est à cette opération que nous devons les *idées de rapports :* comparatif, meilleur, égal, etc. Elle est la condition de la généralisation, du jugement, du raisonnement.

**III. GÉNÉRALISATION**

**Définition.** — Opération par laquelle l'esprit étend une idée à un nombre indéterminé d'êtres ou de faits de même nature. Le résultat est l'*idée générale* ou *concept*.

*Comment se forme l'idée générale.*
Pour passer de la *sensation*, qui ne représente qu'un seul être, à l'idée, qui représente toute une classe d'êtres, l'intelligence procède par abstraction.
L'intelligence part d'une image (triangle, par exemple); elle élimine tous les caractères particuliers (isocèle, rectangle, scalène), et dégage ainsi la nature commune à tous les êtres d'un genre ou d'une espèce (le triangle).
Dans toute généralisation il y a donc : 1° une *analyse;* 2° une *abstraction;* 3° une *synthèse*.

**III. GÉNÉRALISATION (Suite.)**

à un nombre indéterminé d'êtres ou de faits de même nature.

Dans l'idée générale il faut distinguer : 1° l'*extension*, plus ou moins grand nombre d'individus dont elle exprime l'essence ; 2° la *compréhension*, plus ou moins grand nombre de qualités que contient l'idée.

**Expression de l'idée générale.** — L'idée générale s'exprime par le nom commun.

**Ce qu'implique l'idée générale.** — Les sens ne pouvant saisir que le particulier ou l'individuel, la présence d'une seule idée générale dans l'âme humaine révèle une faculté supérieure aux sens.

**Divers degrés de la généralisation.** — La généralisation s'étend depuis l'idée individuelle jusqu'à l'idée d'être. Les deux principaux degrés sont le *genre* et l'*espèce*.

Dans le genre, l'idée est plus *extensive* (renferme plus d'individus et moins de qualités communes). Dans l'espèce, elle est plus *compréhensive* (renferme plus de qualités et moins d'individus).

**Avantages de la généralisation.** — Elle substitue à la multitude des idées individuelles un petit nombre d'idées générales : idées de *lois*, de *types*, d'*espèces*, de *genres*, etc. Elle est la condition de toute classification de toute science.

**Valeur des idées générales.**

(C'est le problème des universaux, qui a passionné le moyen âge.) Les idées générales correspondent-elles à quelque chose de réel ? — Tel est le problème.

*Oui*, répondent les *réalistes*, avec Guillaume de Champeaux ; les genres sont les seules réalités qui existent ;

*Non*, répondent les *nominalistes*, avec Roscelin ; toute réalité est dans les individus ; les idées générales sont des *flatus vocis*.

Abélard, et après lui les *conceptualistes*, ont voulu concilier les deux systèmes : l'idée générale existe dans l'esprit, mais n'a pas de réalité extérieure.

Pris absolument, ces trois systèmes sont faux. La vérité est dans un *réalisme modéré* (Aristote, saint Thomas, Leibniz), qui enseigne que les idées générales ne sont ni des *entités* existant en soi, ni de *simples mots*, ni de *pures conceptions* de l'esprit : elles ont une réalité dans les individus existants et dans l'esprit qui les conçoit, surtout dans l'intelligence divine, où tous les êtres ont leur type de toute éternité.

---

## 17º LEÇON

### ÉLABORATION DE LA CONNAISSANCE (SUITE)
### JUGEMENT ET RAISONNEMENT

**I. JUGEMENT**

**Définition et nature du jugement.** — Le jugement est une opération de l'esprit par laquelle il affirme qu'une chose est ou n'est pas, qu'elle est *telle* ou qu'elle n'est pas *telle*.

On le définit encore : l'opération par laquelle l'esprit affirme la convenance ou la disconvenance de deux idées.

Cette définition ne conviendrait qu'aux jugements dits *comparatifs*.

Or certains auteurs : Reid, Hamilton, Cousin, admettent des jugements *intuitifs* ou *expérimentaux*, comme *je pense*, *j'existe*, etc.

Il semble que ces psychologues confondent la simple *perception intellectuelle* (idée du moi existant) avec le *jugement* (idée du moi jugé existant), qui ne peut se former sans une comparaison.

ÉLABORATION DE LA CONNAISSANCE

## I. JUGEMENT (Suite.)

**Éléments et expression du jugement.**
Les jugements s'expriment par des *propositions*.
Toute *proposition* ou *jugement* comprend :
1° Une idée (d'être ou de substance), de laquelle on nie ou affirme quelque chose : c'est le sujet ;
2° Une deuxième idée (de modalité ou qualité), qui est affirmée ou niée de la première : c'est l'attribut ;
3° Le lien rationnel de ces deux idées (affirmation et rapport) : c'est le verbe ou copule.

**Division des jugements et des propositions.**
1° *Relativement à la qualité*, ils sont *affirmatifs* ou *négatifs* ;
2° *Relativement à la quantité*, ils sont *individuels* ou *singuliers*, *particuliers*, *généraux* ou *universels* ;
3° *Relativement à leur modalité*, ils sont *contingents* ou *nécessaires* ;
4° *D'après la relation de l'attribut au sujet*, ils sont *analytiques* ou *synthétiques* ;
5° *Relativement à la manière dont nous les formons*, ils sont *à priori* ou *à posteriori* ;
6° *Au point de vue de la justesse*, ils sont *vrais*, *faux* ou *probables* ;
7° *Relativement à leurs termes* : *simples* ou *composés* ; *conjonctifs*, *disjonctifs* ou *conditionnels*.

**Le jugement est-il un acte de volonté ?** — Oui, répondent Descartes et ses disciples ; on ne juge que par un acte de volonté.
C'est là une grave erreur, qui consiste à confondre l'*acquiescement* ou *assentiment* de l'intelligence à la vérité, ce qui constitue le *jugement*, avec l'*acquiescement* de la volonté, qui s'appelle *consentement*.
L'intelligence apporte la *conviction* ; la volonté, la *persuasion*, ce qui n'est pas du tout la même chose.
La *croyance*, qui répond au jugement, est, comme lui, faite d'intelligence et de volonté.

**Jugement et association.** — Les associationistes ont confondu le jugement intellectuel avec l'association des images. Il importe de les distinguer :
le jugement établit un *rapport logique* de convenance ou de disconvenance entre deux objets ;
L'association des idées ou des images passe *automatiquement* d'une idée à une autre *d'après les lois de ressemblance ou de contiguïté*.
Le jugement est propre à l'homme ; l'association est commune à l'homme et à l'animal.

## II. RAISONNEMENT

**Définition.** — Le raisonnement consiste à tirer un jugement d'un ou plusieurs jugements.
Ou encore, à aller du connu à l'inconnu, à induire ou à déduire une vérité d'une autre vérité.

**Éléments du raisonnement.**
Le plus simple des raisonnements, le syllogisme, se compose de trois jugements.
Les deux premiers sont les *prémisses* ; le troisième, la *conclusion* du raisonnement.
On compare successivement deux idées à une troisième, et, en vertu du principe d'identité, on affirme que ces deux idées se conviennent ou ne se conviennent pas.

**Raisonnement et association.** — L'association ne saurait rendre compte du raisonnement, parce qu'elle ne peut saisir le lien logique qui unit les trois propositions dont il se compose.
Elle peut juxtaposer les éléments d'un raisonnement, produire des effets analogues ; mais elle est impuissante à le former.
Dans l'association, tout est automatique et se fait toujours de même ; dans le raisonnement, l'intelligence opère, et, dans les mêmes circonstances, différentes solutions peuvent intervenir.

**II. RAISONNEMENT** (*Suite*.)

**Formes du raisonnement.**

- *Déduction.*
  - La déduction conclut du général au particulier, des causes aux effets, des lois aux faits, des principes aux conséquences.
  - Elle est fondée sur ce principe : Tout ce qui est vrai d'une proposition générale est vrai des propositions particulières qu'elle contient ; tout ce qui est vrai du genre, par exemple, est vrai de toutes les espèces contenues dans ce genre.
  - Ce principe se formule encore ainsi : Ce qui est affirmé ou nié d'un tout est affirmé ou nié de chaque partie de ce tout.

- *Induction.*
  - L'induction va du particulier au général, des effets aux causes, des faits aux lois, des conséquences aux principes.
  - Elle est fondée sur ce principe : Dans les mêmes circonstances, les mêmes causes produisent les mêmes effets ; ou encore : Les lois de la nature sont stables et générales.

---

## 18ᵉ LEÇON

### INSTINCT ET HABITUDE

**I. DE L'INSTINCT**

**Définition.** — L'instinct est une force naturelle qui fait agir sans réflexion et sans conscience du but ni de la cause. — C'est par instinct que l'enfant, comme le petit mammifère, tette en venant au monde, que l'oiseau fait son nid, etc.

Considérés en eux-mêmes, les phénomènes instinctifs sont coordonnés de manière à former des systèmes dans lesquels chacun d'eux continue le précédent et prépare le suivant.

**Caractères de l'instinct chez l'animal.**

Il est 1° *Inné* : antérieur à toute éducation et à toute habitude. — L'oiseau n'apprend pas à faire son nid...

2° *Universel* : le même chez tous les animaux de la même espèce.

3° *Spécial* : ne s'applique qu'à un nombre déterminé d'actions. — Tel oiseau ne fait pas un nid, mais tel nid.

4° *Infaillible* : adapte parfaitement et de prime abord les moyens au but. — On cite cependant des cas où l'instinct a été en défaut ; par exemple, celui des mouches à viande.

5° *Immuable* ou *imperfectible* : n'est pas susceptible de progrès dans l'individu ou dans l'espèce. — Ce caractère non plus n'est pas absolu ; sous l'action des circonstances extérieures, l'instinct peut se transformer.

6° Enfin, *dépendant de l'organisme* : ce sixième caractère est aujourd'hui fort controversé.

**Division des instincts.**

On ramène tous les instincts à deux classes principales :

1° *Instincts relatifs à la conservation de l'individu* : instinct d'accumulation chez les fourmis, les écureuils, etc.

2° *Instincts relatifs à la conservation de l'espèce* : construction des nids, protection des petits, etc.

On fait quelquefois une troisième classe des *instincts de société*, soit *accidentelle*, soit *permanente* ; mais ces instincts peuvent se ramener aux instincts de conservation de l'individu ou de l'espèce.

## I. L'INSTINCT (Suite.)

**Théories sur l'origine de l'instinct.**

1° *Instinct ramené à l'intelligence* (Montaigne, évolutionnistes). Il y a entre l'*instinct* et l'*intelligence* une différence de *nature* et non pas seulement de *degré*. — L'instinct est *spécial, exclusif, empirique, uniforme, parfait du premier coup*. — L'intelligence est une faculté *universelle*, capable de *réfléchir*, d'*abstraire*, de *généraliser*, de *raisonner*; elle *varie* avec les individus et est toujours capable de nouveaux progrès.

2° *L'instinct, mouvement automatique* (animaux-machines de Descartes). — Les animaux sont des automates.
La Fontaine se fit l'interprète du sens commun pour protester contre une pareille théorie. — On connaît ses fables : *le Renard, les deux rats et l'œuf; la Perdrix, les souris et le chat-huant*.

3° *L'instinct, habitude individuelle.* — D'après Condillac, l'instinct serait engendré par l'effort et l'exercice; ce serait une habitude.
— Malgré les ressemblances de ces deux phénomènes, il est impossible de les confondre. Ils diffèrent, en effet :
 a) Par leur *origine* : l'instinct est naturel; l'habitude est acquise;
 b) Par leur *nature* : l'instinct est parfait du premier coup; l'habitude se forme par degrés;
 c) Par leur *fin* et leurs *résultats* : l'instinct est une tendance à réaliser certains actes; l'habitude, à persévérer dans le même état;
 d) L'instinct, *inconscient*, est le contraire de la liberté; l'habitude vient à la suite de la liberté.

4° *L'instinct, habitude héréditaire.* — Au dire de Lamarck, Darwin, Spencer, etc., les instincts des animaux n'auraient été à l'origine que des accidents individuels, qui se seraient perpétués et fixés par l'hérédité.
— On peut accorder aux évolutionnistes que quelques instincts secondaires, correspondant à des modifications organiques, sont le résultat de l'hérédité (tels, par exemple, les instincts du chien domestique). Mais comment expliquer les instincts primitifs, ceux qui ont précédé toute habitude, ceux du premier animal ?
— C'est toujours la même réponse : l'évolutionnisme recule le problème, il ne le résout pas.

5° *L'instinct, faculté innée* (saint Thomas, scolastiques, spiritualistes). — La brebis fuit la première fois qu'elle voit le loup, en vertu d'un sens *appréciatif* (*estimative*) qui est en elle, qui lui fait voir dans le loup un être nuisible. — Quelle est l'origine de cette connaissance instinctive ? Là est la difficulté.

## II. L'HABITUDE

**Définition.** — C'est une disposition acquise par un acte *répété* ou *prolongé*.
Les scolastiques la définissaient : une disposition ou une inclination bonne ou mauvaise qui nous porte à agir d'une manière spéciale.
— Cette dernière définition convient aux vertus infuses : foi, espérance et charité.
Autre définition encore plus générale : aptitude à reproduire aisément les modifications antérieures.
Observons que l'habitude commence dès le premier acte. — Cela est évident ; car s'il ne restait rien du premier, le second ne serait pas plus facile.

**Nature de l'habitude.** — L'habitude est à la fois un *penchant acquis*, répondant à cette loi générale : « L'être tend à persévérer dans l'être, » et une *aptitude*, un savoir-faire, une facilité, qui deviennent comme naturels.
L'habitude tient le milieu entre la volonté et l'instinct : elle part de l'une et aboutit à l'autre.

**Il faut distinguer l'habitude :**
1° De la *routine*, habitude dégénérée, aveugle, toute machinale, qui échappe à la direction de la raison ;
2° De la *coutume*, manière d'être générale à laquelle nous nous conformons.

## II. L'HABITUDE (Suite.)

**Diverses sortes d'habitudes.**

1° Par rapport à la cause qui les produit, elles sont :
- mêmes actes;
- *Passives*, si elles viennent des sensations prolongées et répétées.
- Remarquons qu'il n'y a pas d'habitudes absolument *passives* et que le même sens est susceptible à la fois d'habitudes actives et passives. Ex. : oreille du musicien.

2° Au point de vue des facultés auxquelles elles se rapportent, elles sont :
- *Organiques*, dispositions acquises par un organisme vivant à telle manière d'être;
- *Intellectuelles*, manière ordinaire de diriger son esprit, ses pensées. — Les *superstitions* sont de mauvaises habitudes intellectuelles;
- *Morales*, pli que nous imprimons à notre volonté et à notre conduite. — Les vertus et les vices sont des habitudes morales.

**Lois de l'habitude.**

1° Lois relatives aux causes.
- La cause efficiente de l'habitude est un ou plusieurs phénomènes qui ont modifié l'activité et laissé après eux une tendance à les reproduire.
- Les causes accessoires sont la *répétition*, le *nombre*, la *fréquence*, la *durée* et l'*intensité* des phénomènes.

2° Lois relatives aux effets.
- 1° *L'habitude diminue la sensibilité physique*; 2° *elle développe l'activité*.
- En d'autres termes, tout ce qui est *passion* (plaisir et douleur) s'émousse, et tout ce qui est *action* (opérations de l'intelligence, efforts de la volonté, mouvements musculaires) se fortifie en se répétant.
- Observons que l'habitude n'émousse pas en général nos sentiments, ni les sensations que nous spiritualisons en quelque sorte; l'habitude les rend, au contraire, plus vives et plus délicates.
- Observons encore que l'habitude tend en général vers l'automatisme et l'inconscience, qu'elle devient en quelque sorte une seconde nature, suivant le mot d'Aristote, mais que cela ne s'applique pas à l'*habitude du bien*, qui est la véritable possession de soi-même.

**Rapports de l'habitude :**

1° *Avec le progrès*. — L'habitude est, non pas la *cause*, mais la *condition* du progrès.
L'habitude donne de la cohésion et de l'unité à la vie; par elle, « le présent est chargé du passé et gros de l'avenir. » (LEIBNIZ.) Elle joue dans la vie humaine le même rôle que le travail et le capital en économie politique.

2° *Avec la volonté*. — La volonté est mère de l'habitude; mais à son tour l'habitude développe et fortifie la volonté.

3° *Avec l'hérédité*. — Les habitudes peuvent se transmettre et se transmettent souvent par voie d'hérédité. — (Application de ce principe au dressage des animaux, à l'acclimatation.)
La loi de l'hérédité est aussi applicable à l'homme : Bon chien chasse de race; tel père, tel fils, sont des proverbes connus. — Les conséquences de cette loi sont considérables au point de vue physique et au point de vue moral (V. Appendice, p. 184.)

**Théories explicatives de l'habitude.**

Ces théories peuvent se ramener à deux principales :

1° *Théorie qui admet une modification de l'activité spirituelle*. — C'est celle d'Aristote, qui peut en être regardé comme l'auteur, de saint Thomas, de Leibniz et de la plupart des spiritualistes.

2° *Théorie physiologique et mécaniste* (Épicure, cartésiens, associationistes, évolutionnistes, physiologistes). Ils ont confondu l'habitude avec la coutume, avec l'association inséparable, avec l'hé-

**II. HABITUDE (Suite.)**

- **Théories explicatives de l'habitude. (Suite.)** — réditarisme. Comme pour l'instinct, cette théorie ne fait que reculer le problème sans le résoudre ; loin d'expliquer tout, l'évolution ne s'explique pas elle-même ; il faut un élément au point de départ.

- **Conclusion pratique sur l'habitude.** — La loi de l'habitude est celle de notre perfectionnement comme celle de notre chute : tout dépend de ce que la volonté lui livre. Elle conserve, amplifie, accumule, reproduit avec une facilité croissante le bien comme le mal, et mène ou à la parfaite sagesse ou à l'extrême abjection.

---

## 19ᵉ LEÇON

## LA VOLONTÉ

**DE LA VOLONTÉ**

**Définition.** — La volonté est la faculté d'agir avec réflexion et liberté, d'après les lumières de la raison.

**Analyse de l'acte volontaire.**
L'acte volontaire implique la *possession de soi* et comprend quatre éléments ou quatre *moments* :
1º La *conception* de l'acte à produire : but à atteindre, valeur de cet acte, sa portée, moyens, etc.;
2º La *délibération* : examen des motifs ou des mobiles qui sollicitent la volonté à faire ou à ne pas faire tel acte ;
3º La *détermination* : c'est l'acte propre de la volonté ; elle consiste à se résoudre à agir ou à ne pas agir de telle façon. C'est par la détermination que s'affirme la liberté, et c'est elle qui est la source de la responsabilité.
4º L'*exécution* ou *action* : c'est la conséquence, le complément de la détermination, mais ne doit pas être confondue avec elle : nous sommes toujours les maîtres de la détermination, nous ne le sommes pas de l'action.
Exemples d'analyse de l'acte volontaire : le vote, le verdict d'un jury, les stances du *Cid*, le monologue d'Auguste, etc.

**Caractères de la volonté.**
Comme on vient de le voir, par l'analyse de l'acte volontaire, la volonté est :
1º *Réfléchie* : la volonté se replie sur elle-même pour se rendre compte des motifs et des mobiles qui la sollicitent (délibération).
2º *Libre* : c'est ce que prouve le choix de tel motif plutôt que de tel autre (détermination).
3º *Efficace* : la volonté peut beaucoup pour faire ou pour empêcher : *vouloir*, bien souvent, c'est *pouvoir* (action).
4º *Responsable* dans la mesure de la connaissance (conception), et de la liberté (mérite et démérite).

**Il faut distinguer la volonté :**

1º **De l'instinct.**
L'*instinct est aveugle, fatal* : c'est une force inconsciente, qui s'ignore elle-même et ne connaît ni la loi qui la régit, ni le but vers lequel elle tend. C'est le mode d'activité propre à l'animal ; il n'intervient chez l'homme que pour suggérer des motifs ou des mobiles entre lesquels la volonté doit choisir.
La *volonté est réfléchie, libre* : c'est une force consciente, qui se connaît elle-même et connaît les lois d'après lesquelles elle se détermine. C'est le mode d'activité propre à l'homme.

## DE LA VOLONTÉ (Suite).

**Il faut distinguer la volonté :**

**2° De l'amour.**
L'*amour* est la tendance à *s'unir*; la *volonté*, la *réalisation de cette tendance*. — On est souvent obligé de vouloir ce qu'on n'aime pas. — A l'état parfait, *aimer* et *vouloir* se confondent.

**3° Du désir.**
D'après Hobbes, Spinoza, Condillac et presque tous les sensualistes, la volonté ne serait qu'un désir prédominant, un désir absolu qui entraîne l'action.
— La volonté et le désir diffèrent :
1° *Par leur nature* : le désir est fatal : il naît en nous sans nous; la volonté est libre : il dépend de nous de vouloir ou de ne vouloir pas.
2° *Par leur objet* : on peut *désirer l'impossible*; on ne peut *vouloir* que ce que l'on croit *réalisable*, ce qui dépend de nous.
3° *Par leurs effets*, qui sont souvent contraires : plus le désir est fort, moins on est libre ; plus la volonté est énergique, plus s'affirme la personnalité.
Observons cependant que dans la langue ordinaire on emploie souvent « je voudrais » pour « je désire ».

**4° De l'intelligence.**
La confusion de la *volonté* et de la *raison* est la source de graves erreurs.
Socrate, Platon, Descartes, Malebranche, se trompent en attribuant toute *erreur* à la *volonté*, et en identifiant la science et la vertu. Il ne suffit pas de bien juger pour bien faire.
La *science* est affaire d'*intelligence* : c'est l'assentiment de l'intelligence à la vérité ;
La *vertu* est affaire de *volonté* : c'est l'acquiescement de la volonté au bien.
Remarquons cependant que ces deux opérations intellectuelles, comme les appelle Bossuet, ne sauraient aller l'une sans l'autre : *La volonté est faite pour suivre la raison ;* la responsabilité croît ou décroît avec la connaissance de l'acte. D'autre part, la connaissance est stérile, si elle ne passe pas en acte.

**Importance de la volonté.**
La volonté *agit sur le corps :* une âme forte est maîtresse du corps qu'elle anime ; par la volonté l'âme se fait son corps;
*Sur la sensibilité :* elle affaiblit ou augmente les sensations, les imaginations, les désirs ;
*Sur la raison :* ni la raison seule, ni la volonté seule ne font l'homme ; l'homme véritable, l'homme de caractère, qui a des principes et qui s'y tient, c'est celui chez lequel une volonté ferme est guidée par une raison éclairée.
Enfin elle est la principale source du mérite et du démérite.

## 20ᵉ LEÇON

## LA LIBERTÉ

**I. DIVERS SENS DU MOT LIBERTÉ**

Le mot liberté se prend dans des acceptions très différentes qu'il importe de bien définir. On distingue :

1° *La liberté naturelle* ou *droit naturel*, qui résulte de la nature même de l'homme. — C'est le droit qu'a tout homme d'user de ses facultés physiques et morales, pour son bien et en vue de remplir sa destinée.

2° *La liberté physique* ou *corporelle*, c'est le pouvoir d'agir librement, sans obstacle et sans contrainte. A cette liberté sont opposés la maladie, l'esclavage, la détention, etc.

3° *La liberté morale* ou *psychologique*, qui est le pouvoir de *vouloir* ou de se déterminer d'après un motif. Elle réside dans la volonté. — C'est aussi l'empire de la volonté raisonnable sur les passions, les instincts...

4° *Liberté civile.* C'est le droit pour chacun d'exercer ses *droits naturels d'homme*, en se conformant aux lois de son pays. Elle comprend :
   a) La *liberté corporelle* ou *physique*;
   b) Le *droit de propriété*, résultant de la *liberté du travail*;
   c) Le *droit de fonder une famille, d'élever ses enfants, de tester*;
   d) La *liberté de conscience*, celle de s'instruire, de professer la vraie religion.

Toutes ces libertés sont dites *naturelles* et résultent de l'inviolabilité de la personne humaine.

*L'esclavage*, sous quelque forme qu'il se présente, est la négation de la liberté civile.

Ce qui caractérise l'*esclave*, c'est qu'il est considéré non comme une *personne*, mais comme une *chose*.

5° *La liberté politique*, faculté d'intervenir dans le gouvernement de l'État.

Elle comprend : le *droit de vote* et d'*éligibilité*, la *liberté de la presse*, le *droit de réunion* et le *droit de pétition*.

Il faut distinguer la *vraie liberté*, qui consiste à suivre la raison, à obéir à la loi, à rester dans l'ordre, de la *fausse liberté*, qui n'en est que l'abus, et qui consiste à violer la loi, à sortir de l'ordre, à agir contre la raison. — La liberté n'est pas le droit de tout faire : en *fait*, on peut faire le mal; en *droit*, on ne le *peut pas*, on n'en a pas le *droit*.

**Principes ou causes de la liberté.** — Saint Thomas assigne à la liberté humaine une cause *intérieure* et *psychologique* : l'homme est libre, parce qu'il est doué de raison ; et une cause *extérieure* et *métaphysique* : l'homme est libre, parce que les biens relatifs qui sollicitent sa volonté n'ont rien de nécessitant.

**Loi de la liberté.** — C'est la loi de l'obéissance à Dieu : se conformer à la raison en obéissant à Dieu, c'est la vraie liberté et c'est aussi toute la morale.

**II. PREUVES DE LA LIBERTÉ**

1° *Preuve du sens intime ou de la conscience psychologique.* — Nous avons l'idée de la liberté ; nous y croyons d'une manière invincible, et quand nous nous déterminons à faire une chose, nous sentons que nous pourrions ne pas la faire et choisir le contraire : donc, nous sommes libres.

— *Objections :* — a) La liberté ne saurait être un objet de conscience (Stuart Mill). — b) La croyance à la liberté peut s'expliquer sans supposer la conscience de la liberté réelle ; elle vient de l'ignorance des motifs qui nous font vouloir (exemple : *pirouette* de Hobbes, Spinoza et Bayle).

— *Réponse :* On répond à la première objection : La conscience de la liberté n'est autre chose que la conscience que nous avons, quand nous avons fait une chose, que nous aurions pu faire le contraire.

— A la deuxième, que si l'objection était vraie, plus l'ignorance serait grande, plus la liberté augmenterait ; l'expérience prouve le contraire.

## II. PREUVES DE LA LIBERTÉ (Suite.)

n'est pas libre n'est pas l'auteur de ses actions ; il n'a pas de devoirs. — La même preuve se tire de *l'existence de la loi morale*: Sans la liberté, la loi morale est inutile ou absurde : inutile, si l'action est nécessaire ; absurde, si l'action est impossible. Dans un cas comme dans l'autre, il n'y a pas de *responsabilité*.
Elle se tire encore de la *morale* ou de *l'ordre moral* et se formule ainsi : Sans liberté, il n'y a pas de morale : le bien et le mal, le juste et l'injuste, la vertu et le vice, sont des mots vides de sens ; il n'y a ni mérite ni démérite.

3° *Preuve tirée du témoignage du genre humain.* — Les hommes ont toujours cru à la liberté : leur langage et leurs institutions le prouvent.
— *Objections.* — a) Il y a des peuples qui ont professé le fatalisme dans leur religion et dans leur poésie. — C'est vrai, mais jamais ils ne lui ont abandonné leur législation et leur morale.
b) Les promesses, les contrats, les prières, les menaces, les ordres, les lois, la justice sociale même, n'impliquent pas la liberté. — Sans doute, on peut expliquer sans elle leur *utilité*, mais non leur *moralité*.

4° *Preuve indirecte tirée des conséquences de la négation de la liberté.* — Nier la liberté, c'est détruire du même coup ce qui fait le fondement de toute société humaine. — Ni le *devoir*, ni la *responsabilité*, ni la *justice*, ne peuvent se comprendre sans la liberté.

## SYSTÈMES QUI NIENT LA LIBERTÉ

Les systèmes qui nient la liberté se ramènent à deux principaux : le *fatalisme* et le *déterminisme*. Le premier est une doctrine essentiellement métaphysique ou religieuse ; le second, une doctrine psychologique.
De plus, le *sensualisme*, le *matérialisme*, le *positivisme*, le *panthéisme*, le *scepticisme*, le *faux mysticisme*, sans nier formellement la liberté, aboutissent au même résultat.

### I. Fatalisme.

Le fatalisme prétend que toutes les actions humaines sont régies par une nécessité *extérieure* et supérieure au monde, le *destin* (*fatum*).
On distingue : le fatalisme païen et mahométan, le fatalisme théologique et le fatalisme philosophique ou géométrique.

**a) Fatalisme mahométan.**
Ce qui doit arriver arrivera. — Sophisme paresseux.
— *Réf.* Si les partisans de ce système étaient logiques, ils tomberaient dans l'inertie absolue ; ce qui doit arriver arrivera, mais il arrivera comme nous l'aurons préparé.
« L'homme est dans la main de son conseil, il est l'arbitre de sa destinée. » (*Écriture.*)

**b) Fatalisme théologique.**
Dieu, qui est omniscient, connaît l'avenir, et cette connaissance exclut la liberté de l'homme. — La liberté est contraire à la sagesse et à la puissance de Dieu.
— *Réf.* 1° « Dieu ne prévoit pas l'avenir, il le voit distinctement. » (Leibniz.)
2° Dieu voit libres nos actes libres.
3° Nos actes ne seront pas, parce que Dieu les prévoit ; mais il les prévoit, parce qu'ils seront.
— Reste à comprendre comment nos actes futurs peuvent être présents pour Dieu, avant qu'ils soient ; notre intelligence bornée n'arrive pas jusque-là ; nous devons suivre le sage conseil de Bossuet : « Tenir fortement les deux bouts de la chaîne, quoiqu'on ne voie pas le milieu par où l'enchaînement se continue. »

**c) Fatalisme géométrique de Spinoza.**
a) Ce qui nous fait croire à la liberté, c'est l'ignorance des motifs.
b) La liberté porterait atteinte aux lois géométriques du monde.
— *Réf.* On répond à la première objection, que c'est le contraire qui est la vérité ; et à la deuxième, qu'en dehors des lois géométriques il y a les lois de l'ordre moral.

## LA LIBERTÉ

**SYSTÈMES QUI NIENT LA LIBERTÉ** (Suite.)

**II. Déterminisme.**

Le déterminisme prétend que tout, dans l'homme, y compris ses résolutions et ses actes, est déterminé, nécessité par les lois de la nature physique en général, et par celles de sa nature morale en particulier. On distingue le *déterminisme physique* ou *matérialiste*, qui tire ses arguments de la nature corporelle, et le *déterminisme psychologique* ou *spiritualiste*, qui tire ses arguments de l'âme.

*a)* **Déterminisme physique.**
- La volonté est tenue dans une complète dépendance par le milieu extérieur.
- *Réf.* Les causes dites déterminantes ne sont que *prédisposantes*; elles peuvent influer sur la volonté, elles ne la contraignent pas. — La volonté est elle-même une cause dont il faut tenir compte. — Cette doctrine se réfute par l'absurdité de ses conséquences.

*b)* **Déterminisme psychologique.**
Il tire ses arguments de l'influence déterminante des motifs, du principe de causalité, des statistiques, de la conservation de l'énergie. Il dit :
a) *L'âme est un automate spirituel.* — On répond : L'âme a une activité propre.
b) *On agit conformément à son caractère, à son éducation.* — Le caractère peut se réformer, l'éducation se corriger.
c) *On n'agit pas sans motif, mais c'est toujours le motif le plus fort qui l'emporte.* — C'est le choix de la volonté qui fait que tel motif est le plus fort.
d) *L'âme est une balance.* — Comparaison illégitime.
e) *Avec la liberté, la prévision de l'avenir est impossible.* — Cette prévision ne peut être absolue, quand il s'agit d'êtres moraux.
f) *Les statistiques prouvent que l'homme n'est pas libre.* — Elles ne donnent que des moyennes et n'atteignent que les faits collectifs.
g) *La liberté ne peut se concilier avec l'unité des forces, qui est un principe de la science.* — Outre que ce principe n'est pas démontré, il ne faut pas confondre l'ordre physique et l'ordre moral.
h) *La liberté ou l'acte volontaire serait un phénomène sans cause* (KANT). — La volonté est elle-même une cause.

**Conclusion.** — De tout ce qui précède il faut conclure que la liberté est possible (réfutation du déterminisme), qu'elle existe (preuves directes), qu'elle est nécessaire (réfutation du fatalisme).

## 21º LEÇON

## EXPRESSION DES FAITS PSYCHOLOGIQUES
## LES SIGNES ET LE LANGAGE

**DU SIGNE**

- **Définition du signe.** — Tout fait perçu qui en révèle un autre non perçu directement
- **Éléments.**
  - 1º Le signe lui-même,
  - 2º La chose signifiée,
  - 3º Le rapport perçu par l'esprit entre le signe et la chose signifiée.
- **Diverses sortes.**
  - *Signes naturels.* — Produits et interprétés spontanément : regards, gestes, cris, etc. Ils sont partout les mêmes et compris de tout le monde : partout les larmes sont un signe de douleur, et le rire est un signe de joie.
  - *Signes artificiels* ou *conventionnels.* — Liés aux choses d'une manière arbitraire : laurier, emblème de la victoire ; olivier, de la paix, etc. — Ils sont ou peuvent être différents d'un peuple à l'autre, d'un groupe de personnes à un autre.
- **Importance des signes.** — L'interprétation des signes est un cas particulier de l'association des idées et du raisonnement ; elle a une grande importance pour l'acquisition de la connaissance : c'est par les signes que nous reconstituons le passé, que nous prévoyons l'avenir et que nous jugeons du présent.
- **Sens auxquels ils se rapportent.**
  - Ils peuvent se rapporter à tous les sens, particulièrement :
  - *A la vue :* gestes, dessin, écriture, télégraphie ;
  - *A l'ouïe :* cris, langage, sonneries, batteries ;
  - *Au tact :* écriture des aveugles-nés, reliefs, etc.

**DU LANGAGE**

- **Définition.** — Système de signes par lesquels l'homme exprime ses pensées, ses sentiments. — Il est *naturel* ou *artificiel*.
- **Langage naturel.**
  - Expression des diverses modifications de l'âme par des modifications du corps. Il est *instinctif, universel, synthétique, pathétique* et essentiellement *communicatif*.
  - Il comprend :
    - 1º des sons inarticulés : soupirs, cris, sanglots ;
    - 2º des jeux de physionomie : larmes, rire, mouvements des lèvres, du regard ;
    - 3º des gestes, des attitudes.
- **Langage artificiel.**
  - Expression de la pensée à l'aide de signes conventionnels. Il est *particulier, variable, intentionnel, analytique,* doit être appris.
  - Il comprend :
    - 1º La *parole :* combinaison de sons articulés par lesquels l'homme exprime sa pensée ;
    - 2º L'*écriture,* signe de la parole ; à l'aide de caractères permanents, elle la fixe pour des siècles ;
    - L'écriture peut être *idéographique :* figurative ou symbolique ; ou *phonétique :* alphabétique ou syllabique.
    - 3º Les *systèmes de signes* qui constituent le langage des sourds-muets.

La question de l'origine du langage a donné lieu à un grand nombre d'hypothèses. On peut toutes les ramener à quatre groupes :

**PROBLÈME DE L'ORIGINE DU LANGAGE**

**1<sup>re</sup> Hypothèse.** — *Dès l'origine, Dieu a révélé le langage à l'homme.* — D'après cette théorie, « il y a pour chaque chose un nom juste qui lui convient par nature. » (PLATON.) — « Les noms nous révèlent la nature des choses ;.. » « celui qui a établi les noms connaissait parfaitement l'essence des choses. » — D'où l'on conclut que le langage est au-dessus des forces humaines, que « dire qu'il a été inventé artificiellement est absurde »; pour inventer la parole, il aurait fallu la parole. Donc le langage a été révélé directement par Dieu.

Cette théorie a été soutenue dans l'antiquité par Héraclite et les stoïciens ; au moyen âge et aux temps modernes, par nombre de théologiens, et de nos jours par de Bonald, de Maistre, Lamennais et les traditionnalistes.

*Réfutation.* — Au point de vue philosophique, ce système prête à beaucoup de critiques : 1° Il suppose que les noms expriment l'essence des choses, c'est-à-dire qu'ils sont nécessaires, ce que nient un grand nombre de philosophes ; 2° qu'on ne peut pas penser sans mots, ce qui est contraire à la réalité ; 3° que l'invention du langage est au-dessus des forces humaines, ce qui n'est pas démontré. Il pèche contre un principe de philosophie : principe de moindre action. Enfin il n'explique pas les rapports de la pensée et de la parole, c'est-à-dire l'interprétation du signe, en sorte que la difficulté reste la même.

**2<sup>e</sup> Hypothèse.** — *La parole est le résultat d'un instinct spécial et primitif aujourd'hui disparu.* — Cette hypothèse, d'après laquelle « l'homme est naturellement parlant, comme il est naturellement pensant », se rapproche de la précédente. En effet, un instinct naturel est un don du Créateur, et la parole est indépendante de l'intelligence et de la volonté.

Max. Müller, Renan et autres philologues ont soutenu cette théorie en se basant sur cette découverte faite par la comparaison des langues, que dans tous les vocabulaires il y a un certain nombre de termes communs et irréductibles : les racines.

*Réfutation.* — Cette hypothèse paraît insoutenable. D'abord, il n'est pas démontré que les quatre ou cinq cents racines communes soient primitives ; ensuite, que serait devenu cet instinct auquel on attribue l'invention du langage ? — Comment expliquer la diversité des langues ? etc.

**3<sup>e</sup> Hypothèse.** — *La parole est une création artificielle et conventionnelle de l'homme.* — Démocrite, chez les anciens, Locke, Condillac, Rousseau, A. Smith et la plupart des philosophes sensualistes du XVIII<sup>e</sup> siècle, ont attribué l'invention de la parole à une convention. — Les hommes ne pouvant penser sans signes, ils se sont formé un langage par une entente réciproque ; par conséquent, les mots sont arbitraires, ils n'expriment pas l'essence des choses, on peut les changer à volonté.

*Réfutation.* — On répond : D'après cette théorie, « la parole eût été fort nécessaire pour inventer la parole. » — L'idée d'inventer le langage suppose déjà un langage ; de plus, comment soutenir que Dieu ait créé l'homme sociable sans lui donner la parole, instrument par excellence de toute société ?

**4<sup>e</sup> Hypothèse.** — *La parole est le produit de l'élaboration lente et progressive du langage naturel.* — Au point de vue philosophique, cette hypothèse seule rend compte des faits : l'homme a tout ce qu'il faut pour inventer la parole : 1° l'intelligence, pour concevoir l'idée ; 2° les sens, pour percevoir les objets extérieurs ; 3° le jugement, pour établir des rapports ; 4° et un organe vocal merveilleusement conformé pour produire des sons. — On peut donc admettre, avec le philologue Whitney et la plupart des philosophes contemporains (Ravaisson, Rabier), que l'homme a pu se créer un langage. Il est inutile de recourir à la révélation divine, comme l'a fait de Bonald ; à un instinct spécial, comme M. Müller et Renan, ou à une faculté particulière, dite faculté *expressive*, comme l'ont fait Th. Reid, Jouffroy, A. Garnier.

**Conclusion.** — La science ne nie pas la révélation ; elle se place à un autre point de vue. — Supposé que la révélation n'ait pas eu lieu, l'homme serait-il arrivé à se faire un langage ? — Oui, peut-on répondre. — *En fait*, l'homme a reçu la parole de Dieu ; *en droit*, il aurait pu la créer.

## RAPPORTS DE LA PENSÉE ET DU LANGAGE

**1° Action de la pensée sur le langage.**
- La pensée précède la parole, le signe n'existe que pour la chose signifiée ;
- La pensée crée le langage à sa ressemblance et lui communique sa vie ;
- Si la pensée est vraie, claire, le mot l'est aussi : « Ce que l'on conçoit bien, etc. »
- Le mot existe pour l'idée. « Les mots, dit Aristote, sont l'étiquette des choses. »
- Les lois de la pensée deviennent celles de la syntaxe ;
- Enfin, la langue est la forme visible de l'esprit, du caractère d'un peuple.

**2° du langage sur la pensée.**
- Le langage favorise l'attention, rend la pensée plus claire, plus distincte ;
- La langue est un instrument d'analyse, d'abstraction, de généralisation, de raisonnement ; c'est-à-dire qu'elle participe à toutes nos opérations intellectuelles ;
- Elle seule rend la science possible ;
- La langue fixe la pensée, sert à la communiquer et à la rendre permanente.

**3° Problèmes que soulèvent les rapports de la pensée et du langage.**

1° *L'homme pourrait-il penser sans le secours des mots ?* — Oui, en droit ; mais les opérations intellectuelles seraient plus ou moins imparfaites et n'auraient aucune durée ; toute science serait impossible. — Cependant « l'homme ne pense pas parce qu'il parle, mais il parle parce qu'il pense. » (M. DE BIRAN.) — Donc, en droit, l'homme peut penser sans le secours des mots ; en fait, cela n'arrive guère.

2° *La science n'est-elle qu'une langue bien faite*, comme l'a prétendu Condillac ? — Non, mais il y a une relation très étroite entre la perfection de la langue et la perfection de la science. Une langue bien faite aiderait à rendre la science parfaite, et réciproquement.

3° *Une langue universelle est-elle possible ?* — Oui, s'il s'agit d'une langue restreinte à un objet déterminé : science, commerce, diplomatie ; — non, s'il s'agit de l'imposer comme langue maternelle à tous les peuples.

## LES LANGUES

**Définition.** — Une langue est l'ensemble des usages propres à une nation pour exprimer sa pensée par la parole ou par l'écriture.

**Division des langues.**

1° — *Au point de vue de leur formation*, elles sont :
  a) *Isolantes* ou *monosyllabiques* : chaque racine d'une seule syllabe est employée comme mot indépendant et exprime une idée abstraite. — Ex. : Chinois, siamois, thibétain.
  b) *Agglutinantes* ou *polysyllabiques* : deux ou plusieurs racines s'ajoutent pour former des mots, l'une restant radicale, l'autre devenant affixe. — Ex. : Japonais, coréen, finnois.
  c) *Flexionnelles* ou *déclinables* : les mots changent de terminaison pour indiquer leur rôle dans la phrase : genre, nombre, cas. — Ex. : Langues sémitiques et indo-européennes.

2° — *Au point de vue de la manière dont elles expriment la pensée*, elles sont :
  a) *Analytiques* : si elles ont autant de mots séparés qu'il y a d'idées à exprimer : français, anglais, italien.
  b) *Synthétiques* : si un même mot exprime plusieurs idées ou plusieurs indications grammaticales au moyen d'une terminaison ou d'une juxtaposition : latin, grec, allemand.

On peut dire que toutes les langues sont plus ou moins analytiques et tendent à le devenir de plus en plus.

**Philologie.** — C'est la science qui étudie les langues dans leur formation, leur évolution, leurs métamorphoses ; elle compare les divers vocabulaires, les diverses syntaxes, pour en dégager des lois générales. C'est la philosophie des langues.

## 22ᵉ LEÇON

## ESTHÉTIQUE

**Définition et division.** — L'esthétique est la science du beau. — C'est la philosophie des beaux-arts.

Elle s'occupe : 1° De l'idée du *beau* et de celles qui s'y rattachent ;
2° Des jugements et des sentiments que fait naître en nous le beau (dans la nature ou dans les arts);
3° Des *facultés* de l'artiste et du poète et des principes qui les dirigent ;
4° De l'*art* en lui-même et sous ses différentes formes, qui sont les *beaux-arts*.

**ESTHÉTIQUE**

**I. Idée du beau.**

**Définitions.** — Le beau est la splendeur de la perfection ou de l'idéal.
On le définit encore : « ce qui réunit la grandeur et l'ordre. » (ARISTOTE.)
« Le beau est la splendeur du vrai ; » définition attribuée faussement à Platon.
« L'essence du beau, c'est l'unité ; — le beau est la splendeur de l'ordre ; — c'est l'unité dans la variété. » (S. AUGUSTIN.)
« Le beau, c'est ce qui plaît étant connu. » (S. THOMAS, après ARISTOTE.)
« Le beau, c'est l'ordre visible. » (BOSSUET.)
Enfin, Kant a défini le beau : « une finalité sans fin, » voulant indiquer son caractère essentiellement désintéressé et *subjectif*. — Cette opinion de Kant est fausse ; il y a le *beau en soi* (objectif), comme il y a le vrai et le bien en soi.

**Rapports du beau avec le vrai et le bien.** — Le vrai, le bien, le beau, sont les trois aspects essentiels de l'être ;
Le vrai est l'objet de la science ; c'est l'identité de l'idée avec son objet ; il se rapporte à l'intelligence ;
Le bien est l'objet de la morale ; c'est la conformité d'un être avec sa fin ; il se rapporte à la volonté ;
Le beau est l'objet de l'art ; c'est l'idéal resplendissant à travers les corps ; il se rapporte au goût (intelligence et sensibilité).

**Rapports du beau avec l'agréable et l'utile.** — Il ne faut pas confondre le beau avec l'utile et l'agréable, comme l'ont fait les *sensualistes*.
*Le beau est distinct de l'agréable* : il n'est pas beau, parce qu'il plaît ; mais il plaît, parce qu'il est beau. Tout ce qui est beau est agréable, mais tout ce qui est agréable n'est pas beau ; par ex. : odeurs, saveurs.
*Le beau est distinct de l'utile* : le beau est inutile comme tel ; « l'idée de finalité disparaît en lui avec l'idée d'utile. » (KANT.)
Il y a des choses utiles qui ne sont pas belles : un ustensile.

**Conditions du beau.**

Trois choses, dit saint Thomas, sont requises pour constituer le beau :
1° L'*intégrité* ou *perfection de l'être* : un être mutilé nous semble laid et difforme ;
2° La *proportion* : c'est-à-dire l'ordre, l'harmonie des parties, des forces, des actes ; la symétrie, la mesure.
3° La *clarté* ou *lumière* : rayonnement qui vient de l'objet et qui nous enchante.
A ces trois conditions requises par saint Thomas, ajoutons :
4° La *variété* ou le *contraste*, qui représente le mouvement et la vie ;
5° L'*unité*, qui fait que toutes les parties d'un tout sont ordonnées d'après une pensée.

# ESTHÉTIQUE (Suite.)

## I. Idée du beau. (Suite.)

**Diverses sortes de beau.**
- nature;
- 2° Le *beau moral* : c'est celui qui est dans les actions humaines;
- 3° Le *beau idéal* : c'est la beauté conçue par l'intelligence, dépouillée de toute imperfection;
- 4° Le *beau absolu*, qui, comme le bien et le vrai absolus, existe en Dieu seul.

**Le sublime, le joli, le beau.**
C'est le beau ou le grand élevé à un degré tel qu'il semble hors de proportion avec la nature. — Ne pas confondre, comme l'ont fait parfois les romantiques, le sublime avec le *monstrueux*, le *gigantesque*, le *colossal*, qui sont des déformations de la nature.

Ne pas le confondre non plus avec le *joli* et le *beau*. Ce sont trois espèces d'un même genre; ils diffèrent par les sentiments qu'ils inspirent :

Le *joli*, le gracieux, nous récrée; il s'adresse plutôt à la sensibilité qu'à la raison;

Le *beau* élève l'âme, la grandit; il s'adresse plus à l'intelligence qu'à la sensibilité; il inspire l'estime, l'amour;

Le *sublime* imprime une violente secousse à l'âme, il détache des choses vulgaires et inspire *l'admiration*. L'admiration, qu'il ne faut pas confondre avec *l'étonnement*, est la marque propre du sublime.

**Le laid, le ridicule, le risible.** — Le laid, contraire du beau, est caractérisé par le manque d'harmonie, de proportion; le *risible* provient d'une disconvenance physique, et le *ridicule*, d'une disconvenance morale.

## II. Facultés esthétiques.

Toute œuvre artistique ou littéraire implique plus ou moins l'action de *l'intelligence*, de *l'imagination*, de la *sensibilité*, du *goût*. — Ce sont les *facultés esthétiques*.

(On a déjà parlé de la sensibilité et de l'imagination créatrice; il ne sera question ici que de l'intelligence et du goût.)

**1° L'intelligence.**
Elle se présente sous la forme de *l'esprit*, du *talent*, du *génie*.
L'esprit, c'est le bon sens découvrant dans les choses des rapports qui échappent au vulgaire.
Le *talent* et le *génie* sont des degrés supérieurs de l'esprit.
Entre le talent et le génie y a-t-il une différence de nature ou seulement de degré? — Plusieurs auteurs penchent vers la première opinion. — Ordinairement, on ne fait du génie qu'un talent supérieur, et on les définit l'un et l'autre : le don de créer le beau ou le sublime.

**2° Le goût.**
On a défini le goût : la raison en tant qu'elle discerne le beau du laid; mais c'est une faculté complexe qui se compose de *raison*, d'*imagination* et de *sentiment*.
Le goût se développe par l'exercice et l'éducation, et la meilleure règle que l'on puisse donner pour sa formation, c'est de ne lui présenter jamais que des objets simples et d'un caractère irréprochable.

## III. Des beaux-arts.

**Définition.** — L'art est l'expression de la beauté idéale sous une forme sensible.
L'art repose sur ce principe, que toute forme matérielle est le symbole d'une idée, d'une vie.

**Sa fin.** — La fin de l'art est la même que celle du beau : plaire, élever, exciter l'admiration.

**Principales théories sur l'art.**
1° *L'idéalisme* ou *spiritualisme*, qui définit l'art : « la représentation de l'idéal, » et lui donne pour fin de transfigurer la nature en l'idéalisant;
2° Le *réalisme* ou *naturalisme*, qui le définit : « l'imitation de la nature, » et ne lui donne pas d'autre but que de reproduire la réalité sensible.
Comme le bien et le vrai seuls peuvent nous élever et exciter l'admiration, il s'ensuit que la théorie de *l'art pour l'art*, ou de l'art indépendant, séparé de toute morale, est fausse. L'art n'est pas une fin, mais un moyen.

| ESTHÉTIQUE (Suite.) — III. Des beaux-arts (Suite.) | Sources d'inspiration artistique. | Pour produire le beau, l'art peut suivre trois voies différentes : <br> 1° Copier la nature : c'est l'*imitation* ; <br> 2° Créer des œuvres purement imaginaires : c'est la *fiction* ; <br> 3° Interpréter la nature en créant des types conformes à la raison : c'est l'*idéal*. <br> Ne pas confondre *idéal*, dans le sens philosophique : réel conçu sans les imperfections naturelles, avec *idéal*, dans le sens d'*imaginaire*. |
|---|---|---|
| | Classification des beaux-arts. | 1° L'*architecture* : expression du beau par des lignes et des formes géométriques ; <br> 2° La *sculpture* : expression du beau par la représentation des formes vivantes ; <br> 3° La *peinture* : expression du beau par le dessin et les couleurs ; <br> 4° La *musique* : expression du beau par des sons ; <br> 5° La *poésie*, qui a pour moyen d'expression la parole ; c'est l'art le plus immatériel, le plus étendu, le plus rapproché de la pensée. |

---

## 23ᵉ LEÇON

### RAPPORTS DU PHYSIQUE ET DU MORAL. — ÉTATS ANORMAUX

L'âme et le corps étant substantiellement unis, formant un *tout naturel*, il existe entre eux des rapports de dépendance mutuelle.

Nous verrons : 1° Les rapports du physique et du moral ;
  2° Les hypothèses imaginées pour expliquer ces rapports ;
  3° Les états anormaux.

| RAPPORTS DU PHYSIQUE ET DU MORAL | a) Influence du physique sur le moral. | Les organes exercent une influence sur les facultés, le cerveau sur la pensée. <br> L'école *idéaliste* a tort de nier cette influence ; mais, d'autre part, l'école *sensualiste* se trompe en affirmant que cette influence est *déterminante*. <br> Il y a une proportionnalité *approximative*, mais nullement une équation entre le cerveau et la pensée. — Toutes les expériences faites pour établir la proportionnalité rigoureuse ont échoué. <br> L'*influence du physique sur le moral* porte sur les facultés de connaissance : *sensation*, *mémoire*, *association*, *imagination*, sur la *sensibilité*, l'*instinct*, l'*habitude*, la *volonté*, qui dépendent directement ou indirectement de l'organisme. <br> En outre de ces influences, il en est encore d'autres qui modifient les phénomènes moraux ; ce sont : l'*âge*, le *sexe*, le *tempérament*, l'état de *santé* ou de *maladie*, le *climat*, le *régime alimentaire*, la *race* ou *hérédité*. |
|---|---|---|
| | b) Influence du moral sur le physique. | L'*influence du moral sur le physique* se manifeste par l'expression de la physionomie, par l'action des facultés sur les organes. L'attention affine la sensibilité ; l'imagination peut rendre malade ; les émotions brusques arrêtent la respiration et la digestion ; la passion bouleverse le visage et tout le corps : colère, envie, gourmandise, etc. — Un malade qui désespère est perdu ; un autre qui veut guérir a des chances de recouvrer la santé. « Une âme forte est maîtresse du corps qu'elle anime. » |

## RAPPORTS DU PHYSIQUE ET DU MORAL (Suite.)

### Hypothèses imaginées pour expliquer les rapports du physique et du moral.

due ; celle de l'âme, la pensée. Il n'y a entre ces deux éléments aucune action directe, l'immatériel ne pouvant agir sur l'étendue.

Mais l'âme réside dans le corps au centre du cerveau (*glande pinéale*), où les impressions lui sont transmises par les *esprits animaux*, qui ne sont que les parties les plus subtiles du sang (explication des *passions*, de l'*habitude*, de la *mémoire*, de l'*association*). — C'est une théorie physiologiste.

2° *Causes occasionnelles de Malebranche*. — Malebranche fut un disciple de Descartes, et admit, comme lui, la théorie des esprits animaux ; mais il nia l'activité du corps et de l'âme. *Le corps et l'âme ne sont que l'occasion des actions de Dieu en nous*. D'où le nom de la théorie.

3° *Influx physique d'Euler*. — Euler admet l'action réciproque directe de l'âme sur le corps et du corps sur l'âme. Il suppose l'âme au centre des nerfs, recevant et communiquant par eux le *mouvement*. — C'est une affirmation, non une solution.

4° *Harmonie préétablie de Leibniz*. — D'après ce philosophe, l'âme n'agit pas sur le corps ni le corps sur l'âme ; mais il y a de toute éternité une correspondance établie par Dieu entre la série entière des états de l'âme et la série entière des états du corps (comparaison des deux horloges). — Ce système, tout mécaniste, aboutit au déterminisme.

5° *Médiateur plastique de Cudworth*. — Théorie d'après laquelle une *nature plastique*, mi-spirituelle, mi-matérielle, servirait à expliquer l'union de l'âme et du corps. — On l'a faussement attribué à Cudworth.

6° *Solution spiritualiste* (*Bossuet, saint Thomas*). — Le corps et l'âme, incomplets l'un sans l'autre, forment ensemble un *tout naturel* (Bossuet).

Dans le langage ordinaire, le moi désigne à la fois l'âme et le corps. On dit : Je pense, je suis, je sens, je veux..., et de même : Je marche, je mange, je suis souffrant.

— Cette solution affirme l'union intime de l'âme et du corps, mais laisse subsister le mystère de leur action réciproque.

## ÉTATS ANORMAUX

Parmi les états psychologiques anormaux, les uns se manifestent pendant le *sommeil* : tels sont le *rêve*, le *somnambulisme* ; d'autres, à l'état de veille : *hallucination, folie, maladies de la volonté, de la personnalité*. Tous sont intéressants à connaître au point de vue des rapports du physique et du moral.

### 1° Sommeil.

Phénomène difficile à définir. — C'est un ralentissement normal et temporaire de l'*activité nerveuse* (fonctions de relation et actes de la vie intellectuelle et morale).

Au point de vue *physiologique*, le sommeil est un repos nécessaire aux organes ;

Au point de vue *psychologique*, c'est un état dans lequel l'exercice conscient de toutes les facultés actives est suspendu. — L'imagination seule semble agir sans le contrepoids de la volonté et de la raison : c'est le *rêve*.

On a émis de nombreuses hypothèses pour expliquer le sommeil : 1° *anémie du cerveau* ; 2° *oxydation des cellules* ; 3° *asphyxie par acide carbonique* ; 4° *arrêt du fonctionnement du cervelet*, etc. — Aucune ne paraît entièrement satisfaisante.

### 2° Rêve.
### Rêverie, songe.

Le rêve est une série d'associations plus ou moins incohérentes d'idées ou d'images qui nous donnent, pendant le sommeil, l'illusion de la réalité.

La cause du rêve n'est pas connue. — On l'attribue à la faculté qu'a le cerveau de percevoir des impressions sans la présence d'un objet extérieur correspondant. L'esprit est dupe de ses représentations et prend l'imaginaire pour le réel.

La *caractéristique du rêve est l'incohérence et la bizarrerie des images*, provenant d'une multitude d'associations occasionnées par les objets extérieurs ou par nos propres pensées, et non réglées par la raison.

On distingue des rêves d'origine *sensorielle* : bruit, lumière, cha-

## PSYCHOLOGIE COMPARÉE

**ÉTATS ANORMAUX** (Suite.)

**2° Rêve.** — Rêverie, songe. (Suite.)
: leur, etc.; *physiologique* : fonction des organes, digestion, respiration, etc.; *psychique* : préoccupations, affaires, problèmes, etc.
Enfin, il y a des rêves *pathologiques* qui peuvent être d'excellents indices pour les diagnostics des diverses maladies. Chaque fièvre, par exemple, a son rêve caractéristique ; de même pour l'intoxication.
La *rêverie* est un rêve à l'état de veille : on bâtit des châteaux en Espagne.
Le *songe* est un rêve bien lié.

**3° Somnambulisme.** — Hypnotisme.
: Le somnambulisme est une sorte de sommeil dans lequel on conserve une activité motrice inconsciente.
Il diffère du rêve par l'absence d'incohérence et la conservation de l'activité motrice.
Le somnambulisme est causé par de fausses sensations qui ont assez de force pour mettre en mouvement l'appareil moteur.
On distingue le *somnambulisme naturel* et le *somnambulisme artificiel*. — Ce dernier est produit par l'*hypnotisme* ou *suggestion*.
Dans l'un comme dans l'autre, il y a suractivité pour une image unique, anesthésie complète de quelque sens et hyperesthésie d'un ou de plusieurs autres.

**4° Hallucination.**
: L'*hallucination* est la perception de sensations sans aucun objet extérieur qui les fasse naître.
Ne pas confondre ce phénomène morbide avec les *erreurs des sens*, qui sont des *illusions* causées par des objets extérieurs réellement existants (exemple : prendre le bruit d'une voiture pour le tonnerre, illusion ; entendre le tonnerre sans aucun bruit produit, hallucination).
L'attention peut toujours corriger l'erreur des sens, mais non l'hallucination, alors même que l'esprit n'en est pas dupe.
On a donné diverses théories pour expliquer ce phénomène (extériorisation, réminiscence, etc.) ; aucune ne satisfait complètement.

**5° Aliénation mentale.**
: La folie ou aliénation est un désordre partiel ou total des facultés sensitives et intellectuelles et des actes qui en dépendent.
Le fou s'identifie avec ses sensations ; il est comme dominé et maîtrisé par ses sens.
La folie a plusieurs causes : affaiblissement ou non-développement des facultés intellectuelles (sénilité, crétinisme) ; hérédité (idiotisme) ; perversion des sens par excès de toute sorte : jeux, boissons, plaisirs, travail excessif. (Voir Appendice, p. 133, *alcoolisme et folie*).
On distingue plusieurs sortes ou degrés de folie : l'*idiotie*, la *manie*, la *monomanie*, la *démence*.

---

## 24° LEÇON

## PSYCHOLOGIE COMPARÉE

**PSYCHOLOGIE COMPARÉE. — L'HOMME ET L'ANIMAL**

**Définition.** — Dans le sens le plus général, la *psychologie comparée* est l'étude des variations que présentent les phénomènes de conscience dans les êtres conscients. — Comparer l'adulte à l'enfant, l'homme civilisé au sauvage, l'homme sensé au fou, etc. — Dans un sens restreint, ce mot signifie : l'étude des analogies et des différences que présentent l'homme et l'animal.

**Méthode.**
: La méthode de la psychologie comparée est l'*analogie*.
En vertu de ces principes que *les mêmes moyens supposent les mêmes fins, les mêmes effets les mêmes causes, les mêmes signes les mêmes choses signifiées*, nous concluons que si l'animal est pourvu d'organes sensitifs semblables à ceux de l'homme, il doit posséder les facultés sensitives de l'homme ; il a des yeux pour voir, des oreilles pour entendre, etc.
Il est très important d'observer que cette méthode n'a de valeur que si on conclut de l'homme à l'animal, c'est-à-dire du plus au moins, et non de l'inférieur au supérieur ; le contraire serait illogique, et les expériences faites sur les animaux (vivisections) n'ont pas de force probante pour l'homme.

**PSYCHOLOGIE COMPARÉE. — L'HOMME ET L'ANIMAL.**

**Facultés et opérations de l'animal.**

{

Il y a dans la vie animale, comme dans la vie intellectuelle, un *principe de vision* et un *principe d'impulsion*; d'où des *facultés de perception ou de connaissance*, et des *facultés de tendance*.

1° Facultés de perception.
{
a) *Sens externes* : vue, odorat, etc.
b) *Sens internes* : *sensorium* ou *sens intime*, imagination, mémoire sensitive, estimative.
Par ses sens, l'animal perçoit les objets sensibles et en garde les impressions, les images.
}

2° Facultés de tendance.
{
L'animal a des *appétits*, c'est-à-dire des tendances naturelles vers tout ce qui peut satisfaire ses sens pour la conservation de l'individu et celle de l'espèce ; de là des émotions et des passions : plaisir, douleur, amour, haine, etc.
Le bien sensible attire l'animal; le mal sensible le repousse.
}

Tous ces faits, soit de perception, soit de tendance, ne sortent point du domaine de la sensation.

Ce qui décide les tendances ou les répulsions de l'animal, ce n'est jamais une *idée* ou *qualité abstraite* : la beauté, la bonté, etc.; c'est toujours l'objet sensible et particulier en tant que bon ou mauvais.

Ses connaissances sont des sensations et des images de sensations; il connaît *cet arbre*, mais ne sait pas ce qu'est *un arbre*.

L'animal ne réfléchit pas, la réflexion étant une opération intellectuelle, et c'est pour cela, dit Bossuet, que les animaux sont incapables d'invention et de progrès.

Si l'on parle de l'*intelligence des animaux*, il faut entendre une *intelligence toute sensitive*, constituée par les facultés d'expérience et d'association.

Peut-on dire que l'activité de l'animal est volontaire ? — Non, si l'on entend le mot volonté dans le sens ordinaire de *faculté intellectuelle* ou *appétit rationnel*.

Quand on parle de la *volonté de l'animal*, il ne faut entendre qu'un *analogue* de la volonté de l'homme, c'est-à-dire l'*appétit sensitif*, qui suit la connaissance sensible.

De même pour le mot *conscience* appliqué à l'animal.

**Analogies entre les industries de l'homme et celles des animaux.** — Elles sont *analogues*, les unes et les autres ayant pour fin la satisfaction des besoins; mais elles diffèrent en ce que les premières sont l'œuvre de l'intelligence et par conséquent peuvent progresser, se perfectionner, tandis que les secondes, étant directement soumises à l'instinct, sont immuables.

# LOGIQUE

## PRÉLIMINAIRES

**PRÉLIMINAIRES**

**Définition.** — La logique est la science de la méthode.
On la définit encore : « l'art de raisonner » (Cicéron, Condillac); — « l'art de penser » (P*-Royal); — « l'art d'arriver au vrai. » (Balmès.)
La logique est une *science* et un *art*. — C'est la *science* des lois qui régissent la pensée.
Comme *art*, elle est l'ensemble des règles qui dirigent l'esprit dans la recherche de la vérité.

**Divisions de la logique.**
La logique se divise en *logique formelle, pure* ou *théorique*, qui comprend la *dialectique* : notions, termes, propositions, etc., et la *critériologie* : évidence, certitude, opinions, etc.; et en *logique appliquée* ou *pratique*, ou *méthodologie*, qui étudie les méthodes propres à chaque science.

---

## 1re LEÇON

### DIVERS ÉTATS DE L'ESPRIT PAR RAPPORT AU VRAI ET AU FAUX

**DIVERS ÉTATS DE L'ESPRIT**

Les divers états de l'esprit par rapport au vrai et au faux sont : la *certitude*, l'*ignorance*, l'*erreur*, le *doute*, l'*opinion* et la *foi*.

**I. Vérité et erreur.**
*Objectivement*, la *vérité*, c'est ce qui est ; l'*erreur*, ce qui n'est pas ;
*Subjectivement*, la vérité est l'accord de la pensée avec son objet ; l'erreur, le désaccord de la pensée et de son objet.
Nous sommes dans la vérité, quand nous pensons les choses comme elles sont ; dans l'erreur, quand nous les pensons autrement qu'elles ne sont.
Il faut distinguer l'*erreur de fait* (voir les choses autrement qu'elles ne sont) de l'*erreur de raisonnement*, qui tire des conclusions de principes où elles ne sont pas contenues.

**DIVERS ÉTATS DE L'ESPRIT PAR RAPPORT AU VRAI ET AU FAUX**

## II. Certitude et évidence. — Les criteriums de la certitude.

L'évidence est la clarté d'une proposition qui exclut tout doute : par exemple, les principes premiers ;

La certitude est l'assurance raisonnée de l'esprit de posséder la vérité : elle naît de l'évidence.

Il y a corrélation entre l'évidence et la certitude : la première est surtout *objective*, la seconde est plutôt *subjective*.

La certitude repose ou sur l'évidence, ou sur une *démonstration exacte*, ou sur un *témoignage digne de foi*. — Mais comme la démonstration et le témoignage n'ont de valeur que s'ils s'appuient sur des principes évidents, il en résulte que *la certitude naît toujours de l'évidence*.

### Différentes espèces de certitude.

On distingue : 1° La *certitude physique*, croyance de l'esprit au témoignage des sens ;

2° La *certitude psychologique*, croyance de l'esprit au témoignage de la conscience ou sens intime ;

3° La *certitude métaphysique*, croyance de l'esprit aux vérités premières de la raison ou aux axiomes ;

4° La *certitude logique*, croyance de l'esprit aux résultats du raisonnement et de la démonstration ;

5° La *certitude morale*, croyance de l'esprit au témoignage des hommes, à la tradition.

Toutes ces sortes de certitude reposent sur nos moyens naturels de connaître : sens, conscience, raison.

*Valeur de ces diverses sortes de certitude.* — Ces diverses sortes de certitude et d'évidence sont d'égale valeur.

L'évidence mathématique, par exemple, est d'une autre sorte que l'évidence morale, mais ne lui est pas supérieure.

Une règle très importante, c'est de ne demander en chaque ordre de vérités que le genre de certitude qu'il comporte.

On appelle *criterium* ou *critère* le signe, la marque distinctive de la vérité ;

Chaque ordre de vérité ou de certitude a son critère spécial : les *sens*, pour la perception extérieure ; la *raison*, pour les vérités premières, etc. — Tous doivent se ramener à l'évidence.

Les *sceptiques* ne reconnaissent aucun criterium, niant l'existence de la vérité ;

Les *sensualistes* et les *matérialistes* ne reconnaissent pas d'autre criterium que les sens ;

Les *idéalistes* ne s'en rapportent qu'à la *raison* ;

Les *cartésiens* ne s'en rapportent qu'à la *conscience*, qui, en dernière analyse, repose sur l'autorité et la véracité divines ;

Les *traditionalistes* placent le fondement de la certitude dans le *consentement universel* et l'*autorité* ;

L'école *théologique* (Pascal, abbé Bautain) n'admet d'*autorité* que la révélation ;

Reid et les Écossais s'en rapportent au *sens commun*, et les positivistes au *calcul* et à l'*observation*.

## III. Science et ignorance.

« Savoir, c'est connaître avec certitude. » (Saint Thomas.)

L'ignorance est le manque de science. Elle est partielle ou totale.

### Différence entre errer et ignorer.

*Errer*, c'est *se tromper*, c'est affirmer ce qui n'est pas ou nier ce qui est ;

*Ignorer*, c'est simplement ne pas savoir ; c'est un état de l'esprit purement négatif.

L'erreur est plus fâcheuse que l'ignorance ; c'est en quelque sorte une *double ignorance*.

Avoir conscience de son ignorance est un des plus sûrs moyens de se préserver de l'erreur.

# DIVERS ÉTATS DE L'ESPRIT 57

**DIVERS ÉTATS DE L'ESPRIT PAR RAPPORT AU VRAI ET AU FAUX**

**IV. Le doute. — L'opinion.**

Entre la science et l'ignorance, il y a deux intermédiaires : le doute et l'opinion.

*Le doute.* — *Diverses sortes.*

Le doute est l'hésitation de l'esprit entre l'affirmation et la négation.

Sa *cause naturelle* est la faiblesse de l'esprit humain ; sa *cause morale* est dans les passions.

Il faut distinguer le doute *naturel*, résultat de l'imperfection de l'esprit humain, du doute *rationnel, scientifique* ou *philosophique*, qui est une suspension provisoire du jugement, inspirée par la prudence et le désir de la vérité. — « C'est une partie de bien juger que de douter quand il faut. » (BOSSUET.) Mais il faut bien se garder du doute *universel*, tel que l'enseigne Descartes ; il conduit au *scepticisme*, qui est un doute *irrationnel et contre nature*. Le *sceptique doute pour douter* ; il nie la vérité ou tout au moins la possibilité d'y atteindre.

*L'opinion.* — *Probabilité.* — *Science.*

L'opinion est une croyance mêlée de doute ; elle repose sur des motifs plus ou moins vraisemblables, mais non certains.

*Opinion et science.* — La science implique la certitude ; l'opinion, le doute.

La science n'admet pas de degré dans la vérité ; l'opinion est plus ou moins probable ;

La science est stable, impersonnelle, permanente ; l'opinion est variable, individuelle, changeante.

*Origine de l'opinion.* — L'opinion est produite par l'apparence de la vérité ou la vraisemblance, c'est-à-dire par la *probabilité*.

On distingue la *probabilité mathématique*, qui peut être calculée, et la *probabilité morale*, qui ne peut pas l'être.

**V. Foi et science.**

La foi, c'est la croyance au témoignage.

On distingue la foi *divine* ou *religieuse*, croyance au témoignage divin, et la foi *humaine*, croyance au témoignage des hommes.

La première, qui a pour base la *révélation*, est un criterium certain pour les vérités surnaturelles ;

La seconde sert de fondement à l'histoire et à tout enseignement.

La foi est un *besoin*, une loi de notre nature : toute science implique un acte de foi à l'intelligibilité des choses et à l'efficacité des moyens de connaître.

Il y a une foi *instinctive* qui n'est que l'instinct de *crédibilité*, et qui peut nous tromper, et une *foi raisonnée*, en vertu de laquelle l'homme ne croit que parce qu'il voit qu'il doit croire.

La raison discute les motifs de crédibilité et ne donne son adhésion qu'à la vérité évidente ou démontrée. « *Elle* ne peut, dit de Bonald, céder qu'à l'autorité de l'évidence ou à l'évidence de l'autorité de celui qui enseigne. »

*Foi et science.* — Croire, en général, c'est adhérer à la vérité.

Si l'on comprend tout ce que l'on croit, il y a *science* ; dans le cas contraire, il y a la *foi*.

La science seule ne suffit pas à l'homme. « On n'est fort que de ce que l'on croit, et non pas de ce que l'on sait. » (M. DE BIRAN.)

Les grandes inspirations, les grands dévouements viennent des fortes croyances. L'idéal, en ceci, c'est la foi éclairée par la science, « la foi raisonnable, » comme dit saint Paul.

# 2ᵉ LEÇON

## CAUSES, REMÈDES ET CLASSIFICATION DE L'ERREUR
## SOPHISMES

**I. CAUSES DE L'ERREUR**

Il y a une *cause générale* : l'*imperfection* de l'esprit humain. « La raison humaine est toujours courte par quelque endroit. » (Bossuet.)
Et des *causes particulières*. — Celles-ci sont *logiques* ou *morales*.

**Causes logiques.**
1° *Mauvais emploi de nos moyens de connaître* : erreurs des sens, défaillances de la mémoire, fausses associations d'idées, illusions de l'imagination, ignorance des vraies méthodes, jugements précipités, mauvais raisonnements, sophismes, témoignage des hommes, erroné ou mal contrôlé ;
2° *Imperfections du langage* : abus des termes généraux, apparences trompeuses, difficultés qui accompagnent souvent la vérité.

**I. CAUSES DE L'ERREUR**

**Causes morales.**

Elles sont *internes* ou *externes*.

*Causes internes :*
1° L'*ignorance* : on tombe dans l'erreur, parce qu'on ignore une partie des éléments nécessaires pour bien juger ; l'ignorance rend crédule.
2° La *paresse*, qui engendre le défaut d'attention, l'inconsidération, la précipitation ;
3° L'*amour-propre*, qui nous fait présumer que nous connaissons aisément les choses les plus difficiles. A l'amour-propre se rattache l'*esprit de contradiction* ;
4° *Notre propre intérêt*, « merveilleux instrument pour nous crever les yeux agréablement. » (Pascal.) Nous appelons vrai ce qui est utile, et faux ce qui ne l'est pas ;
5° La *passion*, qui nous fait envisager les personnes et les choses à un point de vue exclusif et faux ;
6° La *volonté*, qui est toujours maîtresse de détourner l'intelligence de ce qui lui déplaît. « Bien vivre, c'est comprendre. » (Platon.)

*Causes externes :*
1° Le *milieu où l'on vit*, qui déteint plus ou moins selon les caractères, sur la manière de penser, comme sur la manière d'agir ;
2° La *coutume*, qui, si elle est mauvaise, applique l'intelligence à trouver des sophismes de justification ;
3° La *mode*, qui est faite de goûts passagers, de caprice, d'imitation irréfléchie, et « nous tourneboule l'entendement », comme dit Montaigne ;
4° L'*opinion*, « cette reine du monde, » comme l'appelle Pascal ;
5° Les *préjugés* d'éducation, de secte, de partis, d'école ;
6° L'*esprit de coterie* : « Nul n'aura de l'esprit, hors nous et nos amis. » (Molière.)

# CAUSES, REMÈDES, CLASSIFICATION DE L'ERREUR

« L'esprit humain étant borné, il faut tendre, non prétendre, à l'infaillibilité. » (MALEBRANCHE.)

## II. REMÈDES DE L'ERREUR

**Remède général.** — Vouloir sincèrement et uniquement la vérité.

**Remèdes particuliers.**

*Contre les causes logiques.*
1° Ne demander à chaque faculté que ce qu'elle peut nous donner ;
2° Se défier de l'imagination, trop souvent « maîtresse d'erreur et de fausseté » ;
3° Faire un bon emploi de la méthode en appliquant à chaque science celle qui lui convient.

*Contre les causes morales.*
1° Assujettir la passion ou la sensibilité à la raison ;
2° Avoir une juste défiance de soi-même, une attention patiente, se former des habitudes de réflexion, etc. ;
3° Enfin aimer la vérité d'un amour désintéressé. — L'homme vertueux a de sérieuses garanties contre l'erreur : on tend toujours à penser comme l'on vit.

**L'erreur est-elle imputable ?** — Oui, si elle est *volontaire* et dans la mesure même où elle est *volontaire*. — Non, si elle est involontaire et qu'on ait pris, pour s'éclairer, toutes les mesures que comportent la situation et le milieu où l'on est.

## III. CLASSIFICATIONS DES ERREURS

**D'après Bacon.**
Bacon considère les erreurs comme « des fantômes ou de vains simulacres de la vérité qui viennent sans cesse faire illusion à l'esprit ». Il les distribue en quatre groupes :
1° Fantômes de *tribu* : erreurs *universelles*, résultant de la faiblesse de la raison, des préjugés, etc. ;
2° — de *caverne* : erreurs *individuelles*, dépendant du caractère, du tempérament, etc. ;
3° — de *forum* : erreurs du *langage*, naissant des relations sociales : mauvaises définitions, termes ambigus, etc. ;
4° — de *théâtre* : erreurs d'*école*. Systèmes philosophiques acceptés sans contrôle.

**Malebranche.**
Malebranche voit la *cause principale* de nos erreurs dans le mauvais usage de notre liberté, et la *cause occasionnelle* dans les facultés naturelles. — C'est d'après les facultés qu'il classe les erreurs :
1° Erreurs des sens ;
2° — de l'imagination ;
3° — de l'entendement pur ;
4° — des mouvements naturels de l'esprit ou inclinations ;
5° — produites par nos passions.

Port-Royal distingue : 1° Des sophismes de l'esprit et du cœur, d'intérêt, d'amour-propre, de passion ;
2° Des sophismes naissant des objets mêmes.

**Stuart-Mill.**
1° Des sophismes de simple inspection ou à priori ; préjugés... ;
2° — de confusion ou de preuve non distinctement perçue ;
3° — inductifs, d'observation ;
4° — — de généralisation ;
5° — déductifs ou de raisonnement.

## IV. DES SOPHISMES

**Définition.** — Tout raisonnement faux qui a quelque apparence de vérité. — Le distinguer du *paralogisme*, raisonnement faux fait de bonne foi, sans intention de tromper. — Il n'y a pas entre ces deux termes de différence *logique*, mais il y a une différence *morale*.

**Division.** — On distingue des sophismes de *mots* ou de grammaire, et des sophismes de *pensée* ou logiques.

**Sophismes de mots.**
1° Les *équivoques*, erreurs qui naissent de l'ambiguïté des mots à double sens ;
2° *Amphibologie* : proposition à double sens ;
3° *Passage du sens divisé au sens composé*, ou vice versa. Deux propositions peuvent être vraies, prises ensemble, et fausses séparément ; et réciproquement.

## III. DES SOPHISMES (Suite).

**Sophismes de pensée.**

*a) Sophismes de déduction.*
— comme certain ce qui est en question : l'opium fait dormir, parce qu'il a une vertu dormitive.
2° *L'ignorance du sujet ;* consiste à prouver autre chose que ce qui est en question. — Sophisme très fréquent dans les discussions.
3° *Le cercle vicieux ;* consiste à prendre pour prémisses d'une conclusion une proposition qui dépend de cette conclusion elle-même.

*b) Sophismes d'induction.*
1° *Le dénombrement imparfait ;* consiste à appliquer au tout ce qui n'est vrai que d'une partie. — *Ab uno disce omnes.* (VIRGILE.)
2° *Prendre pour cause ce qui n'est pas cause ;* consiste à voir un rapport causal là où il n'y a que rencontre fortuite. — Superstitions.
3° *Sophisme de l'accident ;* consiste à juger d'une chose par ce qui ne lui convient qu'accidentellement. — Pierre est ivre, donc il est ivrogne.

**Réfutation des sophismes.** — Consulter le bon sens ; ne pas se payer de mots, d'analogies, de comparaisons ; mettre les arguments en forme.

---

# LOGIQUE FORMELLE

## 3ᵉ LEÇON

### LES TROIS OPÉRATIONS DE L'ESPRIT. — LE RAISONNEMENT ET LE SYLLOGISME. — ARGUMENTS DÉRIVÉS DU SYLLOGISME

**I. Les trois opérations de l'esprit.**

Il y a trois opérations fondamentales de l'esprit : *concevoir, juger, raisonner.*
*Concevoir,* c'est se représenter les choses, en avoir une idée. — La conception s'oppose à l'imagination.
*Juger,* c'est *joindre* ou *séparer* deux termes et *affirmer* ou *nier* l'un de l'autre.
*Raisonner,* c'est aller du connu à l'inconnu, prouver une chose par une autre.
Les anciennes logiques ajoutaient une quatrième opération : *ordonner,* c'est-à-dire grouper et enchaîner les *idées,* les *jugements,* les *raisonnements,* pour en former des *systèmes.* — C'est la *méthode.*

**II. Déduction immédiate. — Opposition. Conversion.**

Les principales formes de la *déduction immédiate* sont l'*opposition* et la *conversion.*
L'*opposition* consiste à conclure, de la vérité ou de la fausseté d'une proposition, la fausseté ou la vérité d'une proposition opposée. Tous les hommes sont mortels, donc aucun n'est immortel.
La *conversion* consiste à tirer une proposition d'une autre proposition en transposant le sujet et l'attribut, *sans en changer la valeur :* Tout homme est animal raisonnable ; tout animal raisonnable est homme. — Mais on ne peut pas dire : Tout homme est mortel, donc tout mortel est homme, l'attribut *mortel* ne gardant pas la même extension.

## DIVERS ÉTATS DE L'ESPRIT

**LES TROIS OPÉRATIONS DE L'ESPRIT. — SYLLOGISME ET ARGUMENTS DÉRIVÉS (Suite.)**

**III. Déduction médiate.**
**— Syllogisme.**

La *déduction médiate* se fait par le *syllogisme* et les arguments qui en dérivent.

*Définition.* — Le syllogisme est un argument formé de trois propositions tellement enchaînées, que la troisième suit nécessairement des deux premières.

Le *syllogisme* est l'argument-type. Mettre un argument en forme, c'est faire un syllogisme.

*Éléments.* — Tout syllogisme doit renfermer trois *idées* ou *termes* et trois *jugements* ou *propositions*.

On distingue le *grand terme*, le *moyen terme* et le *petit terme*.

Les deux premières propositions s'appellent *majeure* (grand terme comparé au moyen), et *mineure* (petit terme comparé au moyen); elles forment les prémisses; la troisième s'appelle *conclusion* (elle contient le grand et le petit terme).

*Principe.* — Deux idées qui conviennent à une même troisième conviennent entre elles.

C'est une application du principe d'identité et de contradiction.

*Règles.* — 1° Le *grand terme* et le *petit terme* ne doivent pas avoir plus d'extension dans la conclusion que dans les prémisses;

2° Le *moyen terme* doit garder une *signification identique*, et être pris au moins une fois dans *toute son extension*;

3° L'une des prémisses doit contenir la conclusion, et l'autre faire voir qu'elle la contient. (Le contenu du contenant est contenu dans le contenant.) *Règle de contenance.*

— *Remarque.* Si l'on viole la première règle, la conclusion ne saurait être renfermée dans les prémisses; si l'on viole la deuxième, l'on n'a plus *trois termes*, mais *quatre*, partant plus de syllogisme; si l'on viole la troisième, on conclut de *quelqu'un à tous*, c'est-à-dire du moins au plus (c'est encore la première).

*Différentes sortes.* — 1° Syllogisme *affirmatif* ou *négatif*, suivant que les deux prémisses ou l'une d'elles seulement est affirmative ou négative.

2° Syllogisme *simple* ou *composé*, suivant que la majeure est une proposition simple ou composée. — Les syllogismes composés sont *conjonctifs*, *disjonctifs* ou *hypothétiques*, suivant que les majeures sont construites avec les conjonctions *et* ou *ni*, *ou*, *si*.

*Figures et modes.* — On appelle *figures* du syllogisme les différentes formes que prend cet argument selon la place qu'occupe le moyen terme. — Il n'y a que quatre figures. — Les *modes* sont les différentes formes du syllogisme d'après la *quantité* et la *qualité* des propositions. — Il y a 64 modes; 19 seulement sont concluants.

**IV. Syllogismes incomplets et composés.**

Les principaux arguments dérivés du syllogisme sont : 1° l'*enthymème*, 2° l'*épichérème*, 3° le *prosyllogisme*, 4° le *dilemme* et 5° le *sorite*. On y joint 6° l'*exemple* et 7° l'*argument personnel*.

1° L'*enthymème.* — C'est un syllogisme dont on sous-entend l'une des prémisses.

La prémisse exprimée s'appelle *antécédent*, et la conclusion *conséquent*.

L'enthymème est l'argument de l'orateur.

2° L'*épichérème.* — Syllogisme dans lequel l'une des prémisses ou toutes les deux sont accompagnées de leurs preuves. — C'est comme une suite de syllogismes.

L'épichérème est l'argument de l'avocat : tout discours est une suite d'*enthymèmes* ou d'*épichérèmes*.

3° Le *prosyllogisme* ou *polysyllogisme*. — Argument formé d'une série de syllogismes tellement liés, que la conclusion du premier sert de majeure au second, la conclusion du second sert de majeure au troisième, etc.

4° Le *dilemme.* — Syllogisme *disjonctif* par lequel on propose à un adversaire deux ou plusieurs alternatives qui toutes tournent contre lui. On l'appelle *argument cornu*, *glaive à deux tranchants*.

Pour que le dilemme soit concluant, il faut :

a) Que la proposition disjonctive épuise toutes les hypothèses possibles ;
b) Que les propositions soient certaines et non équivoques ;

**IV. Syllogisme incomplets et composés.** *(Suite.)*

conclusions contre celui qui l'emploie.

5° *Le sorite.* — Argument formé d'un nombre indéterminé de propositions tellement liées, que l'*attribut* de la première devient le *sujet* de la deuxième, l'*attribut* de la deuxième le *sujet* de la troisième, et ainsi de suite, jusqu'à ce que le *sujet* de la première s'unisse à l'*attribut* de la dernière pour former la conclusion.

Le sorite renferme la matière d'autant de syllogismes qu'il contient de propositions moins *deux*.

6° *L'exemple.* — C'est une sorte d'*enthymème* dans lequel le *conséquent* se déduit de l'*antécédent*, en vertu d'un rapport de *parité* (conclusion *a pari*), d'opposition (*a contrario*), ou de supériorité (*a fortiori*).

7° *L'argument personnel ou ad hominem.* — C'est une sorte d'enthymème par lequel on confond son adversaire au moyen de ses *principes*, de ses *paroles*, de ses *actes*. — Cet argument n'est pas probant.

*Usage et abus du syllogisme.* — Le syllogisme forme la plus sûre des démonstrations, et il est le meilleur des procédés pour découvrir et réfuter l'erreur. Mais il faut se rappeler que le syllogisme peut être irréprochable dans sa forme et aboutir à des conclusions fausses ; c'est ce qui arrive toutes les fois que les prémisses ne sont pas rigoureusement exactes. Le moyen âge, à son déclin, avait abusé du syllogisme ; mais Bacon, dans sa réaction exagérée contre la méthode scolastique, eut le grave tort de vouloir le proscrire absolument.

---

# LOGIQUE PRATIQUE

## 4ᵉ LEÇON

### MÉTHODE. — ANALYSE ET SYNTHÈSE

**Définition.** — La méthode est un ensemble de procédés rationnels pour la recherche et la démonstration de la vérité.

On distingue une *méthode générale* : ensemble de procédés de l'esprit pour arriver à la vérité, et des *méthodes particulières* : applications de la méthode générale aux diverses sciences.

Il y a deux méthodes principales : la méthode *déductive* et la méthode *inductive*.

**I. Méthode déductive et inductive.**

**Méthode déductive.**

*Définition.* — La méthode *déductive* ou *rationnelle* ou *à priori* va des principes, des causes, des lois aux conséquences, aux effets et aux faits. On l'appelle encore méthode d'*enseignement*.

*Principe.* — La déduction repose sur ce principe : Tout ce qui est vrai d'une proposition générale est vrai des propositions particulières qu'elle contient.

*Procédés.* — La méthode déductive part des *axiomes* et des *définitions* ; elle en tire des conséquences par le *raisonnement*, ce qui est l'œuvre de la *démonstration*, dont la forme rigoureuse est le *syllogisme*.

## MÉTHODE. — ANALYSE ET SYNTHÈSE

**DE LA MÉTHODE (Suite.)**

### I. Méthode déductive et inductive (Suite.)

**Méthode inductive.**
- *Définition.* — La méthode *inductive* ou *expérimentale* ou *à posteriori* s'élève des faits, des conséquences, aux principes, aux causes, aux lois. — On l'appelle encore méthode *baconienne.*
- *Principe.* — Dans les mêmes circonstances les mêmes causes produisent les mêmes effets : les lois de la nature sont stables et générales.
- *Procédés.* — Au nombre de six : observation, expérimentation, classification, analogie, hypothèse et induction.

*Nécessité des deux méthodes.* — Il importe de remarquer que chacune de ces deux méthodes prise séparément est insuffisante ; elles doivent se compléter l'une l'autre.

**Règles de Descartes.**
— (Méth. générale.)
- 1° *Règle de l'évidence rationnelle* : Ne recevoir jamais une chose pour vraie, qu'on ne l'ait reconnue évidemment comme telle ; éviter la précipitation et la prévention.
- 2° *Règle de l'analyse* : Diviser chacune des difficultés à examiner en autant de parcelles qu'il se peut et qu'il est requis pour les mieux résoudre.
- 3° *Règle de la synthèse* : Conduire par ordre ses pensées, en commençant par les objets les plus simples..., pour monter peu à peu à la connaissance des plus composés ; — ordonner les objets.
- 4° *Règle de l'énumération.* — Faire partout des dénombrements si entiers et des revues si générales, qu'on soit assuré de ne rien omettre.
- Bossuet ajoute une cinquième règle : Ne jamais abandonner les vérités déjà connues, quelque difficulté qu'il y ait à les concilier avec d'autres vérités. — Cette cinquième règle vise l'accord de la liberté avec l'omniscience de Dieu.

**Examen des règles de Descartes.**
- La 1re règle préside au développement de toutes les sciences : « C'est, dit Bossuet, la vraie règle de bien juger. » Elle établit l'évidence comme criterium de la certitude, ainsi que l'usage du doute méthodique. — Ne pas oublier qu'il y a d'autres critères que l'évidence psychologique et mathématique.
- La 2e recommande l'analyse, indispensable à cause de la faiblesse de notre esprit.
- La 3e nous enseigne dans quel ordre les questions doivent être étudiées. — Cette règle est la plus importante. Elle reconnaît la nécessité de l'hypothèse, méconnue par Bacon.
- La 4e est l'énoncé des conditions d'une bonne analyse et d'une bonne synthèse.

**Importance et avantages de la méthode.**
- Rien n'est plus important que le choix d'une bonne méthode : Bacon, Descartes, Malebranche, Leibniz, Kant, ont regardé ce point comme essentiel à l'étude de la philosophie.
- L'histoire prouve que toujours les progrès des sciences sont dus aux progrès des méthodes.
- 1° La méthode nous fait tirer de nos facultés le meilleur parti possible. « Ce n'est pas assez d'avoir l'esprit bon, le principal est de l'appliquer bien. » (Descartes.)
- 2° Elle économise le temps, la peine et préserve de l'erreur.
- 3° Elle est la condition essentielle du progrès des sciences : sans méthode, pas de science ; avec une méthode défectueuse, science imparfaite.

**Qualités d'une bonne méthode.**
- 1° Une bonne méthode doit être *simple, abréviative, sûre, non exclusive.*
- 2° Il faut appliquer à chaque étude la méthode qui lui convient. — Danger des études spéciales exclusives.

### II. Analyse et synthèse.
- *Définition.* — L'analyse est l'opération ou procédé par lequel on divise le composé pour aller au simple.
- La synthèse est l'opération ou procédé par lequel on recompose le tout en remettant en place les éléments.
- On dit aussi que l'analyse est une marche *régressive* de l'esprit, et la synthèse une marche *progressive.*
- *Différentes sortes.* — Elles sont *expérimentales,* si elles s'appliquent

**DE LA MÉTHODE** (Suite.)

**II. Analyse et synthèse.** (Suite.)

- **Règles de l'analyse.**
  - 1° Pousser l'analyse jusqu'à la détermination des vrais principes, des éléments irréductibles ; ne rien supposer, ne rien omettre.
  - 2° Vérifier par la synthèse ou par des analyses partielles.
- **Règles de la synthèse.**
  - 1° Ne combiner que des éléments connus par une analyse complète, et conserver les rapports.
  - 2° Vérifier par l'analyse les résultats obtenus.

*Nécessité des deux procédés.* — L'analyse seule ne donne que des connaissances isolées, des matériaux de la science, non la science. — La synthèse seule ne donne qu'un ensemble vague, arbitraire, hypothétique. — « Synthèse sans analyse, science fausse ; analyse sans synthèse, science incomplète. » D'où nécessité des deux procédés.

**III. Principales méthodes.**

1° *Méthode d'autorité.* — *Principe :* Prend comme critère unique de la vérité et fondement de la science l'enseignement d'un maître, ou bien la tradition.
*Formule : Magister dixit* ou *Ipse dixit* (le maître l'a dit).
*Valeur :* Cette méthode est raisonnable, nécessaire, indispensable dans beaucoup de cas et pour la plupart des hommes ; mais l'employer toujours serait la négation du progrès.

2° *Méthode cartésienne.* — *Principe :* Doute méthodique ; mettre en question toute croyance, toute opinion, toute tradition, tout enseignement, jusqu'à ce qu'on trouve un point d'appui incontestable.
*Valeur :* Réaction exagérée contre la méthode d'autorité ; excellente pour débrouiller l'erreur mêlée de vérité ; ne doit être employée qu'avec prudence et réserve.

3° *Méthode de l'évidence.* — *Principe :* Marche progressive du connu à l'inconnu, en partant d'une vérité évidente.
*Formule :* N'accepter pour vrai que ce qui est évident.
*Valeur :* C'est la méthode ordinaire, vulgaire, la meilleure de toutes, et à laquelle toutes les autres se ramènent.

4° *Méthode éclectique.* — Ce n'est pas à proprement parler une méthode particulière : c'est un procédé qui consiste à choisir ce qu'il y a de bon dans tous les systèmes et à l'ordonner en corps de doctrine. — Cette méthode se ramène à la précédente, puisqu'on n'admet comme vrai dans chaque système que ce qui est évident.
Tout esprit droit et bien fait est plus ou moins éclectique.

5° *Méthode des traditionalistes* ou *du consentement universel.* — Est vrai, tout ce que l'humanité, dans tous les temps et dans tous les lieux, s'est accordée à regarder comme tel.
*Valeur* (voir ce qui en a été dit, page 360, à propos des critères de la vérité). Méthode insuffisante et d'une application difficile. Comment constater le consentement universel ?

6° *Méthode du sens commun* (Th. Reid). — Est vrai, tout ce qui est conforme au sens commun ; faux, tout ce qui lui est contraire.
*Valeur :* Que faut-il entendre par *sens commun ?* — Si c'est la croyance naturelle de l'humanité, cette méthode se ramène à la précédente. — Le sens commun n'est pas infaillible.

## 5e LEÇON

## MÉTHODE DES SCIENCES MATHÉMATIQUES

**Définition.** — Les sciences mathématiques sont celles qui ont pour objet les nombres, les figures et les mouvements.
A. Comte les définit : « sciences ayant pour objet la mesure des grandeurs. »
On les appelle sciences *abstraites*, parce qu'elles considèrent les rapports, abstraction faite de la réalité, et *exactes*, parce que, partant de principes admis et de conventions faites, on en tire, par une méthode sûre, des conclusions rigoureuses.

**Division.**
Elles comprennent : 1° Les *mathématiques pures*, arithmétique, algèbre, géométrie ;
2° Les *mathématiques appliquées*, mécanique, astronomie, physique dite mathématique.

**Méthode.**
Les mathématiques emploient la méthode *déductive*, le raisonnement déductif, dont la forme-type est le syllogisme.
Dans les mathématiques, on part de *principes nécessaires* ou regardés comme tels, et l'on aboutit à des conséquences également nécessaires, au moyen de la *démonstration*.
La démonstration se fait par le raisonnement déductif, mais il ne faut pas la confondre avec lui : *déduire*, c'est simplement tirer les conséquences d'une vérité générale ; *démontrer*, c'est prouver avec évidence.
La démonstration, au sens propre du mot, consiste à montrer qu'une vérité particulière est renfermée, à titre de conséquence, dans un principe *nécessaire*, *évident*, ou déjà *démontré*.
Elle s'appuie sur deux sortes de principes : les principes communs ou *axiomes*, et les principes propres ou *définitions*.

**Axiomes.**
*Définition.* — Un axiome est une vérité nécessaire, évidente par elle-même, et qui sert à démontrer d'autres vérités. Les axiomes servent de base à toutes les sciences.
*Ne pas confondre l'axiome* : 1° Avec la *vérité générale*, qui est une vérité démontrée;
2° Avec le *théorème*, qui est l'énoncé d'une proposition à démontrer ;
3° Avec le *postulat*, qui est une proposition non évidente, mais que l'on regarde comme vraie pour les besoins du raisonnement.
*Règles de Pascal.* — 1° N'admettre aucun principe nécessaire sans avoir demandé si on l'accorde en axiome, quelque clair et évident qu'il puisse être.
2° Ne demander en axiomes que les choses parfaitement évidentes.

**Définition.**
*Définition.* — La définition est une proposition qui détermine d'une manière précise le sens d'un mot ou la nature d'une chose.
— C'est une proposition dont l'attribut développe toute la compréhension du sujet.
— On *définit par le genre prochain et la différence spécifique*.
*Deux sortes de définitions* : 1° Définition de *mots*, qui consiste à déterminer le sens des mots ;
2° Définition de *choses*, qui est l'explication de la nature et des propriétés des choses.
La première est *arbitraire et variable*, et par conséquent de nulle valeur pour la démonstration ; la seconde n'est point arbitraire, et elle sert de base à la démonstration.
*Définitions empiriques et définitions rationnelles.* — Les premières sont *inductives*, propres aux sciences d'observation, n'ont qu'une valeur *relative*, sont *progressives et provisoires* ; les deuxièmes sont *déductives* ou *à priori*, propres aux sciences exactes, parfaites du premier coup, immuables. Elles sont de plus *nécessaires et universelles*.

**MÉTHODE DES SCIENCES MATHÉMATIQUES** — *De la démonstration (Suite.)*

**Définition. (Suite.)**

autres, le point de départ (déductives).

*Règles de Pascal.* — a) *Définition de mots.* 1° Définir tout mot obscur ou équivoque ;

2° N'employer dans les définitions que des mots bien connus et déjà définis. — Ajoutons : ne pas changer sans raison le sens des mots.

b) *Définition de choses.* — N'entreprendre de définir aucune des choses tellement connues d'elles-mêmes, qu'on n'ait pas de terme plus clair pour les expliquer.

*Limites de la définition.* — L'*universel* et l'*individuel* ne peuvent être définis ; dans le premier cas, l'*extension*, dans le second, la *compréhension*, sont sans limites.

*Caractères d'une bonne définition.* — 1° Elle doit être *complète* ou *universelle*, c'est-à-dire convenir à tout le défini ;

2° *Propre*, convenir au seul défini ;

3° *Réciproque* ou *convertible*, c'est-à-dire rester vraie, si l'ordre des termes est renversé.

Voilà pour le fond ; pour la forme, elle doit être *claire*, *concise* et, autant que possible, *portative*.

*Avantages des définitions.* — Elles font contracter à l'esprit l'habitude de l'ordre, de la méthode ; donnent le goût de l'exactitude, de la clarté, de la propriété des termes ; elles éclairent et secondent l'exercice de la volonté.

**Démonstration.**

*Diverses sortes de démonstration.* — On distingue la démonstration *directe* et la démonstration *indirecte*.

*Démonstration directe.* — C'est elle qui fait voir pourquoi une proposition est vraie.

Elle comprend : 1° La démonstration *à posteriori*, ascendante ou *analytique*, qui se tire des conséquences ou des faits. — On remonte d'une proposition douteuse à celle qui la rend évidente ;

2° La démonstration *à priori*, descendante ou *synthétique*, qui se tire des principes, des causes ou de la nature même de la chose à prouver.

*Démonstration indirecte.* — La démonstration indirecte ou réduction à l'*absurde* prouve une vérité en faisant voir l'impossibilité, l'absurdité de l'hypothèse contraire. — Elle est fondée sur ce principe : « Tout ce d'où il résulte quelque chose de faux est faux. » (BOSSUET.)

La démonstration indirecte peut convaincre l'esprit, elle ne l'éclaire pas ; elle n'est pas *probante*, suivant le langage de l'École.

*Règles de la démonstration, d'après Pascal.* — 1° N'entreprendre de démontrer aucune des choses qui sont tellement évidentes par elles-mêmes, qu'on n'ait rien de plus clair pour les prouver ;

2° Prouver toutes les propositions un peu obscures, et n'employer à leur preuve que des axiomes très évidents ou des propositions déjà accordées ou démontrées ;

3° Substituer toujours mentalement les définitions à la place des définis.

**Caractères des lois mathématiques ; différence avec les lois physiques.** — 1° Les lois mathématiques expriment des rapports *nécessaires*, qui dérivent de la nature des nombres, de l'étendue ou du mouvement ;

2° Elles sont établies par le *raisonnement déductif* et non par l'expérience, comme les lois des sciences de la nature ;

3° Elles sont *nécessaires*, d'une nécessité absolue, universelles et certaines, tandis que les lois physiques sont *contingentes*, conditionnelles et sujettes à l'*erreur* ;

4° Les vérités mathématiques sont *analytiques* ; les lois physiques sont *synthétiques*.

Est-ce à dire que la certitude mathématique soit supérieure à la certitude physique ? Non, seulement elle ne se démontre pas de la même manière.

**Rôle des sciences mathématiques dans les autres sciences.** — Les mathématiques ont des applications dans toutes les sciences : par le calcul et la mesure, elles leur communiquent clarté et précision. Voilà pourquoi la physique, la chimie, l'histoire naturelle, la sociologie, la biologie, font appel à la mathématique pour établir des moyennes par les statistiques et les mensurations.

**Avantages et abus de la méthode géométrique.** — Poursuivie avec modération, l'étude des mathématiques fait acquérir à l'esprit l'habitude de l'attention, de l'ordre ; la recherche et la solution des problèmes sont d'excellents exercices d'analyse qui obligent à suivre ses pensées et à observer une question sous toutes ses formes.
— Il faut bien se garder cependant de vouloir appliquer la méthode rigoureuse des mathématiques et du raisonnement déductif à tous les sujets ; cela exposerait aux plus graves erreurs. — La plupart des vérités concrètes échappent au calcul, et les faits moraux y échappent complètement.

---

## 6° LEÇON

## MÉTHODE DES SCIENCES DE LA NATURE

**Objet des sciences de la nature.**
Ces sciences ont pour objet : 1° D'expliquer les phénomènes de la nature, c'est-à-dire de découvrir les causes qui les produisent et les lois qui les régissent (sciences physiques) ;
2° La connaissance de la nature elle-même, tant dans sa constitution propre que dans ses manifestations : phénomènes géologiques, phénomènes vitaux, etc. (sciences naturelles).

*Cause et loi.* (Voir *Préliminaires*, 1re leçon, p. 1.)

*Loi et type.* — La loi est un rapport constant de succession de phénomènes.
Le type est un rapport de coexistence de caractères.

*Type et genre.* — Le type est la *notion générale* considérée au point de vue de la compréhension ;
Le genre, la notion générale au point de vue de l'extension.
— Le genre comprend tous les individus qui ont les mêmes caractères, qui répondent au même type.

**Division des sciences de la nature.**
Les sciences de la nature se divisent en deux groupes :
1° Les *sciences physiques*, qui étudient les propriétés générales de la matière et les phénomènes généraux qui se produisent dans tous les corps. Elles comprennent l'*astronomie*, la *physique*, la *chimie*.
2° Les *sciences naturelles*, qui décrivent les êtres organisés ou inorganiques, qui vivent sur la terre ou qui la constituent. Elles comprennent la *minéralogie* et la *géologie*, qui s'occupent des corps bruts ; la *zoologie* et la *botanique* descriptives, et enfin tout le groupe des sciences *biologiques* : *physiologie, pathologie*, etc.
— Observons que toutes ces sciences sont solidaires, que l'histoire naturelle a besoin de la physique, la physique de la chimie, etc.

**Méthode.**
La méthode propre aux sciences de la nature est la méthode *inductive* avec ses procédés : l'*observation*, l'*expérimentation*, l'*hypothèse*, l'*analogie*, la *classification*, l'*induction* et les *définitions empiriques*.

# MÉTHODE DES SCIENCES DE LA NATURE (Suite.)

## PROCÉDÉS DE LA MÉTHODE EXPÉRIMENTALE

### II. Observation.

ou les effets.

*Esprit d'observation* : esprit qui se manifeste par une curiosité toujours en éveil, par l'aptitude à saisir les ressemblances, à faire des rapprochements, etc. C'est le caractère propre du génie scientifique et la condition de toute découverte.

*Moyens d'observation* : les sens et les instruments qui en augmentent la portée naturelle : balance, microscope, télescope...; surtout les appareils enregistreurs : thermomètres maxima et minima, etc.

*Règles de l'observation.* — L'observation doit être complète, détaillée, méthodique.

Il faut : 1° Chercher par l'analyse les faits élémentaires ;
2° Noter avec méthode les caractères du fait et les circonstances dans lesquelles il se produit ;
3° Arriver, s'il se peut, à les mesurer ;
4° Tenir compte de l'état physique et mental de l'observateur ;
5° Enfin vérifier les résultats par l'expérimentation ou par de nouvelles observations.

*Insuffisance de l'observation.* — L'observation est presque toujours insuffisante pour nous révéler la vraie nature des choses ou la cause des phénomènes ; il faut la compléter par l'expérimentation.

### III. Expérimentation.

*Expérimenter*, c'est provoquer artificiellement les phénomènes dans des conditions déterminées pour les mieux étudier.

*L'expérimentation implique une idée préconçue, un but à atteindre.* — « Sans une idée directrice, l'expérimentation n'est qu'un pur tâtonnement capable d'étonner plutôt que d'instruire. » (BACON.)

*Règles de l'expérimentation.* — Il faut : 1° Varier l'expérience : cette variation peut porter sur les sujets ou sur la cause qui agit ;
2° *L'étendre*, soit pour le temps, soit pour la quantité, soit pour le nombre de faits, afin de rendre évidents les caractères ou les rapports ;
3° *La renverser*, c'est-à-dire faire la contre-épreuve ; contrôler l'emploi d'un procédé par le procédé inverse.

*Qualités de l'observateur et de l'expérimenteur.* — Ils doivent : 1° Avoir cette curiosité scientifique qui veut tout expliquer et tout comprendre ;
2° Être *patients* ; ne plaindre ni le temps ni la peine ;
3° *Attentifs* ; considérer l'objet ou le phénomène sous tous ses aspects, dans tous ses rapports ;
4° *Adroits* ; se plier aux circonstances et trouver des ressources devant les obstacles ;
5° *Exacts* ; signaler tout ce qu'ils voient et rien que ce qu'ils voient ; obtenir et donner des mesures précises, pour le nombre et le degré ;
6° *Sincères, impartiaux, indépendants d'esprit* ; n'avoir qu'un désir, la connaissance de la vérité.

*Puissance de l'expérimentation.* — L'expérimentation nous permet d'atteindre et de déterminer exactement le rapport de cause à effet, d'isoler les causes et de reproduire à l'infini les phénomènes qui vérifient les lois de la nature.

### IV. Hypothèse.

*Définition.* — L'hypothèse est une explication provisoire des faits, une induction anticipée.

*Diverses sortes.* — 1° *Hypothèses de cause* ; par exemple, le fluide nerveux, en physiologie ;
2° *Hypothèses de loi* ; théorie des ondulations, des vibrations, en optique et en acoustique.

Toutes les sciences ont leurs hypothèses. (On trouvera plus loin l'énoncé des principales.)

## MÉTHODE DES SCIENCES DE LA NATURE

**MÉTHODE DES SCIENCES NATURELLES (Suite.)**
**PROCÉDÉS DE LA MÉTHODE EXPÉRIMENTALE (Suite.)**

### IV. Hypothèse. (Suite.)

*Rôle des hypothèses dans la science.* — L'hypothèse est le facteur essentiel des sciences. « Une idée anticipée, dit Cl. Bernard, c'est-à-dire une hypothèse, est le point de départ nécessaire de tout raisonnement expérimental. » L'histoire des sciences naturelles nous montre qu'il n'y a guère eu de grande découverte qui n'ait été précédée et préparée par une ou plusieurs hypothèses.

*Caractères d'une bonne hypothèse.* — 1° Elle doit être suscitée par plusieurs faits observés ;
2° Elle doit expliquer des faits déjà connus, mais non liés à un système ;
3° Elle doit faire connaître de nouveaux faits, qu'elle explique.

*Vérification de l'hypothèse.* — Pour vérifier une hypothèse, il faut chercher :
1° Si elle est d'accord avec tous les faits et principes connus ;
2° Si elle rend compte de toutes les circonstances des faits qui entrent dans l'hypothèse ;
3° Si l'expérience et le calcul peuvent en confirmer le résultat.

*Exemples d'hypothèses vérifiées.* — Hypothèses de l'incandescence primitive du globe (Descartes, Leibniz, Buffon) ; — nature de la chaleur ; — circulation du sang (Harvey) ; — découverte de Neptune (Leverrier) ; — animaux antédiluviens (Cuvier).

### V. Induction.

Les observations, les expérimentations, les hypothèses, concourent à un but commun : dégager la loi du phénomène étudié. C'est le travail propre de l'induction de formuler cette loi.

*Définition.* — L'induction est le procédé par lequel l'esprit passe de la connaissance des faits à celle des lois qui les régissent. Elle étend à tous les êtres ou à tous les faits de la même espèce, ce qui a été préalablement connu d'un ou de plusieurs.

*Principe ou fondement de l'induction.* — L'induction est un procédé à la fois expérimental et rationnel : l'expérience donne les faits, la raison seule peut donner la loi, c'est-à-dire affirmer la nécessité (nécessité hypothétique) que les faits se produisent toujours les mêmes.

Pour que l'induction soit légitime, il faut : 1° Coordonner et interpréter les faits recueillis, de manière à en dégager l'idée générale ou rapport (tables de Bacon, méthodes de Stuart Mill) ;
2° Étendre à tous les faits, à tous les temps et à tous les lieux, le rapport dégagé.

— Cette sorte de *généralisation* ne peut se faire qu'en vertu d'un principe rationnel, qu'on appelle principe de *lois*, d'*ordre*, d'*uniformité des lois de la nature*. Au fond, c'est le principe de *causalité* que l'on affirme toujours : la même cause produit les mêmes effets.

— Observons qu'on ne conclut pas de *quelques* à *tous*, mais d'une *cause* à son *effet*. Voilà pourquoi il suffit d'une expérience bien faite pour établir une loi avec certitude.

— Stuart Mill et les associationistes ont voulu faire dériver le principe d'induction, comme celui de causalité, de l'association inséparable et de l'habitude. — Ce que nous venons de dire et ce qui a été dit, à la 12ᵉ leçon de psychologie, suffit pour réfuter cette théorie.

*Tables de Bacon.* — Bacon veut qu'en observant et en expérimentant on fasse trois catégories des faits observés : cela s'appelle dresser des tables :
1° *Table de présence*, dans laquelle on note toutes les circonstances où le fait à expliquer se produit ;
2° *Table d'absence*, dans laquelle on marque toutes les circonstances où il ne se produit pas ;
3° *Table de variation ou de degré*, dans laquelle on note les circonstances où il varie.

**MÉTHODE DES SCIENCES NATURELLES (Suite.) — PROCÉDÉS DE LA MÉTHODE EXPÉRIMENTALE (Suite.)**

**V. Induction. (Suite.)**

...s'appliquaient pas à tous les cas... [Stuart Mill] les a remplacées par quatre règles ou *méthodes*, qu'on peut regarder comme générales.

1° *Méthode de concordance.* — On peut la formuler ainsi : Si deux ou plusieurs exemples du phénomène à expliquer présentent une seule circonstance commune, cette circonstance peut être regardée comme la cause du phénomène. — (Exemple de Pasteur sur la génération spontanée.)

2° *Méthode de différence.* — Sert de contre-épreuve à la précédente. — Elle consiste à supprimer la circonstance que l'on regardait comme cause et à voir si l'effet persiste. — (Ex. : contre-expérience de M. Pasteur.)

3° *Méthode des variations concomitantes.* — Lorsque le phénomène varie, si parmi toutes les circonstances une seule croît ou décroît en même temps que lui, c'est celle-là qui est la cause. — (Exemple de Pascal sur le vide.)

4° *Méthode des résidus.* — Si l'on retranche d'un phénomène tout ce qui peut être attribué à des causes connues, ce qui reste sera l'effet des antécédents qui ont été négligés et dont l'effet était inconnu. — (Ex. : découverte de Neptune.)

**VI. Analogie.**

*Définition.* — L'analogie est un procédé de raisonnement par lequel on conclut de ressemblances observées à des ressemblances non observées, ou d'une ressemblance partielle à une ressemblance totale.

*Diverses sortes de rapports analogiques.* — 1° D'effet à cause : mêmes effets supposent mêmes causes ;
2° De moyens à fin ou *vice versa* ;
3° De pure ressemblance.

*Principe de l'analogie.* — Les lois de la nature sont stables et générales : les mêmes moyens supposent les mêmes fins ; les mêmes effets, les mêmes causes.

*Analogie et induction.* — L'analogie est une déduction fondée sur une induction préalable : on a observé que $a\,b\,c\,d$ se trouvent dans A ; or, dans B, on trouve $a\,b\,c$, et on conclut, par analogie, que $d$ doit s'y trouver aussi.

*Valeur de l'analogie.* — On ne peut demander à l'analogie ni des théories ni des lois, mais de simples *conjectures*, des *hypothèses*.

**VII. Classification.**

Classer, c'est ramener l'infinie multiplicité des êtres ou des faits à un petit nombre de types indiquant leurs caractères communs et les rapports qui les unissent les uns aux autres.

*Différentes sortes de classifications.* — 1° *Classifications naturelles*, fondées sur l'ensemble des caractères essentiels des êtres (subordination des caractères ; caractères dominateurs, etc.). Ex. classification des plantes de de Jussieu.

2° *Classifications artificielles*, basées sur la considération d'un seul caractère, d'un seul organe, ou de quelques caractères extérieurs. Ex. classification des animaux par Buffon.

3° *Classifications empiriques*; celles-ci sont indépendantes de la nature des objets : par exemple, classifications alphabétiques.

*Avantages des classifications.* — 1° Elles rendent nos connaissances plus faciles, plus exactes ;
2° Elles établissent dans les idées l'ordre et la subordination des caractères, de telle sorte que du nom d'un être on peut conclure ses caractères généraux (genre, etc.) ;
3° Elles soulagent la mémoire.

*Valeur des classifications.* — La valeur d'une classification est d'autant plus grande, que l'ordre de la nature y est mieux reproduit. Mais l'impossibilité où nous sommes de connaître tous les rapports des choses entraîne l'imperfection de toutes nos classifications et leur caractère provisoire.

**MÉTHODE DES SCIENCES NATURELLES** | **PROCÉDÉS DE LA MÉTHODE EXPÉRIMENTALE (Suite).**

**Définitions empiriques.** — (Voir ce qui a été dit, page 65, sur la différence des définitions empiriques et des définitions géométriques.)
- Les premières se forment graduellement et se perfectionnent par les découvertes nouvelles, tandis que les secondes sont parfaites du premier coup.
- Les définitions géométriques sont les principes de la connaissance ; les définitions empiriques en sont les résumés.

**VIII. Rôle de la déduction dans les sciences de la nature.**
1° Elle sert comme moyen de vérification des hypothèses ;
2° Elle est utile et même nécessaire pour expliquer ou démontrer ou appliquer les découvertes faites et les lois établies ;
3° Elle permet, par l'extension d'une loi, de découvrir des lois et des faits nouveaux.

---

# 7º LEÇON

## MÉTHODE DES SCIENCES MORALE

**LES SCIENCES MORALES**

**Objet des sciences morales.** — Étude des faits et recherche des lois du monde spirituel ou moral.

**Leurs caractères propres.** — Tout à la fois sciences d'observation et de raison, elles étudient ce qui *est en fait* et ce qui *doit être*. Les lois morales ne sont pas seulement *indicatives*, elles sont *impératives* ; elles ne sont pas *fatales*, mais *libres* ; c'est à titre de *modèle*, de *fin*, de *but*, qu'elles nous sont proposées.

**Divisions.**
Les sciences morales comprennent :
1° La *psychologie*, science de l'âme et de ses facultés ;
2° La *logique*, science des lois de la pensée et des méthodes ;
3° La *morale*, science du bien et des moyens de l'accomplir ;
4° L'*esthétique*, science de l'art et des beaux-arts ;
5° La *jurisprudence*, science des droits de l'homme vivant en société ;
6° L'*économie politique*, science de la richesse ;
7° La *pédagogie*, science de l'éducation ;
8° La *politique*, science du gouvernement des sociétés ;
9° L'*histoire*, science des faits de la vie des peuples ;
10° L'*ethnologie*, science des races humaines ;
11° L'*hiérographie*, étude comparée des religions ;
12° La *linguistique* ou *philologie*, science des lois générales du langage ;
13° La *sociologie*, science des développements et de la constitution des sociétés humaines ;
14° La *théodicée*, science rationnelle de la nature et des attributs de Dieu.

**Méthode générale.**
Les sciences morales emploient tour à tour la méthode rationnelle et la méthode expérimentale ; par l'observation et l'induction, elles déterminent les lois des phénomènes qu'elles étudient, et par le raisonnement et la déduction, elles tirent des conséquences pratiques de leurs principes ou de leurs découvertes.

**LES SCIENCES MORALES** (Suite).

**Méthodes particulières.**

1° *Psychologie.* (Voir 1re leçon de Psychologie.)
2° *Morale.* (Voir *Préliminaires de la morale.*)
3° *Droit* ou *jurisprudence.* — L'observation attentive des faits, aidée de l'étude des textes et de l'histoire, donne la connaissance de ce qui a été.
— Le raisonnement, guidé par l'expérience, fait la meilleure application possible des lois, en tenant compte de l'état présent de la société.
4° *Pédagogie.* — La pédagogie n'étant que la psychologie et la morale appliquées à l'éducation, elle tire, par *déduction*, ses principes généraux de ces deux sciences ; mais il faut que l'expérience en règle les applications, suivant l'âge et le caractère de l'enfant, le milieu où il vit, le but qu'il veut atteindre, etc.
5° *Esthétique.* — Par l'*induction*, elle examine les œuvres dans leur milieu et recherche les circonstances qui ont influé sur leur composition ; par la *déduction*, elle applique les principes d'ordre, de proportion, d'harmonie, qui régissent toute œuvre artistique.
6° *Économie politique.* — (Voir 12e leçon de Morale pratique.)
7° *Politique.* — Comme le *droit*, la politique s'appuie à la fois sur l'*expérience*, par la connaissance des hommes et des choses, et sur les *principes absolus de la morale*, qu'elle ne doit jamais contredire. Une politique exclusivement fondée sur la raison n'aurait rien de pratique ; celle qui serait entièrement basée sur l'expérience manquerait de moralité.
8° *Histoire.* — (Voir la leçon suivante.)
9° *Linguistique.* — La linguistique emploie deux méthodes : la méthode dite *historique*, qui consiste à suivre un mot jusqu'à ses origines, et la méthode *comparée*, qui cherche la racine du mot dans les langues sœurs.
10° *Sociologie.* — La sociologie, étudiant l'ensemble des conditions matérielles et morales de la vie des sociétés, doit être essentiellement une science d'observation. Comme dans les sciences physiques, ce que l'on cherche, c'est la *cause des faits* que l'on constate, et le rapport qui relie ces faits à leur cause.

On a proposé d'appliquer à la sociologie les méthodes de Stuart Mill. Il est possible que la méthode des *variations concomitantes*, de même que celle de *concordance*, donne des résultats satisfaisants ; mais, en général, les faits sociaux sont si complexes, ils se pénètrent tellement les uns les autres, qu'il est bien difficile de les séparer et de les analyser, comme on analyse les faits matériels.

N'oublions pas que le caractère propre des individus composant la société, c'est la *liberté*, qui défie tout calcul, toute prévision mathématique, et, par conséquent, toute *déduction* certaine.

# 8ᵒ LEÇON

## MÉTHODE DE L'HISTOIRE. — CRITIQUE HISTORIQUE

**MÉTHODE DE L'HISTOIRE**

**Définition et objet de l'histoire.**
L'histoire est la science de la vie des peuples.
Son objet, c'est le passé des sociétés humaines ; elle s'efforce de remonter des faits particuliers aux lois qui les régissent et aux causes qui les produisent.

**But de l'histoire.**
Il y a deux manières d'envisager le but de l'histoire :
La première (antiquité jusqu'au XIXᵉ siècle) considère l'histoire comme une partie de la morale : c'est la morale en exemples. — Les faits y sont arrangés en vue d'une leçon pratique.
La seconde (XIXᵉ siècle) assimile l'histoire aux autres sciences, et cherche uniquement à déterminer les causes et les lois des événements.
La première méthode n'est pas scientifique ;
La seconde, employée seule, conduit au fatalisme et au déterminisme. — On ne peut assimiler l'histoire des peuples à la physique et à l'histoire naturelle : l'homme n'est pas un théorème qui marche ; les questions historiques ne sont pas de simples problèmes de mécanique, comme l'a prétendu Taine. Il faut faire dans les événements la part de la liberté humaine, et se souvenir de ce vers d'A. Comte :
      *Pour expliquer les lois, il faut des volontés.*

**Principales sciences historiques.**
Les sciences historiques comprennent :
1ᵒ L'histoire proprement dite, qui étudie le passé de la vie des peuples ;
2ᵒ L'histoire des sciences, des lettres, des arts, des religions ;
3ᵒ La préhistoire ou archéologie, science des monuments anciens ;
4ᵒ La numismatique, science des médailles ;
5ᵒ L'épigraphie, science des inscriptions ;
6ᵒ La paléographie, science des écritures anciennes ;
7ᵒ La diplomatique, science des chartes et des diplômes.

**Rôle de l'histoire dans les sciences morales.**
L'histoire est en quelque sorte l'école d'application des sciences morales :
La *psychologie* trouve en elle son contrôle et le complément nécessaire à la réflexion ;
La *morale* y voit les sanctions naturelles appliquées aux individus et aux sociétés ;
La *politique*, la *sociologie*, la *jurisprudence*, doivent s'en inspirer dans leurs déductions pratiques, sous peine de faire des lois inapplicables.

**Méthode.**
La méthode de l'histoire est à la fois *inductive* et *déductive*.
Par l'induction, elle observe, recueille, contrôle, analyse les faits, groupe les témoignages, les compare, les discute : c'est le rôle de la critique.
Par la déduction, se fondant sur les principes absolus du bien, du juste, de l'honnête, elle juge les faits, ou, de circonstances données, tire des conséquences au moins probables : c'est la philosophie de l'histoire.

**Du témoignage.**
*Importance du témoignage.* — Toute la valeur de l'histoire repose sur la sincérité et la compétence du témoignage.
Ce n'est pas seulement en histoire que le témoignage est important ; sans lui, l'éducation, la société, la justice humaine, l'expérience et la science, seraient impossibles.
Le témoignage étend et multiplie l'expérience : il nous donne des milliers d'yeux, de mains, d'oreilles.

# MÉTHODE DE L'HISTOIRE (Suite.)

## Du témoignage. (Suite.)

### Principe de la foi au témoignage.

[...] instinct :
1° Instinct de *véracité*, inclination naturelle de l'homme à dire la vérité ;
2° Instinct de *crédulité*, inclination naturelle à croire que les hommes disent la vérité.

Ces deux principes n'excluent pas toutes les causes d'erreur ; ils ne garantissent pas que le témoin ne se trompe pas.

D'autres veulent que nous croyions au témoignage en vertu de cette induction naturelle que l'homme parle pour exprimer ce qu'il pense, comme nous parlons nous-mêmes à cette fin.

Le P. de Smedt n'accepte pas ces deux explications, et il donne pour fondement au témoignage une déduction basée sur le principe de causalité.

Il suffit, par une critique sévère, d'écarter le *mensonge* ou l'*erreur*, pour établir d'une manière rigoureuse la certitude du témoignage.

## Règles du témoignage.

Les unes sont relatives aux faits, les autres aux témoins.

### a) Règles relatives aux faits.

Les faits doivent être :

**1° Vraisemblables.** — C'est-à-dire offrir des apparences de vérité ; Il faut se défier à la fois d'une *crédulité* aveugle et d'un *scepticisme* qui rejette à priori tout ce qu'il ne comprend pas.

**2° Possibles.** — C'est-à-dire conformes aux lois générales de l'univers. Le miracle ne saurait être repoussé à titre d'impossibilité, attendu qu'il y a des miracles scientifiquement établis. Ici le témoignage constate, il n'explique pas.

**3° Non contradictoires.** — C'est-à-dire non opposés à un fait parfaitement constaté. Un alibi, par exemple.

### b) Règles relatives aux témoins.

Deux cas peuvent se présenter : le témoin est unique, ou il y a plusieurs témoins.

**1° Témoin unique.**
Il faut : 1° Connaître le témoin, sa capacité, sa compétence, son caractère, ses intérêts, son honnêteté.
2° Les moyens qu'il a eus de connaître la vérité.
— Si le témoin est assez éclairé pour ne pas se tromper, assez loyal pour ne pas nous tromper, on peut ajouter foi au témoignage.

**2° S'il y a plusieurs témoins.**
Il faut : 1° Procéder pour chacun comme s'il était l'unique témoin ;
2° Voir si les témoins sont d'accord ;
3° Les grouper suivant leurs opinions, s'ils sont en désaccord ;
4° *Peser* plutôt que compter les témoignages contradictoires. — L'accord, dans certains cas où les intérêts sont contrariés et les passions froissées, est une garantie de vérité.
— Un nombre même très petit de témoignages de haute valeur doit l'emporter sur un nombre même très grand de témoignages suspects.

Ajoutons à toutes ces règles celles de l'observation scientifique, qui sont de n'avoir en vue, en interrogeant les faits, ni son intérêt, ni ses préjugés, ni ses passions, mais uniquement la découverte de la vérité.

**MÉTHODE DE L'HISTOIRE (Suite.)**

- **Les sources de l'histoire.**

  Les sources de l'histoire sont : les traditions orales, les monuments, les écrits.

  - **1° Traditions.**
    - Récits qui se transmettent de bouche en bouche.
    - C'est la source la moins pure de l'histoire.
    - La valeur d'une tradition diminue à mesure qu'on s'éloigne de son origine.
    - Ordinairement, c'est le fond de la tradition qui est vrai, non le détail.

  - **2° Monuments.**
    - Deux sortes de monuments ; les uns, historiques par destination ; les autres, par occasion.
    - Il faut s'assurer : 1° de leur *authenticité* : sont-ils ce qu'ils prétendent être ?
    - 2° de leur *sincérité* : ne sont-ils pas l'œuvre de la flatterie, du mensonge ?
    - L'*archéologie*, la *numismatique*, l'*épigraphie*, la *paléographie*, la *diplomatique*, servent à vérifier l'authenticité et la sincérité des monuments.

  - **3° Les écrits.**
    - Les écrits sont la source la plus pure et la plus féconde de l'histoire.
    - Comme pour les monuments, il faut s'assurer : 1° de l'authenticité ;
    - 2° de l'*intégrité*, c'est-à-dire si on n'a fait ni coupures ni interpolations ;
    - Puis on traite l'écrivain comme un témoin ordinaire, s'il raconte ce qu'il a vu et entendu ; on vérifie ses *sources*, s'il raconte d'après d'autres.

- **Règles du témoignage en matière de doctrines.**

  Quand le témoignage a pour objet non des faits, mais des doctrines, il se présente ou sous la forme du *consentement universel*, s'il s'agit d'une vérité morale et pratique, ou sous la forme de l'*autorité*, s'il s'agit d'une vérité scientifique.

  1° *Consentement universel.* — L'accord unanime ou quasi tel de tous les hommes, portant sur une *vérité pratique importante*, contraire aux passions et aux intérêts particuliers (croyance à l'existence de Dieu, immortalité de l'âme, liberté, etc.), mérite toute créance, parce qu'elle ne peut venir que d'une révélation primitive ou d'un penchant naturel. La règle est de se tenir également éloigné du *traditionalisme* (témoignage, seul critérium de certitude) et du scepticisme.

  2° *L'autorité*, ou témoignage en matière scientifique, peut atteindre *une très haute probabilité*, mais pas la *certitude*. — Il mérite notre assentiment, au moins provisoire, quand il vient d'hommes compétents qui parlent de ce qu'ils ont parfaitement étudié.

# MÉTAPHYSIQUE

## PRÉLIMINAIRES

**Définition.** — Le mot *métaphysique* signifie ce qui est *après la physique* ou *au-dessus*.
On la définit : La science de l'être en tant qu'être ;
La science des premiers principes et des premières causes.

**Légitimité de la métaphysique.** — L'empirisme, le *sensualisme*, le *positivisme*, le *criticisme*, refusent à la métaphysique le caractère scientifique.
C'est là une grave erreur : la métaphysique a un objet propre : le suprasensible ; elle a une méthode à la fois expérimentale et rationnelle, qui prouve avec certitude.

**Son importance.**
Sans la métaphysique, la science et la philosophie sont incomplètes ; et ceux-là même qui en nient la légitimité sont obligés d'y avoir recours.
Elle sert de base et de couronnement à toutes les sciences :
En *psychologie*, par exemple, elle étudie l'origine des idées, les principes premiers, la liberté, etc. ;
En *logique*, le fondement de la certitude ;
En *morale*, le bien en soi et le souverain bien ;
En *théodicée*, Dieu et ses attributs, le problème du mal ;
Dans les *sciences naturelles*, le problème de la matière, de la forme, du mouvement, de la vie ;
Dans les *mathématiques*, les axiomes, l'espace, le temps, la mesure, la quantité, etc.

**Méthode.** — Longtemps la métaphysique a été toute *déductive* : elle partait de principes *à priori* sur l'être, ses modes, ses propriétés, et en tirait, par le raisonnement, des conséquences rigoureuses. Elle construisait ainsi des systèmes abstraits et souvent vides.
— Aujourd'hui elle emploie la méthode *expérimentale* ou *inductive* ; elle part de la connaissance des faits de l'âme et monte à la connaissance du monde et de Dieu.

**Division.**
La métaphysique comprend : 1° Le problème de la *certitude* ou la *critériologie* ;
2° L'*ontologie* : science de l'être en tant qu'être ;
3° La *cosmologie* : science de la matière et du monde ; c'est la philosophie de la physique et de l'histoire naturelle ;
4° L'*anthropologie* : science de l'homme en tant qu'être raisonnable ; — l'anthropologie comprend la *psychologie rationnelle*, qui traite de l'union de l'âme et du corps, de la personnalité.
5° La *théodicée* ou *théologie naturelle* : science rationnelle de Dieu.

# 1re LEÇON

## VALEUR OBJECTIVE DE LA CONNAISSANCE

(Voir ce qui a été dit des divers états de l'esprit par rapport au vrai et au faux,
*Logique*, 1re leçon (*Tableaux*), p. 55.)

Chez les anciens, le problème de la valeur de la connaissance se posait au point de vue de la *certitude* et du *doute*, et donnait naissance au *dogmatisme*, au *scepticisme* et au *probabilisme*.

Les modernes ont soulevé d'autres problèmes : la connaissance est-elle *absolue* ou *relative*? a-t-elle un caractère purement *subjectif* ou bien une valeur *objective* propre ? — De là, deux nouvelles théories : le *relativisme* et l'*idéalisme*.

**1° Dogmatisme.**
Le *dogmatisme* affirme : 1° que la vérité *existe*; 2° que nous pouvons la connaître par l'emploi convenable de nos facultés naturelles.
Il y a un *dogmatisme vrai*, qui repose sur tous les critériums de la certitude ; et un *dogmatisme faux*, qui n'emploie qu'un ou plusieurs critériums à l'exclusion des autres : tels sont le *fidéisme* de Pascal, le *positivisme* d'A. Comte, etc.

**2° Scepticisme.**
Au dogmatisme est opposé le *scepticisme*, qui prétend : 1° ou que la vérité *n'existe pas ;* 2° ou que nous n'avons pas les moyens de l'atteindre avec certitude.
Le scepticisme est *absolu* ou *partiel;* il aboutit à l'une des trois formules suivantes : *je ne sais rien; je ne sais si je sais ou pas plus ceci que cela; que sais-je ?...*
*Réfutation.* — Affirmer qu'on ne peut rien *affirmer*, c'est tout d'abord une contradiction, et ainsi les sceptiques se réfutent eux-mêmes par leurs paroles et aussi par leurs actes.
Tous leurs arguments peuvent se ramener à quatre :

1° *L'ignorance.* — « Nous ne savons le tout de rien » (Pascal); et par conséquent, ajoute Huet, « nous ne pouvons rien savoir. » — De ce que nous ne savons *le tout de rien*, on ne peut pas conclure que nous ne sachions *rien du tout*. On confond l'intelligence bornée, finie, de l'homme, avec l'intelligence infinie de Dieu.

2° *L'erreur.* — L'homme se trompe quelquefois ; sait-il s'il ne se trompe pas toujours? — Conclure de ce que l'homme se trompe quelquefois qu'il se trompe toujours, c'est faire un sophisme. De plus, affirmer que l'homme se trompe, c'est affirmer qu'il peut ne pas se tromper. *L'erreur est possible*, elle n'est pas *nécessaire*.

3° *Les contradictions.* — Contradiction entre les hommes; contradiction dans l'espace : « Vérité en deçà des Pyrénées, erreur au delà » (Pascal) ; contradiction sur la matière; contradiction en nous-mêmes; contradiction en tout et toujours. — Nos facultés ne se contredisent que quand elles sortent de leur rôle ou quand leurs données sont mal interprétées. Il y a des choses sur lesquelles l'ensemble du genre humain est d'accord, et l'erreur, la diversité, la contradiction, s'expliquent par les usages, les mœurs et surtout les passions.

4° *Le diallèle.* — On appelle ainsi l'argument par lequel les sceptiques, poussés dans leurs derniers retranchements, essayent de

**VALEUR OBJECTIVE DE LA CONNAISSANCE (Suite.)**

**2° Scepticisme.** (Suite.)

instrument, qui est la raison, mais qu'il faut d'abord vérifier l'instrument ; or pour cela on n'a d'autre moyen que la raison elle-même ; c'est tourner dans un cercle, c'est faire une pétition de principe. (Argument de Montaigne, Kant, *Critique de la raison pure*.)

— Sans doute, pour démontrer la raison, nous n'avons que la raison ; mais cela prouve-t-il que ses conclusions soient nécessairement fausses ? Les sceptiques eux-mêmes, de quel instrument se servent-ils pour attaquer la raison ? Le dogmatisme affirme la légitimité de la connaissance ; le scepticisme la nie : le premier jouit du droit de possession, au second à établir qu'elle est illégitime, c'est-à-dire à faire la preuve.

**3° Probabilisme.**

Le *probabilisme* est une doctrine inventée par Carnéade, qui ne nie pas l'existence de la vérité, mais qui nie que nous puissions jamais l'affirmer avec certitude. Une chose peut être plus ou moins probable, elle n'est jamais certaine.

— Les arguments du probabilisme sont les mêmes que ceux du scepticisme, dont il n'est qu'une forme et auquel il aboutit fatalement. La réfutation est la même. (Voir *Logique*, 1ʳᵉ leçon, p. 55, ce qui a été dit des divers états de l'esprit par rapport au vrai et au faux.)

**Idéalisme et relativisme.**
**—**
**Existence du monde extérieur.**

L'*idéalisme* est un système philosophique qui prétend que le monde n'est rien en dehors de l'idée qui est dans notre esprit ; il est *subjectiviste* s'il nie absolument l'objectivité des données de la connaissance, l'existence du monde extérieur ; il est *relativiste* s'il nie seulement la possibilité de voir les objets extérieurs tels qu'ils sont.

Dans l'un et l'autre cas, l'idéalisme ramène l'*objet pensé au sujet pensant*.

Voici les principaux systèmes idéalistes qui ont été soutenus :

1° *Idéalisme objectif de Platon*. — Il n'y a rien de réel que les idées, elles subsistent en elles-mêmes et en dehors de tout esprit qui peut les concevoir.

2° *Idéalisme réaliste du moyen âge*. — Il n'y a de réalités que les genres (universaux). Les individus ne sont que des apparences.

3° *Idéalisme de Berkeley ou idéalisme subjectif*. — Le monde matériel et toutes les choses qu'il contient ne sont que des apparences, des fictions ; il n'y a de réel que les esprits.

4° *Idéalisme phénoméniste de Hume ou phénoménisme subjectif*. — Il n'y a aucune *réalité substantiale*, il n'y a que des apparences de phénomènes. Le moi lui-même est une collection de phénomènes psychiques.

5° *Relativisme de Stuart Mill*. — Il n'y a rien en dehors des phénomènes de la conscience. On ne peut admettre ni principes, ni lois générales, il n'y a de vrai que l'expérience personnelle, qui change pour chacun à chaque instant.

6° *Relativisme transcendantal de Kant* (critique de la raison pure). — Nous ne connaissons les choses que telles qu'elles nous apparaissent ; leur nature véritable nous échappe (noumènes et phénomènes). Nous ne pouvons affirmer la réalité de Dieu, de l'âme, de l'univers, sans tomber dans des *antinomies*.

7° Fichte, Schelling, Hégel, disciples de Kant, poussèrent plus loin encore la doctrine du maître.

Pour le premier, il n'y a qu'un principe, le *moi*, qui produit tout et explique tout (panthéisme).

Pour le second, au-dessus du moi, il y a l'*absolu*, qui comprend en lui l'identité du *moi* et du *non-moi*, du *sujet* et de l'*objet*.

Pour Hégel, l'*absolu* c'est l'*idée* ou la *pensée* dont tout dérive ; Dieu et le monde n'existent qu'autant que nous les pensons. Ce sont des êtres en puissance. Dieu, c'est l'*éternel devenir*.

**VALEUR OBJECTIVE DE LA CONNAISSANCE** *(Suite.)*

**Idéalisme et relativisme.** — **Existence du monde extérieur.** *(Suite.)*

*Réfutation de l'idéalisme et du relativisme subjectiviste.* — Nier l'objectivité des concepts de la raison et l'existence du monde extérieur, c'est aller contre le sens commun et n'admettre ni le témoignage de l'intelligence ni celui des sens. C'est nier la possibilité de la science.

Il faut reconnaître : 1° Que les *sens* nous font connaître le *monde extérieur*, non pas peut-être absolument tel qu'il est, mais avec des qualités que nous pouvons déterminer ;

2° Que la *conscience* nous fait connaître le moi et ses phénomènes ;

3° Et enfin que, par la *raison*, nous connaissons une réalité objective en dehors de nous, Dieu, avec ses caractères d'être absolu et parfait.

La théorie spiritualiste, qui a pour elle l'autorité de la science et surtout celle du bon sens, sera donc un *dogmatisme* mitigé de *relativisme*.

La réfutation de l'idéalisme suffit à prouver la *possibilité* et la *réalité* du monde extérieur.

## 2ᵉ LEÇON

## ONTOLOGIE : ÊTRE ET MODES GÉNÉRAUX DE L'ÊTRE
### ACTIVITÉ, ESSENCE, PROPRIÉTÉ, NATURE, SUBSTANCE

**ONTOLOGIE OU DE L'ÊTRE**

**I. L'être.**

L'*être* est tout ce qui *existe* ou *peut exister*.
Il y a l'être *existant* et l'être *possible*.
L'être *possible en soi* est celui dont l'existence *n'implique pas contradiction*.
Un être *impossible en soi*, c'est celui qui *serait* et *ne serait pas* en même temps : par exemple, un *cercle carré*, une *sphère infinie*, etc.
La notion d'être est très importante : c'est d'elle que dérivent les *principes d'identité*, de *contradiction* et d'*exclusion du milieu*, qui sont la loi essentielle de la pensée.
A l'être s'oppose le *néant* ou *non-être*, qui ne peut être conçu par lui-même, mais seulement comme absence de l'être.

**II. Modes généraux de l'être.**

Les modes généraux de l'être ou propriétés métaphysiques (transcendantaux) sont : l'*unité*, la *vérité*, la *bonté*. — Tout être est un, vrai, bon.

**1° Unité.**
L'*unité*, c'est l'absence de division, ce qui fait qu'un être est distinct de tout autre.
Tout être est *un* ; autrement il ne serait plus *un être*, mais plusieurs.
L'unité est plus ou moins parfaite, suivant la perfection même de l'être : l'unité de Dieu et des êtres spirituels est *indivisible* ; celle des corps est *indivise*, mais *divisible*.

**2° Vérité.**
La *vérité*, considérée *objectivement*, se confond avec l'être : c'est ce qui *est* ; *subjectivement*, elle est la réalité intelligible, l'*équation* de l'intelligence avec son objet.
Cette *équation* ne saurait être complète qu'en Dieu ; c'est l'idéal de la science.
Le *faux*, c'est ce qui n'est pas ; il n'est pas intelligible.
Le *néant* ou *non-être* n'a point d'idée, il ne peut être entendu.

# ONTOLOGIE OU DE L'ÊTRE

## II. Modes généraux de l'être. (Suite).

**3° Bonté.**

Tout être *est bon* dans la mesure où il *est* (bonté métaphysique).

Le mal en tant que mal n'existe pas ; ce n'est que la *privation d'un bien* qu'on devrait avoir (mal physique) ; c'est un manque d'être, une imperfection (mal métaphysique).

Le *mal moral* existe dans un certain bien privé d'un autre bien, qui est sa fin légitime. Tout plaisir ou soi *est un bien* ; détourné de sa fin, il *devient un mal*.

Le mal n'a pas de *cause efficiente*, mais seulement une *cause déficiente*, c'est-à-dire négative : faire le mal, c'est faillir, tomber, succomber. — Les termes qui l'expriment sont des négations : in-justice, in-iquité, in-gratitude, dés-ordre, dé-chéance, etc.

## III. L'activité. — Puissance et acte.

« *L'activité* est une conséquence de l'existence. » (SAINT THOMAS.)

Dans tout être créé on distingue la *puissance* et *l'acte* ; l'enfant est l'homme en *puissance*, la pensée est *l'acte* de la raison.

La *puissance* est la faculté de *recevoir* ou d'*agir* ; d'où une puissance *passive* et une puissance *active*. La puissance passive est une simple réceptivité, une possibilité de devenir.

L'*acte* est l'exercice de la puissance *active* ; il est proportionné à cette puissance.

Dieu est *acte pur* (ARISTOTE, SAINT THOMAS), c'est-à-dire que rien en lui n'est en *puissance*, tout est en *acte*.

Dans toute créature, il y a mélange de *puissance* et d'*acte*. Le monde est un perpétuel passage de la puissance à l'acte (devenir) et un perpétuel retour de l'acte à la puissance (cessation).

Pour qu'une chose *devienne*, c'est-à-dire passe de la puissance à l'acte, il faut : 1° la puissance passive ou *aptitude à recevoir* ; 2° l'influence d'un principe ou cause qui possède déjà.

## IV. Essence, accident, nature, propriétés.

L'*essence*, c'est ce qui fait qu'un être est ce qu'il est, ce sans quoi il ne saurait ni être ni être conçu.

Une *propriété* est *essentielle*, quand elle appartient à l'essence ; la raison est essentielle à l'homme.

L'*essence* comprend les qualités *constantes* et *permanentes* de l'être.

L'*accident*, c'est ce qui ne tient pas à l'essence ; ce qui dans le sujet peut varier : taille, couleur, etc., sans que le sujet cesse d'être lui-même et devienne un autre.

La *nature*, c'est ce qui constitue tout être en général : nature divine, nature humaine ;

C'est l'ensemble des puissances sans lesquelles un être ne peut être ce qu'il est nécessaire qu'il soit ;

*Nature* a plus de compréhension que *essence* ; essence ne comprend que les propriétés sans lesquelles un être ne peut être conçu ; la nature embrasse toutes les qualités qui conviennent à un être.

## V. Substance, mode, phénomène.

La *substance* est ce qui a l'être en soi et non dans un autre ; c'est le *sujet*.

Le *mode*, c'est ce qui est dans le sujet ; c'est la manière d'être.

Le *phénomène*, c'est ce qui paraît.

Dans un être, ce qui demeure sous les *changements*, sous les *phénomènes*, sous les *accidents*, sous les divers *modes*, c'est la *substance* (exemple de la cire, qui peut être solide, liquide, blanche, jaune, etc., sans cesser d'être cire).

La substance est le support du *phénomène*, de l'*accident*, du *mode* ; elle est nécessairement avant eux.

*Nota.* — Ne pas confondre *essence* et *substance*. Un être possible a nécessairement une *essence*, il n'a pas de *substance*. Tous les possibles ont leur essence en Dieu, parce que Dieu les connaît ; c'est en ce sens que les essences sont éternelles et immuables. — Ils n'ont de substance qu'autant qu'ils sont réalisés, que de la puissance ils passent à l'acte.

## DE LA NATURE EN GÉNÉRAL

**ONTOLOGIE OU DE L'ÊTRE** (Suite.)

**VI. L'espace et le temps.** — Origine de ces notions.

Les idées d'*espace* et de *temps* sont impliquées dans toutes nos sensations. — L'objet de la sensation, en effet, se présente à nous comme situé dans un lieu et mesuré par le temps.

L'*espace* est la somme des lieux occupés ou susceptibles d'être occupés par les corps.

Ne pas confondre l'espace avec l'*étendue*, qui est l'espace concret occupé par tel ou tel corps.

L'espace est le contenant des corps; on ne peut nier la réalité et l'objectivité de l'espace, que si on nie la réalité et l'objectivité des corps.

Il ne faut pas, avec Kant, faire de l'espace une pure conception de l'esprit, n'ayant d'existence que dans le sujet sentant; l'espace existe en dehors des objets; la preuve, c'est qu'ils s'y meuvent.

Ni, avec Épicure et Gassendi, en faire une réalité indépendante, incréée, immense;

Ni, avec Clarke et Newton, le confondre avec l'immensité divine: l'espace est divisible, Dieu ne l'est pas;

Ni, avec Descartes, le confondre avec l'étendue et en faire l'essence des corps. Nous avons indiqué la différence plus haut.

Le *temps*, d'après Aristote et saint Thomas, est la mesure du mouvement; c'est une durée successive.

Pour Kant, c'est une forme *à priori* du sens intime;

Pour Gassendi, une réalité indépendante de Dieu et du monde;

Pour Clarke et Newton, il se confond avec l'éternité de Dieu;

Pour Leibniz, c'est l'ordre de succession entre les êtres contingents.

Trois éléments essentiels composent la notion du temps : le passé, le présent et l'avenir.

Le temps n'existe que pour la créature, c'est-à-dire pour ce qui change.

De ce que nous ne percevons aucun objet matériel sans le percevoir dans l'espace et dans le temps, Kant a conclu à tort que ces deux notions sont *à priori*.

Il n'est pas nécessaire de les supposer innées, il suffit qu'elles soient simultanées à la sensation et acquises, comme toutes les autres vérités premières, à l'occasion de l'expérience.

---

## 3º LEÇON

## DE LA NATURE EN GÉNÉRAL : DIVERSES CONCEPTIONS SUR LA MATIÈRE ET SUR LA VIE, ORIGINE DU MONDE (COSMOLOGIE)

**COSMOLOGIE. — LA NATURE, LA MATIÈRE, LA VIE**

La *cosmologie* est la science du monde, la philosophie de la *nature*.

La *nature* est l'ensemble des êtres soumis à des lois nécessitantes. — Elle comprend tous les êtres du monde, moins l'homme.

On emploie aussi le mot nature pour désigner le système des lois qui régissent le monde.

Les êtres de la nature se divisent en deux groupes : les êtres *inorganiques* et les êtres *organisés*.

**I. Matière et forme.**

D'après les scolastiques, tout corps est formé de deux éléments : la *matière* et la *forme substantielle*.

La *matière*, c'est ce dont un corps est fait ; c'est une substance indéterminée.

La *forme substantielle* est un principe simple qui forme l'être en actuant la matière.

COSMOLOGIE. — LA NATURE, LA MATIÈRE, LA VIE (Suite).

**I. Matière et forme.** (Suite.)
- Il ne faut pas confondre la *forme substantielle*, qui est permanente dans le même être, avec les *formes accidentelles*, qui varient.
- La *matière* est le fond commun des êtres composés, la *forme* est l'élément spécificateur.
- Les rapports de la matière et de la forme varient dans l'échelle des êtres, depuis la matière brute, où la forme est simplement individuante, jusqu'à l'ange et à Dieu, qui sont des formes pures.

**II. Théories pour expliquer l'essence de la matière.**
- Toutes les théories proposées pour expliquer l'essence de la matière se ramènent à deux principales : le *mécanisme* et le *dynamisme*.

*Mécanisme.*
- Le *mécanisme* ramène toutes les qualités des corps aux lois de la mécanique ; il revêt deux formes : l'*atomisme* et le *mécanisme géométrique*.
- L'*atomisme*, qui a été professé par Leucippe, Démocrite, Épicure, Lucrèce, Gassendi, soutient que tout provient d'agrégats d'atomes primitifs doués de la faculté de décliner (*clinamen* de Lucrèce).
- Ce système grossier, contredit par la raison et la science, aboutit au fatalisme absolu.
- Descartes fait consister l'essence des corps dans l'étendue (mécanisme géométrique).
- Le P. Boscovich professa une théorie intermédiaire, l'*atomisme géométrique*, théorie des points matériels doués de force. Il nie l'étendue et l'impénétrabilité et aboutit à révoquer en doute l'existence du monde extérieur.

*Dynamisme.*
- Le *dynamisme* soutient que la qualité essentielle de la matière est la force.
- Il est dit *hylozoïque*, s'il considère la matière comme douée d'une activité propre dont la vie n'est qu'un mode (doctrine des stoïciens) ;
- Et *monadiste* si, avec Leibniz, il regarde le monde comme composé de *monades*, substances *simples*, non *étendues*, douées *d'une activité interne*, source de *perceptions* et de *conscience*.
- Le système de Leibniz aboutit à l'hypothèse de l'*harmonie préétablie*.

**III. La vie. — Hypothèses pour expliquer le problème de la vie.**
- (Voir *Psychologie*, 1re leçon (Tableaux, p. 6), ce qui a été dit de la vie et des diverses sortes de vie.)
- La *vie*, qu'on ne saurait encore définir, est caractérisée :
  - 1° Par ce qu'elle ne peut venir que d'un *vivant* ;
  - 2° Par le *mouvement spontané* : vivre, c'est se mouvoir soi-même ;
  - 3° Par le *mouvement immanent*, qui consiste à être à la fois moteur et mobile ;
  - 4° Enfin ce mouvement n'est pas *mensurable*, et il échappe à la loi de la *transformation des forces*.
- Ce sont ces caractères qui distinguent le mouvement vital du mouvement mécanique qui, suivant le mot de M. Renouvier, « peut tout expliquer, *excepté la vie elle-même.* »
- On a proposé de nombreuses théories pour expliquer le phénomène de la vie ; voici les principales :
  - 1° Le *physico-chimisme*, qui regarde la vie comme produite par les combinaisons physiques et chimiques de la matière brute ;
  - 2° L'*organicisme*, (Bichat, école de médecine de Paris), qui attribue la vie à la matière organisée, douée de propriétés propres ;
  - 3° Le *vitalisme* (École de Montpellier, Maine de Biran, Jouffroy), qui suppose un principe immatériel *distinct de l'âme et du corps* ;
  - 4° L'*animisme*, qui soutient que l'âme est le principe de la vie, aussi bien organique qu'intellectuelle. — C'est la doctrine catholique.

## SPIRITUALISME ET MATÉRIALISME

**COSMOLOGIE** *(Suite.)*

**IV. Origine du monde.** — On ne peut assigner au monde que trois origines :
1º Ou il est éternel tel qu'il est ;
2º Ou la matière seule est éternelle, et Dieu l'a organisée (explication du problème du mal) ;
3º Ou enfin Dieu a créé le monde de rien, *ex nihilo*. C'est l'enseignement spiritualiste et catholique.

---

# 4ᵉ LEÇON

## DE L'AME. — SPIRITUALISME ET MATÉRIALISME

**I. L'Ame. — Quelques définitions.**

La question de l'âme, de sa nature, de sa destinée, est une de celles dont l'étude doit le plus nous intéresser. Très souvent, en effet, les erreurs commises en morale, sur la responsabilité et l'immortalité, sont la conséquence de celles qui ont été posées en psychologie sur la liberté et la spiritualité.

On a donné un grand nombre de définitions de l'âme :

Aristote la considère comme le *principe de vie des êtres animés*, et distingue trois sortes d'âmes : l'âme *végétative*, l'âme *sensitive*, et l'âme *humaine*. (Voir 1ʳᵉ leçon de Psychol., *Tableaux*, p. 6.)

Saint Augustin la définit : une substance qui participe à la raison, créée pour être unie à un corps et le régir ;

Saint Thomas : une substance spirituelle, libre, immortelle, unie à un corps comme forme substantielle, et principe de son activité, soit nutritive, soit sensitive, soit intellectuelle ;

Bossuet : une substance intelligente, née pour vivre dans un corps et lui être intimement unie ;

Reid et les Écossais : un principe immatériel et immortel d'action, cause de toutes nos opérations.

Toutes ces définitions sont à peu près équivalentes et peuvent se ramener à celle du catéchisme : L'âme est une substance spirituelle, libre et immortelle, créée pour être unie à un corps. — Voici maintenant quelques définitions erronées :

Pour Descartes, l'âme est un principe spirituel dont l'essence est la pensée : l'âme pense toujours ; tout ce qui ne pense pas n'a pas d'âme : de là l'automatisme des bêtes.

Pour Spinoza, l'âme n'est qu'un groupe d'idées, et les idées sont les formes de la pensée divine (panthéisme); l'âme n'a ni liberté ni immortalité personnelles.

Pour Condillac et les sensualistes, l'âme, c'est la sensibilité prenant connaissance des sensations.

Pour Taine et les phénoménistes, ce n'est qu'un faisceau de sensations, un phénomène purement nerveux.

**II. Simplicité et spiritualité de l'âme.**

Il faut distinguer la *simplicité* ou l'*immatérialité* de l'âme de sa *spiritualité*.

Toutes les âmes (végétative, sensitive, raisonnable) sont *immatérielles* ; l'âme raisonnable seule est *spirituelle*.

Ce qui caractérise l'*immatérialité*, c'est la *simplicité* et l'*indivisibilité* ;

Ce qui caractérise la *spiritualité*, c'est d'abord les attributs de l'immatérialité, plus la *liberté* et l'*intelligence*.

Le principe immatériel ne peut exister que dans un corps ; le principe spirituel peut exister indépendant du corps.

C'est là la solution du problème de l'âme des bêtes.

On ne peut pas prouver l'immortalité de l'âme par sa simplicité toute seule, comme l'a fait Descartes.

**DE L'AME. — SPIRITUALISME ET MATÉRIALISME (Suite.)**

**III. Matérialisme et spiritualisme.**

corps et de la matière.

Les matérialistes opposent deux principales objections à la doctrine spiritualiste.

**1re Objection.**

*Ils tirent la première de la concomitance constatée entre les faits physiologiques et les faits psychiques.*

Il y a, disent-ils, corrélation entre les états de l'âme et ceux du corps : l'altération de tel organe entraîne l'altération de telle faculté ; l'ablation d'un lobe du cerveau supprime une fonction de l'activité ; pas de cerveau, pas de pensée.

Or des phénomènes si étroitement unis ne peuvent appartenir qu'au même sujet.

Il n'y a donc pas en nous deux substances distinctes, mais une seule, qui est le corps.

*Réfutation.* — L'objection revient à dire ceci : Le physique influe sur le moral, donc l'âme n'existe pas.

De la corrélation de deux choses et de leur influence réciproque on doit conclure à leur union intime, mais non à leur identité substantielle et à la négation de l'une d'elles.

Le cerveau est la *condition* de la pensée (dans l'état actuel), non la cause de la pensée.

**2e Objection.**

*La deuxième objection est tirée de la corrélation des forces.*

La chaleur se transforme en lumière et en mouvement ; le mouvement produit la lumière, la chaleur, le son, etc. ;

De même les mouvements du cerveau se transforment en pensée.

La pensée n'est qu'un ébranlement des fibres cérébrales ; c'est la fonction la plus élevée du cerveau.

*Réfutation.* — Lumière, chaleur, mouvement, phénomènes physiques sont autre chose que la sensation de lumière, de chaleur, de mouvement, phénomènes psychologiques ; et la sensation elle-même, occasion, matière, condition de la pensée, n'est pas la pensée.

Entre les modes de l'âme (sensations, pensées, sentiments, volitions) et le mouvement, il n'y a aucune espèce de rapport ; leurs caractères s'excluent réciproquement : qu'est-ce qu'une pensée rectiligne, en spirale, circulaire ? ou qu'est-ce encore qu'un mouvement bon ou mauvais, moral ou immoral ?

Les matérialistes, ne se tenant pas pour battus, objectent encore notre connaissance insuffisante de la matière dans l'état actuel de la science.

On leur répond que la matière ne saurait avoir des propriétés contradictoires ; or celles que nous connaissons sont incompatibles avec la pensée.

Outre la spiritualité de l'âme, le matérialisme nie encore Dieu. (Voir *Preuves de l'existence de Dieu.*)

La doctrine matérialiste fut soutenue dans l'antiquité par Leucippe, Démocrite, Épicure ;

Chez les modernes, par Hobbes, d'Holbach, Helvétius, Lamettrie, Cabanis, Broussais.

Le *panthéisme*, qui absorbe Dieu dans le monde ;

Le *sensualisme*, qui enseigne que toutes nos connaissances nous viennent par les sens ;

Le *positivisme*, qui n'affirme que ce qui tombe sous les sens et le calcul, — aboutissent au matérialisme.

# 5ᵉ LEÇON

## IMMORTALITÉ DE L'AME

**I. Importance de la question.**

Le problème de l'immortalité de l'âme a une telle importance, que toutes nos pensées et toutes nos actions doivent prendre une route différente, suivant que nous croyons à l'immortalité ou que nous n'y croyons pas.

Depuis longtemps cette immortalité est prouvée; on peut même dire que l'homme y croit naturellement. « Aucun homme, en effet, qui ne sente ou ne pense ou ne fasse des choses dont la portée dépasse le tombeau; des choses qu'il ne sentirait pas, qu'il ne penserait pas, qu'il ne ferait pas, si l'idée de l'immortalité n'était pas en lui. » (Guizot.)

Le respect universel pour les morts est aussi une preuve de la croyance générale à l'immortalité.

Mais le bruit du monde extérieur, la dissipation, l'habitude de vivre hors de soi, sans réfléchir, font que beaucoup de personnes ne pensent pas à cette importante vérité. — D'autres se prennent à en douter, parce qu'elle contrarie leurs passions; c'est pour cela qu'il importe d'en présenter une démonstration rigoureuse.

**II. Preuves de l'immortalité de l'Ame.**

Il y a quatre preuves de l'immortalité de l'âme; elles forment une démonstration si rigoureuse, qu'il est aussi difficile de douter de la vie future que de la vie présente.

**1ʳᵉ Preuve. — Preuve morale.**

Elle se tire de l'insuffisance des sanctions terrestres et se formule ainsi :

La loi éternelle, dont l'homme est le sujet, exige une sanction complète et infaillible;

Or cette sanction n'existe pas dans ce monde (le bien n'est pas toujours récompensé, le mal n'est pas toujours puni);

Donc nous la trouverons dans un autre; donc l'âme ne meurt pas avec le corps.

**2ᵉ Preuve. — Preuve métaphysique.**

Elle se tire de la spiritualité de l'âme humaine et se formule ainsi :

La mort c'est la dissolution, la séparation des éléments d'un composé;

Or l'âme humaine est une et simple, par conséquent indivisible;

Donc elle ne peut pas périr par la mort.

**Objection.** — Mais si l'âme ne peut mourir par la dissolution des parties, Dieu peut bien l'anéantir?

Sans doute, il le pourrait; mais Dieu ne se dédit pas : ce qu'il a créé, il n'a pas de raison de le détruire.

**3ᵉ Preuve. — Preuve psychologique.**

La troisième preuve se tire de l'objet assigné à nos facultés essentielles et de l'ensemble de nos aspirations, qui ne peuvent être satisfaites en cette vie. — On la formule ainsi :

Les aspirations naturelles communes à tous les hommes ne sauraient être trompeuses;

Or tous les hommes aspirent au vrai, au bien, au bonheur absolus;

Donc, si ces aspirations ne peuvent être satisfaites en ce monde, elles le seront dans l'autre.

**IMMORTALITÉ DE L'AME**

**II. Preuves de l'immortalité de l'âme.** *(Suite.)*

**4ᵉ Preuve. — Preuve métaphysique**

de sa sagesse, de sa bonté, de sa justice ;
Nos facultés, intelligence, volonté, sensibilité, ne peuvent atteindre leur fin ici-bas ;
Or Dieu, qui est infiniment sage, juste et bon, n'a pu tromper l'homme en lui faisant entrevoir une fin qu'il ne pourrait atteindre ;
Donc cette fin, que nous ne pouvons atteindre en cette vie, nous l'atteindrons dans une autre.

Ajoutons à ces quatre preuves philosophiques la preuve de la *révélation*. « Dieu est fidèle en ses promesses ; » or il nous a promis la vie éternelle ; donc la vie éternelle nous attend.

---

# 6ᵉ LEÇON

## THÉODICÉE. — EXISTENCE ET ATTRIBUTS DE DIEU

**Définition.** — La *théodicée* est la science de l'être absolu ou de Dieu, d'après les seules lumières de la raison.
La science de Dieu d'après la raison et la révélation s'appelle *théologie*.

**Objet.** — La théodicée traite : 1° de l'existence de Dieu ; 2° de sa nature et de ses attributs ; 3° de sa Providence.

**Méthode.** — Elle emploie tour à tour l'observation et le raisonnement, l'induction et la déduction.

**THÉODICÉE**

**II. Existence de Dieu.**

**1° Preuves physiques.**

Elles sont fondées sur l'observation du monde matériel. On en distingue ordinairement quatre :
La première se tire de l'existence contingente du monde : le monde existe ; or le monde, être contingent, n'existe pas de soi ; donc il ne peut tenir l'existence que d'un être qui existe nécessairement, et cet être, c'est Dieu.
La deuxième se tire du mouvement qui existe dans le monde, mouvement qui n'est point essentiel à la matière ;
La troisième se tire de l'existence de la vie sur la terre ;
La quatrième se tire de l'ordre qui existe dans le monde ; c'est la preuve des causes finales.
(Toutes ces preuves se formulent rigoureusement en syllogismes.)

**2° Preuves morales.**

Elles se tirent : 1° De la loi morale ou principe du devoir ;
2° Du principe du mérite et du démérite ;
3° Du sentiment religieux et du sens intime ;
4° Des conséquences de l'athéisme ;
5° De la croyance universelle des hommes (consentement universel).

**3° Preuves métaphysiques.**

Elles se tirent : 1° De l'idée de l'infini (preuve de Descartes) ;
2° De l'existence des vérités nécessaires (Platon, saint Augustin, Bossuet, Leibniz, Fénelon, etc.) ;
3° De la nécessité d'une cause parfaite des êtres imparfaits ;
4° De ce que l'idée même de Dieu ou de l'être parfait en implique l'existence (pr. ontologique).

**NOTA.** — Toutes ces preuves n'ont pas une égale valeur et ont besoin de s'appuyer les unes sur les autres.

## THÉODICÉE (Suite.)

### III. Attributs de Dieu.

Nous connaissons Dieu par ses attributs, c'est-à-dire par les différents aspects sous lesquels il se manifeste à notre intelligence. Dieu est un, *simple, indivisible*, et ce n'est que par l'abstraction que nous distinguons en lui des perfections diverses.

Pour déterminer les perfections, on peut procéder par *élimination* : tout ce qu'il y a d'imparfait dans la créature n'appartient pas à Dieu ; ou par *affirmation* : tout ce qu'il y a de perfection dans la créature convient à Dieu, mais sans limite aucune (transcendance).

Les attributs divins se divisent en trois groupes : *métaphysiques, opératifs* et *moraux*.

#### 1° Attributs métaphysiques.

Attributs qui constituent l'essence divine et n'appartiennent qu'à lui (*attributs essentiels*). Ce sont :
1° *L'unité*. — Supposer deux ou plusieurs Dieux également parfaits est absurde ;
2° *La simplicité*. — En Dieu, pas d'éléments multiples ; pas de puissance et d'acte ; Dieu est acte pur ;
3° *L'immutabilité*. — Dieu est toujours le même ; le changement marque l'imperfection ;
4° *L'éternité*. — En Dieu, point de succession ; il est avant tout commencement et il n'aura pas de fin ;
5° *L'immensité*. — Il est partout, il est toujours, il est tout entier partout ;
6° *L'infinité*. — Cette perfection réunit toutes les autres ; elle exclut toute limite dans l'être.

#### 2° Attributs opératifs.

Attributs qui sont le principe des actes de Dieu et auxquels l'homme participe. Ce sont :
1° *L'intelligence* ou *omniscience*, par laquelle Dieu voit tout présentement ;
2° *La volonté*, par laquelle Dieu se décide librement à créer, à agir ;
3° *La puissance* ou *toute-puissance*, par laquelle Dieu peut réaliser tout ce qui est possible.

#### 3° Attributs moraux.

Ce sont comme les qualités de Dieu, que les créatures raisonnables doivent s'efforcer d'imiter.
1° *La sagesse*, par laquelle Dieu règle tout avec nombre, poids et mesure ;
2° *La bonté*, par laquelle il prend soin de ses créatures ;
3° *La sainteté*, par laquelle Dieu repousse absolument le mal ;
4° *La justice*, qui fait qu'il punit le mal ;
5° *La Providence*, qui résume la *sagesse*, la *bonté*, la *justice*. (Voir la leçon suivante.)

### IV. Systèmes qui nient Dieu ou quelqu'une de ses perfections. — Panthéisme.

Plusieurs systèmes philosophiques nient Dieu ou quelqu'une de ses perfections.

L'*athéisme*, c'est la négation absolue de Dieu.

Le *matérialisme* ne reconnaît l'existence d'aucun principe spirituel, Dieu, âme.

Le *positivisme*, sans nier les principes spirituels, les regarde comme *inconnaissables*, et refuse de s'en occuper.

Le *sensualisme*, qui conduit pratiquement au matérialisme.

Le *panthéisme* nie l'existence d'un Dieu personnel. — Il prétend que Dieu est la substance unique et universelle, dont tous les êtres ne sont que des modes, des émanations.

On distingue : le *panthéisme naturaliste* (stoïciens), qui regarde Dieu comme la collection de tous les êtres ; il conduit à l'*athéisme* ;

Le *panthéisme idéaliste*, de Spinoza, qui fait de l'étendue et de la pensée les deux attributs essentiels de Dieu ;

**THÉODICÉE (Suite).**

**IV. Systèmes qui nient Dieu ou quelqu'une de ses perfections. — Panthéisme. (Suite.)**

c'est l'idée se transformant éternellement.
Avec Schopenhauer, le panthéisme est *pessimiste* ;
Avec les socialistes, Saint-Simon, P. Leroux, etc., il est mystique et humanitaire.
*Le panthéisme se réfute :* 1° Par le *sens intime*, qui nous démontre notre existence particulière ;
2° Par ses *conséquences :* il amène la confusion et l'identité du bien et du mal, du oui et du non ;
3° Par ses *contradictions :* Dieu ne peut être à la fois infini et fini, parfait et imparfait ;
4° Par les *objections* mêmes des panthéistes à la création : *Ex nihilo nihil fit* (rien ne vient de rien).

---

## 7º LEÇON

### THÉODICÉE (SUITE). — LA PROVIDENCE. — LE PROBLÈME DU MAL OPTIMISME ET PESSIMISME

**THÉODICÉE (Suite). — PROVIDENCE.**

**Définition.** — La Providence est l'action par laquelle Dieu conserve et gouverne le monde.

**I. Preuves de l'existence de la Providence.**

Nier la Providence, c'est nier la *sagesse*, la *bonté*, la *justice* de Dieu (preuve *à priori*).
L'ordre du monde prouve l'action d'une puissance directrice et conservatrice (preuve *à posteriori*).
Le consentement et les usages de tous les peuples : prières, sacrifices, etc., prouvent aussi l'existence de la Providence (*id.*).
Enfin la révélation nous l'affirme (*id.*).

**II. Objections contre la Providence. — Problème du mal.**

On a fait plusieurs objections à l'existence de la Providence :
Les *déistes* soutiennent qu'il est indigne de Dieu de s'occuper de tant de créatures. — On répond qu'il n'est pas plus indigne de Dieu de conserver les créatures qu'il n'a été indigne de lui de les créer.
*L'existence du mal donne lieu à des objections plus graves :*
Comment, en effet, peut-on concilier l'existence du mal avec l'action d'une Providence souverainement bonne ?
On répond :
1° S'il s'agit du *mal métaphysique*, qui n'est que l'imperfection naturelle des êtres, qu'il serait contradictoire de vouloir que la créature fût parfaite d'une perfection absolue comme Dieu ; dans ce cas, elle serait Dieu.
2° S'il s'agit du *mal physique*, qui est la douleur ou le désordre, que ce mal résulte de la nature même des choses qui sont imparfaites. La douleur, la mort, ne sont que des choses relatives ; d'autre part, on ne conçoit pas des natures sensibles non assujetties à la douleur.
3° S'il s'agit du *moral*, qui est le péché, on répond encore qu'il résulte non de Dieu, mais de notre nature d'êtres libres. — Ce n'est pas Dieu qui est l'auteur du mal ; mais il est l'auteur de la liberté, qui est le plus grand don qu'il ait pu faire à l'homme.
*En résumé*, tout ce qu'il y a de bien dans les êtres, Dieu en est l'auteur ; tout ce qu'il y a de mal physique, moral ou métaphysique, tient à l'imperfection nécessaire des créatures ou à la liberté de l'homme.

**THÉODICÉE — PROVIDENCE (Suite.)**

**II. — Objections contre la Providence. — Problème du mal. (Suite.)**
- On tire encore des objections contre la Providence et la justice de Dieu : 1° Du bonheur des méchants et du malheur des justes en ce monde. — (Voir la réponse au chapitre des sanctions.) — Tout commence ici-bas, pour finir ailleurs.
- 2° *De l'inégalité des conditions.* — L'inégalité est plus apparente que réelle ; et puis elle est dans la nature même des choses ; elle résulte de l'action des divers agents extérieurs sur l'homme : des différences de talent, de caractère, des passions, de l'usage de la liberté.

**III. Pessimisme et optimisme.**
- Le *pessimisme*, comme le déisme, nie la Providence.
- Les *pessimistes* (Schopenhauer, Léopardi, Hartmann) prétendent que le monde est mauvais, qu'il est l'œuvre d'une volonté aveugle et sans but et qu'il faut en souhaiter la destruction.
- Ils soutiennent aussi que la vie est mauvaise, qu'elle ne vaut pas la peine d'être vécue, et ils aspirent au néant ou *nirvana*.
- Au pessimisme est opposé l'*optimisme*, qui soutient que le monde est l'œuvre d'une volonté intelligente et que la vie est un bien.
- L'optimisme est *absolu* si, avec Leibniz, il enseigne que le monde, tel qu'il est, est le meilleur possible ; il est *relatif* avec saint Thomas, Bossuet et la plupart des théologiens, s'il admettent que le monde, tel qu'il est, est bon, mais que Dieu aurait pu en créer un meilleur.

# MORALE GÉNÉRALE

## PRÉLIMINAIRES

### DÉFINITION DE LA MORALE. — SA MÉTHODE
### SES RAPPORTS AVEC LES AUTRES PARTIES DE LA PHILOSOPHIE
### DIVISION

**PRÉLIMINAIRES**

**Définitions de la morale.**
- La morale se définit : Science des mœurs ;
- Science du devoir ;
- Science qui nous enseigne notre fin et les moyens de la remplir ;
- Science qui nous instruit à faire le bien et à éviter le mal ;
- Science de la loi et du but des actions humaines.

La morale est une science *pratique* : elle n'enseigne pas seulement ce qui est, elle dit encore ce qu'il faut faire ; elle donne des règles à la volonté et apprend à l'homme à bien user de la liberté pour atteindre sa fin.

C'est une science *nécessaire* : la pratique du bien en suppose la connaissance. « Il est souvent plus difficile de connaître son devoir que de le faire. » (Guizot.)

**Méthode.**
La morale est une science à la fois expérimentale et rationnelle.
Par l'*induction*, elle observe les faits moraux, les coordonne et en détermine les lois ;
Par la *déduction*, elle part de principes certains et en tire des conclusions rigoureuses.
Elle constate, par exemple, que l'homme est libre (expérience), et elle conclut qu'il est responsable (raisonnement).

**Rapports de la morale avec les autres sciences.**

1° Comme la *logique*, elle est un complément de la *psychologie* : — Un système erroné de morale a pour point de départ une psychologie fausse.

2° La morale repose sur la *théodicée* : une morale sans Dieu est un non-sens : — L'idée de Dieu est le fondement, la règle, la sanction de la morale.

3° L'*esthétique*, science du beau, ne peut se séparer de la morale, science du bien. — Le beau, le bien, le vrai, sont trois aspects d'une même perfection.

4° L'*histoire* ne peut juger les hommes et les faits qu'en s'appuyant sur les principes immuables de la morale. « L'histoire est une morale en exemples, c'est la conscience du genre humain. » (Tacite.)

5° L'*économie politique*, qui a pour objet l'*utile*, ne peut se séparer de la morale, qui a pour objet l'honnête. — L'honnête est la mesure de l'utile.

6° La *jurisprudence*, science du droit, repose sur la morale. — Toute loi positive tire son autorité de la loi morale ;

En un mot, la morale doit régler l'activité libre de l'homme dans toutes ses manifestations. « La morale n'est pas tout ; mais, ou elle n'est rien, ou elle s'étend à tout et surveille tout. » (Rabier.)

## PRÉLIMINAIRES

**Divisions.**

La morale se divise en deux parties :
1º La morale *théorique* ou *générale*, qui pose les principes;
2º La morale *pratique* ou *particulière*, qui en déduit les applications.

La première nous fait connaître la *loi* et les idées qui s'y rapportent.

La seconde nous enseigne quels sont les *préceptes* et les *défenses* auxquels nous devons nous conformer.

L'une est la science du *devoir*;

L'autre, la science des *devoirs*.

---

## 1re LEÇON

### SUJET DE LA LOI MORALE : LA PERSONNE
### PREMIÈRES DONNÉES DE LA CONSCIENCE. — LA RESPONSABILITE

## SUJET DE LA LOI MORALE

**1. Sujet de la loi morale. La personne.**

**Caractères de la personne. En quoi elle diffère des choses.**

Le sujet de la loi morale, c'est la *personne*, c'est-à-dire l'être intelligent et libre.

La *personne* se distingue par trois caractères principaux :
1º Elle a *conscience d'elle-même*;
2º Elle est *intelligente*, capable de discerner le vrai du faux;
3º Elle est *libre*, capable de se déterminer.

Les choses diffèrent des personnes :
1º Par leur nature : elles n'ont aucun des caractères propres à la personne;
2º Par leur fin : elles ont une destination qui ne dépasse pas l'ordre physique, et elles l'atteignent fatalement;
3º Par les lois qui les régissent : ce sont des lois nécessitantes.

**Variations de la personnalité.**

La question de l'*unité* et de l'*identité de la personnalité* est une des plus discutées en ce moment.

C'est que la *liberté* et la *responsabilité*, la direction de la vie présente et les garanties de la vie future, dépendent de la solution donnée à ce problème.

Les *sensualistes* et les *phénoménistes* (Condillac, Kant, Hamilton, S. Mill, Spencer, Taine, Ribot) prétendent que l'idée du *moi* n'est qu'une *illusion*, une *entité métaphysique* : Le moi, disent-ils, c'est une *collection de sensations* (CONDILLAC), une *série d'états de conscience* (TAINE), l'*expression de l'organisme* (RIBOT).

On répond à ceux qui nient l'unité et l'*identité* du moi :
1º Comment expliquer le sentiment si tenace de notre unité et de notre identité, si le moi n'est qu'une série d'événements, d'états successifs, d'idées, d'images, de sensations, etc.;
2º Comment concevoir une *collection* d'états de conscience, ou une série de *sensations*, sans un être réel qui établisse le lien entre les unités de la série ou de la collection?
3º Comment expliquer le souvenir, avec la théorie des *états successifs*?

On a invoqué à l'appui des théories phénoménistes les faits si curieux de suggestion, de somnambulisme, d'hypnotisme, de prétendus dédoublements de la personnalité.

Outre que ces faits sont encore insuffisamment étudiés, il ne semble pas résulter des cas pathologiques, improprement appelés *maladies de la personnalité*, que ce soit la personne elle-même qui s'*altère*, qui *disparaît*, mais plutôt l'*idée du moi*. Ce sont des défaillances de la mémoire, qui font que la personne ne se perçoit plus elle-même telle qu'elle a été à un certain moment.

**SUJET DE LA LOI MORALE** (Suite)

| | |
|---|---|
| l'ordre moral.<br><br>**Premières données de la conscience.** | …la liberté. Telles sont :<br>La distinction du bien et du mal ; l'idée d'ordre ;<br>La notion d'obligation ou de devoir ;<br>Les notions de liberté et de responsabilité ;<br>L'appréciation du mérite et du démérite. |
| **III. La responsabilité.** | La responsabilité est le caractère d'un être qui doit rendre compte de ses actes et en recevoir le prix.<br>Au mot *responsable* correspond le mot *imputable*.<br>Le premier se dit des personnes, et le second des choses.<br>On appelle *acte humain* celui qui est fait avec connaissance et liberté : il est *imputable* à la personne qui en est *responsable*.<br>La responsabilité a pour *principe* le discernement du bien et du mal, l'idée d'obligation ;<br>Pour *conditions*, l'intelligence et la liberté ;<br>Pour *conséquences*, le mérite et le démérite ; la récompense et le châtiment.<br>Tout ce qui détruit ou diminue l'intelligence et la liberté supprime ou diminue la responsabilité, d'où la difficulté d'apprécier les actes humains. — Circonstances atténuantes ou aggravantes. |

---

## 2ᵉ LEÇON

### LA LOI ET LES LOIS
#### LA LOI MORALE. — SES CARACTÈRES. — SON EXISTENCE. — SON ORIGINE

**LA LOI ET LES LOIS**

**Définition.** — La loi est une règle à suivre pour arriver à une fin, ou encore une règle constante et universelle d'après laquelle s'accomplit (loi physique) ou doit s'accomplir (loi morale) un ordre de choses. Saint Thomas la définit : ce qui règle l'être et le dirige vers sa destinée.

**Diverses sortes.** — On distingue les lois *nécessitantes* ou physiques, que l'on ne peut pas ne pas subir ; et la loi *obligatoire* ou loi morale, qui lie la volonté sans la contraindre, mais à laquelle on est tenu d'obéir sous peine de démériter, de déchoir, de se dégrader.

**La loi et les lois.**

Il y a la loi éternelle, les lois naturelles et les lois morales.
La loi *éternelle*, c'est l'ordre conçu et voulu par Dieu ; elle est le principe de toutes les autres lois.

Différences entre les lois naturelles et les lois morales.
- Les lois naturelles sont fatales ;
- Les lois morales obligatoires.
- Les premières énoncent ce qui est, ce qui se fait ;
- Les secondes énoncent ce qui doit être, ce qui doit se faire.
- Les unes sont indicatives, les autres impératives.
- Les premières sont des formules ; les secondes, des commandements.

Les lois naturelles sont de deux sortes : 1º *logiques et mathématiques* : nécessaires en droit et en fait ; 2º naturelles proprement dites : *physiques, chimiques, biologiques*, etc., nécessaires en fait seulement.

Les lois morales comprennent :
- 1º La loi naturelle proprement dite ;
- 2º Les lois positives :
  - divines : lois primitive, mosaïque, évangélique ;
  - humaines : lois ecclésiastiques, lois civiles.

# LA LOI ET LES LOIS

**LA LOI ET LES LOIS** (Suite.)

**Loi et fin.**
- La fin, c'est le but pour lequel un être a été créé.
- Un être tend vers sa fin en observant les lois de sa nature.
- La fin de l'homme, c'est la perfection, c'est-à-dire le bien parfait et le bonheur parfait réunis.

**II. La loi morale.**

La loi morale est une règle obligatoire à laquelle l'homme est tenu de se conformer pour être dans l'ordre; ou encore : c'est l'expression de la sagesse et de la volonté de Dieu. — C'est, dit saint Thomas, une impression de la lumière divine en nous, une participation de la loi éternelle dans une créature intelligente.

**Ses caractères.**

La loi morale est : 1° *Universelle* : elle embrasse tous les temps, tous les lieux, tous les êtres intelligents et libres;
2° *Immuable* : peut être plus ou moins connue de la conscience humaine, mais reste toujours la même;
3° *Absolue* : ne dépend d'aucune condition, n'admet ni prescription ni dispense;
4° *Évidente* : tout homme ayant l'usage de la raison la connaît, au moins dans ses principes;
5° *Obligatoire* : elle s'impose à la volonté sans la contraindre;
6° *Autonome* : elle oblige par elle-même;
7° *Inviolable* : non qu'elle ne puisse être violée, mais parce qu'elle subsiste entière, alors même qu'on la viole.

*Remarque.* — Les lois humaines n'ont pas ces caractères : elles ne sont ni universelles, ni immuables, ni absolues; elles n'obligent pas par elles-mêmes, mais empruntent toute leur autorité de la loi morale.

**Existence de la loi morale.**

La loi morale existe. On le prouve :
1° Par le témoignage de la conscience ou sens intime : distinction du bien et du mal, satisfaction de conscience, remords, etc. (preuve morale);
2° Par le témoignage des hommes : histoire, langues, institutions, (preuve tirée du consentement universel);
3° Tous les êtres ayant leurs lois, l'homme doit avoir la sienne, conforme à sa nature (preuve métaphysique).

**Origine de la loi morale.**

L'empirisme prétend que la loi morale vient de l'éducation, de l'habitude, de la législation, du milieu social, etc.
La loi morale ne peut venir ni de l'*éducation*, qui développe la nature de l'homme sans la changer;
Ni de l'*habitude*, qui suppose des inclinations antérieures;
Ni de la *législation*, qui emprunte toute son autorité de la loi morale gravée dans le cœur de tout homme venant en ce monde;
Ni du *milieu social*, ni du *climat*, ni du *tempérament*, etc.
Cette loi, conçue comme éternelle et absolue, implique un législateur éternel et parfait : Dieu; d'où la définition donnée plus haut : expression de la sagesse et de la volonté de Dieu.
Tout ce qu'on peut accorder aux évolutionnistes et aux associationnistes, c'est que l'idée du devoir, gravée dans la conscience humaine, est assujettie à une certaine évolution empirique dans son développement : habitude, éducation, etc.

# 3ᵉ LEÇON

## LA CONSCIENCE : SENS MORAL, SENTIMENT MORAL

**LA CONSCIENCE**

*Définition.* — La conscience, c'est la raison en tant qu'elle discerne le bien du mal. — C'est la raison éclairant l'homme sur la règle de sa conduite.

*Remarque I.* — La conscience est à la fois un *témoin* qui affirme que la loi a été accomplie ou violée, un *juge* qui l'applique, un *exécuteur* qui punit ou récompense par le remords ou la satisfaction de conscience.

*Remarque II.* — Ne pas confondre la *conscience morale*, faculté de discerner le bien du mal, avec la *conscience psychologique*, faculté par laquelle l'âme se connaît elle-même et connaît les phénomènes qu'elle produit ou qu'elle subit.
La première est appelée raison pratique; la seconde, raison spéculative.

**Analyse de la conscience morale.**
Les faits qui se rapportent à la conscience sont de deux ordres :
1° Des *idées* ou des *jugements* : distinction du bien et du mal, notions d'obligation, de responsabilité, etc.
2° Des *sentiments* : estime et mépris, satisfaction et remords, etc.
Comme on le voit, la conscience est une faculté mixte, qui comprend un élément intellectuel, qu'on appelle *sens moral*, et un élément de l'ordre du sentiment, le *sentiment moral*.

*Sens moral* est un des termes par lesquels on désigne souvent la conscience; on peut l'employer, si on lui fait signifier : discernement naturel du bien et du mal; il est impropre, si on désigne par là une sorte de sens ou d'instinct supérieur.

**Définition des sentiments moraux.**
On appelle *sentiment moral* l'ensemble des émotions que l'homme éprouve pour le bien et contre le mal.
Ces émotions sont : 1° La *satisfaction morale*, plaisir que nous causent nos bonnes actions.
2° Le *remords*, peine qui suit une action coupable.
3° Le *repentir*, douleur que nous causent nos fautes, avec la résolution de ne plus les commettre.
4° Le *sentiment de l'honneur*, souci de mériter et de garder sa propre estime et celle d'autrui.
5° La *honte*, sentiment pénible excité dans l'âme par la crainte de ce qui nous fait déchoir.
6° La *pudeur*, honte honnête de tout ce qui peut blesser la modestie.
7° L'*estime*, sentiment par lequel nous attachons du prix à quelqu'un ou à quelque chose.
8° Le *mépris*, sentiment contraire à l'estime.
9° La *sympathie*, disposition qui nous porte à partager les sentiments de nos semblables.
10° L'*antipathie*, disposition contraire.

**Différentes sortes de consciences.**
On distingue : 1° La *conscience droite*, dont le jugement est conforme à la loi.
2° La *conscience erronée* ou *fausse*, qui nous présente comme bonne une action mauvaise, ou comme mauvaise une action bonne.
3° La *conscience perplexe*, qui hésite entre deux choses opposées.
4° La *conscience scrupuleuse*, qui exagère certaines obligations et regarde comme défendu ce qui est permis.
5° La *conscience relâchée*, qui, sur de très faibles motifs, regarde comme permis ce qui ne l'est pas, ou regarde comme légères des fautes graves.
6° La *conscience douteuse*, qui suspend son jugement sur un cas particulier de la loi.

**LA CONSCIENCE (Suite).**

**Règles de la conscience.**
1° La conscience *droite* est la règle naturelle de nos actes.
2° On doit suivre la conscience *erronée* dans tout ce qu'elle défend.
3° Dans les cas de conscience *perplexe, douteuse, scrupuleuse*, on doit s'éclairer, faire pour le mieux, s'il y a nécessité d'agir.
4° La conscience *relâchée* ne peut servir de règle de conduite, il faut la rectifier.

**Rapports de la conscience et de la responsabilité.** — Quand l'erreur et l'ignorance de la conscience sont invincibles, elles excusent; — quand elles sont vincibles, elles n'excusent pas.
— Plus l'homme est éclairé, plus il est responsable; mais il est d'autant plus homme, qu'il a plus conscience de sa responsabilité.

**Autorité de la conscience.** — La conscience, quoique faillible, est souveraine en chaque homme, et nulle autorité ne peut prévaloir sur elle : tout ce qui est contre la conscience, même erronée, est péché.
Mais c'est une erreur de croire, avec Kant, que la conscience humaine est autonome, qu'elle se donne à elle-même sa loi. La loi nous vient du dehors, de Dieu; la conscience elle-même nous l'affirme; et c'est pour cela que nous nous sentons *obligés*.

**Formation de la conscience.** — La conscience se développe par l'éducation, l'étude, la réflexion, la religion, l'exemple... — C'est un devoir de former sa conscience.

---

## 4° LEÇON

### LE BIEN, LE MAL. — LE BIEN EN SOI, LE BIEN MORAL FONDEMENT DE LA MORALE

**LE BIEN ET LE MAL. — FONDEMENT DE LA MORALE**

**Le bien. Le mal.**
Le *bien*, c'est ce qui est conforme à la loi morale, ce que la conscience prescrit.
Le *mal*, c'est ce qui est contraire à la loi morale, ce que la conscience défend.
Le bien moral a les mêmes caractères que la loi morale : il est universel, absolu, immuable, obligatoire...

**Le bien en soi et le bien moral.**
Il faut distinguer le bien moral, qu'on appelle encore le juste ou l'honnête, d'avec le bien en soi.
Le *bien en soi*, c'est l'ordre tel que Dieu le veut et qu'il se révèle à notre raison et à notre conscience; c'est l'idéal moral à réaliser.
Le *bien moral*, c'est la conformité de notre volonté au bien en soi, c'est-à-dire à l'ordre.
Le *bien en soi*, c'est la loi; le *bien moral*, c'est la loi obéie.
Le premier subsiste par lui-même, en dehors de toute volonté humaine;
Le second ne se réalise que par la libre adhésion de la volonté à la loi.

**Rapports du bien en soi et du devoir.**
Tout ce qui est *devoir* est *bien*, mais tout ce qui est *bien* n'est pas *devoir*, c'est-à-dire *obligatoire*.
Il faut distinguer le *conseil* du *précepte*; l'idéal de l'obligation. (Ex. : saint Vincent de Paul, M$^{gr}$ Affre.)
Le bien n'est *obligatoire* que lorsqu'il fait l'objet d'un précepte divin.
Il faut cependant remarquer que, même en supposant que le précepte divin n'existât pas, certaines choses seraient essentiellement bonnes : (adorer Dieu, lui obéir, secourir les malheureux); d'autres essentiellement mauvaises : (mentir, blasphémer, nuire au prochain).

**LE BIEN ET LE MAL. — FONDEMENT DE LA MORALE (Suite.)**

**Devoir, ordre et désordre.**
- Le devoir et le bien, c'est l'ordre moral ;
- Le mal, c'est le *désordre moral*.
- Une créature est dans l'ordre, quand elle tend à sa fin en suivant les lois de sa nature ;
- Dans le cas contraire, elle est dans le désordre.
- Si l'homme, au lieu de déployer les facultés sublimes qui lui ont été données pour s'élever et atteindre sa fin, en suivant les lois de sa nature, les retourne et les emploie à descendre, il sort de l'ordre, il se déprave, se dégrade, se pervertit.

**Fondement de la morale. — Morale indépendante.**
- L'idée du bien est le fondement de la morale.
- Or le bien, c'est la volonté de Dieu ; ce qui revient à dire que Dieu est le fondement de la morale.
- — La morale indépendante se fonde sur la *dignité humaine*, l'honneur, l'*inviolabilité de la personne*.
- C'est, au contraire, le devoir, c'est-à-dire la loi qui rend la personne inviolable. C'est le bien voulu et pratiqué qui fait l'honneur et la dignité de l'homme.
- — En *métaphysique*, la morale repose sur la distinction du bien et du mal, sur la spiritualité et l'immortalité de l'âme ; en *théodicée*, sur l'idée de Dieu, législateur et juge.
- Séparée de la métaphysique et de la théodicée, la morale devient une technique, une industrie.
- L'obligation ne saurait avoir son fondement dans l'autonomie de la raison, comme l'a prétendu Kant, la raison humaine individuelle n'ayant aucun des caractères de la loi morale, qui est universelle, immuable, absolue.

---

## 5ᵉ LEÇON

### CONDUITE MORALE. — MOTIFS D'ACTION

**Conduite morale. — Motifs d'action.**
- On appelle *motifs* et *mobiles* d'action ce qui nous porte à agir.
- On peut agir par *devoir*, par *passion*, par *plaisir* ou par *intérêt*.
- Le *devoir*, c'est l'obligation de faire ce qui est bien et d'éviter ce qui est mal ;
- La *passion* est un mouvement violent qui nous entraîne vers un objet ou nous en éloigne ;
- Le *plaisir*, c'est tout ce qui flatte les sens ; il y a aussi des plaisirs supérieurs : de l'imagination, de l'esprit, etc.
- L'*intérêt*, c'est tout ce qui procure un avantage quelconque.
- — L'homme n'agit moralement que s'il s'inspire de l'idée et du sentiment du devoir.
- On peut avoir d'autres motifs d'action, tels que le plaisir, l'intérêt ; mais, à supposer même qu'ils soient légitimes, ils doivent être subordonnés au motif du devoir, qui doit non seulement les régler et s'y ajouter, mais les dominer à titre de motif principal.
- Les actions faites uniquement pour d'autres motifs que le devoir n'ont aucune valeur morale.

## CONDUITE MORALE

### CONDUITE MORALE. — MOTIFS D'ACTION (Suite)

**Moralité d'un acte. — Bonne volonté, pureté d'intention.**

On appelle moralité d'un acte son rapport avec la loi morale, sa qualité bonne ou mauvaise.

La *bonne volonté*, ou intention d'agir par devoir, ne suffit pas pour la bonté morale d'un acte; mais elle peut suffire pour le rendre méritoire.

Une intention mauvaise suffit pour rendre mauvais un acte bon en soi ou indifférent.

Pour qu'un acte soit *moralement* bon, il faut qu'il le soit à la fois dans son objet, dans ses circonstances et dans sa fin.

Quand on parle de *bonne volonté* ou de bonne intention, il faut toujours entendre une volonté conforme à la loi morale.

La *pureté d'intention* nous fait écarter tous les motifs égoïstes, pour n'agir que par devoir. — Il serait absurde et immoral, sous prétexte de bonne intention, de faire un acte mauvais pour qu'il en résulte un bien : la fin ne justifie pas les moyens.

La théorie de Kant sur la *bonne volonté* met en relief la dignité du *devoir*; mais les conséquences en sont fausses, parce qu'elle admet l'autonomie absolue de la volonté, et fait de l'homme une *fin en soi*; que le bien et le devoir deviennent choses purement subjectives, et par conséquent *relatives* et *contingentes*, et enfin, que si la volonté s'impose à elle-même l'obligation, il n'y a pas à faire intervenir Dieu pour la sanction.

**Distinction entre les motifs d'action.**

Le plaisir, la passion, l'intérêt, se distinguent du devoir par leurs caractères :

Ils sont particuliers, changeants, relatifs, et ne revêtent jamais le caractère de l'obligation :

La passion pousse, le plaisir attire, l'intérêt conseille, le devoir seul oblige.

**Qualification des actions humaines.**

La conscience appelle certaines actions bonnes, nobles, généreuses, magnanimes, héroïques, sublimes;

D'autres : mauvaises, basses, intéressées, lâches, honteuses, criminelles.

Elle qualifie les personnes comme les actions, loue les unes et méprise les autres.

**Accord entre les motifs d'action.**

Les motifs ou mobiles d'action sont distincts, mais non séparés;

Dans un état normal, ils devraient se concilier et, par des voies diverses, nous conduire à notre fin.

La passion, le plaisir, l'intérêt, sont des ressorts d'activité, qui sont bons s'ils restent dans l'ordre, et mauvais s'ils en sortent :

La *passion* nous est donnée pour nous *pousser* vers notre fin; le *plaisir*, pour nous y *attirer*; l'*intérêt*, pour nous le *conseiller*; le *devoir*, pour nous le *prescrire*.

Si le plaisir, la passion, l'intérêt, le bonheur, motivent nos actes, ils leur enlèvent ou diminuent leur valeur morale. « Le bonheur n'est un droit qu'autant qu'il n'est pas un motif exclusif. »

**Impératif catégorique et Impératif hypothétique.**

L'*impératif catégorique* (Kant) ou le devoir commande sans condition, absolument :

« Fais ce que dois, advienne que pourra, » telle est sa formule.

L'*impératif hypothétique* suppose une condition; il n'oblige pas, il conseille.

Sa formule est cette maxime : « Qui veut la fin veut les moyens. »

**Vraie notion du devoir.**

Le devoir, c'est le sacrifice de ce qui paraît à ce qui est, de ce qui passe à ce qui demeure; de ce qui est fini, borné, relatif, à ce qui est infini, éternel, absolu.

En un mot, c'est le sacrifice de ce qui n'est qu'accidentellement dans la vie, pour l'épreuve et le mérite, à ce qui constitue l'essence même de la vie.

Diverses formules du devoir : « Fais ce que dois, advienne que pourra. Qui vit avec honneur, doit mourir constamment. »

# 6ᵉ LEÇON

## LA VERTU ET LE VICE

**Définitions.** — La *vertu*, c'est la pratique constante du bien, la fidélité au devoir; c'est l'habitude de vivre selon la raison, ou la conscience, ou la loi morale. Le *vice*, c'est le contraire.

**Conditions et caractères de la vertu.**

Les conditions de la vertu sont : 1° La *connaissance* : on ne peut faire le bien que si on le connaît.

2° L'*amour* : pour être vertueux, il ne suffit pas de connaître le bien, il faut l'aimer.

3° L'*effort volontaire* : en général, le bien coûte; il est le fruit de la victoire sur les inclinations, les penchants et les passions.

— Observons que la vertu n'est pas innée en nous, pas plus que le vice; on peut être plus ou moins porté à l'un ou à l'autre, mais la vertu et le vice sont des habitudes acquises.

— La vertu est *forte, généreuse, désintéressée, constante, délicate, circonspecte*... Elle tend toujours en haut; son idéal, c'est la perfection.

**Définitions incomplètes de la vertu.**

1° *La vertu est la science du bien.* (PLATON.) — Cette définition ne tient pas compte de la volonté, nécessaire pour pratiquer le bien.

2° *La vertu est l'harmonie de l'âme.* (PLATON.) — L'harmonie est l'effet de la vertu, mais n'est pas la vertu.

3° *La vertu est un juste milieu.* (ARISTOTE.) — Définition exacte, si on l'entend bien; incomplète et fausse, entendue dans le sens vulgaire de limite, de borne.

4° *La vertu est l'obéissance aux commandements de la raison.* (KANT.) — Oui, si on entend une raison animée par l'amour; non, si on fait abstraction absolue du cœur et de la sensibilité.

**Biens inhérents à la vertu; maux inhérents au vice.**

— La vertu nous donne la paix : c'est la tranquillité dans l'ordre; le vice produit le trouble, la tristesse, le désordre.

— La vertu donne la vraie gloire (bon témoignage de la conscience); le vice dégrade, déprave, pervertit l'homme.

— La vertu rend capable d'aimer, de se dévouer, de faire du bien; le vice ferme le cœur, rend égoïste, lâche.

— La vertu embellit l'âme et le corps; le vice enlaidit l'un et l'autre.

— La vertu rapproche de Dieu par sympathie et ressemblance; le vice éloigne de Dieu, et efface la ressemblance primitive de la créature au Créateur.

**Vertu et routine.** — Il ne faut pas confondre la vertu, habitude de faire le bien, qui implique la liberté, avec la *routine*, habitude aveugle et toute machinale, qui échappe à la direction de la raison et à l'impulsion de la volonté.

**Il faut aimer la vertu et la pratiquer avec joie.** — Kant a eu tort d'attacher à la vertu ou au devoir une idée de contrainte, de raideur, d'austérité, qui lui enlève tout ce qu'il a d'aimable.

**La vertu est belle : il faut l'aimer, la pratiquer avec joie.** — Se souvenir que la vertu chagrine n'est pas la vraie vertu, que « les saints tristes sont de tristes saints ». (S. FRANÇOIS DE SALES.)

**VERTU ET VICE** (Suite.)

**Degrés de la vertu.**
- Une dans son principe, qui est la force morale, la vertu a des degrés comme toute habitude.
- Il y a les vertus communes, qui font l'honnête homme;
- Au-dessus, celles qui font l'homme de bien;
- Au-dessus encore, les vertus sublimes, qui font le héros, l'apôtre, le saint.
- En général, on mesure le degré de vertu à l'effort qu'il a fallu faire pour l'atteindre; d'où les deux formules suivantes : Le mérite est en raison de la difficulté du devoir, de son importance et de la pureté d'intention.
- — Le démérite est en raison composée de la facilité du devoir, de sa gravité et de la malice de l'agent.
- L'idéal de la vertu, c'est la maxime évangélique : « Soyez parfaits, comme votre Père céleste est parfait. »

---

# 7ᵉ LEÇON

## LES PASSIONS

**LES PASSIONS**

(Voir 5ᵉ leçon de *Psychologie*, la définition, l'origine, la division des passions.)

**Passion, vice.** — Le vice naît des passions. C'est le triomphe des forces aveugles sur la personnalité libre, comme la vertu est le triomphe de la raison et de la liberté sur ces mêmes forces.

**Hypocrisie des passions.** — « Toutes les passions sont menteuses; elles se déguisent autant qu'elles peuvent aux yeux des autres; elles se cachent à elles-mêmes : il n'y a point de vice qui n'ait une fausse ressemblance avec une vertu et qui ne s'en aide. » (LA BRUYÈRE.)
Exemple : la peur prend le nom de prudence; l'afféterie, celui de politesse, etc.
D'ordinaire, on pardonne volontiers aux autres les défauts où l'on tombe soi-même; on finit par les ériger en vertus.

**Moyens de se préserver des passions et de les combattre.** — Les principaux moyens de se préserver des passions sont :
La garde des sens et la vigilance; la fuite du mal; le travail; l'examen de conscience journalier; la crainte de Dieu; la piété; le dévouement et le sacrifice.

**Remarque.** — On regarde généralement les passions comme mauvaises en elles-mêmes; on a vu en *Psychologie* (5ᵉ leçon) ce qu'il faut penser de cette opinion. — Ce qui est mauvais, c'est l'abus, la déviation; alors, non seulement elles ne sont point naturelles, mais elles ruinent la nature. Leurs désastreux effets sont constatés par la médecine, l'économie politique, l'histoire, aussi bien que par la morale.
— Souvenons-nous qu'il est en notre pouvoir de veiller sur nous, d'empêcher les passions de naître ou de dévier, et de les détruire, si elles sont nées; on a indiqué plus haut les moyens. Une précaution indispensable, c'est de ne pas raisonner avec elles : elles sont violentes, aveugles, intraitables; elles déconcertent la raison et étouffent la conscience.

# 8ᵉ LEÇON

## VERTUS MORALES : PRUDENCE, FORCE, TEMPÉRANCE, JUSTICE

**LES VERTUS CARDINALES**

**Division des vertus morales.**
La vertu est une dans son principe, mais on lui donne différents noms suivant le point de vue où on la considère.
Les anciens distinguaient quatre vertus morales principales : la prudence, la force, la tempérance et la justice.
Ils les appelaient *cardinales*, parce que c'est sur elles que s'appuient toutes les autres vertus morales.

### I. La prudence.

*Définition.* — La prudence est une vertu qui nous fait reconnaître et choisir les meilleurs moyens de faire le bien et d'éviter le mal.
— La prudence est la règle de toutes les autres vertus.

**Ce qui constitue la prudence.**
La prudence implique : 1° La *mémoire* des leçons du passé ;
2° L'*intelligence* du présent ;
3° La *docilité*, qui sollicite et accepte les lumières d'autrui ;
4° Le *raisonnement*, qui se sert des connaissances acquises pour en acquérir de nouvelles ;
5° La *prévoyance*, qui ne se laisse pas surprendre par le temps ;
6° La *circonspection* et la *précaution*, qui mettent en garde contre les occasions, les dangers.

*Prudence épicurienne et prudence chrétienne.* — Il faut distinguer la prudence utilitaire ou épicurienne, qui s'inspire de motifs purement égoïstes, de la prudence chrétienne, qui s'inspire du motif du devoir, de la foi, des maximes évangéliques.

### II. La force.

*Définition.* — La force est une vertu qui nous fait surmonter les obstacles qui s'opposent à la réalisation du bien.
— On l'appelle encore *courage, grandeur d'âme, patience, persévérance, résignation, magnanimité, héroïsme, confiance, constance, caractère.*

*Vraie notion.* — Ne pas confondre la force avec la violence, la colère, l'entêtement.
La véritable force consiste à réaliser l'ordre, à rester dans la loi ; elle est réglée, ordonnée, et se possède toujours elle-même.

*Causes de la force morale.* — La force morale a deux causes :
1° Une *idée nette*, qui montre le but et la voie à suivre pour y arriver ;
2° Un *sentiment énergique*, qui met en mouvement.
La force est en raison directe de ces deux causes combinées.

*Caractère.* — L'homme de caractère est celui qui à une raison éclairée joint une volonté forte et suivie, qui va au but avec courage, malgré les obstacles, les dangers et les passions.

### III. La tempérance.

*Définition.* — La tempérance est une vertu qui règle et modère les passions, les désirs, les jouissances spirituelles et corporelles.
*Vraie notion.* — Être tempérant, ce n'est pas être insensible, mou, inerte ; c'est garder le contrôle et l'empire sur les appétits, les inclinations, les passions.
— La tempérance, c'est la sagesse appliquée au gouvernement de la sensibilité soit physique, soit morale ; c'est la *modération*, la juste *mesure* en tout.

*Effets.* — On attribue à la tempérance la tranquillité de l'âme, parce qu'elle réprime les passions les plus fougueuses ;
La beauté morale et physique, parce qu'elle maintient l'harmonie entre le corps et l'âme, et qu'elle préserve de tout excès.

# VERTUS MORALES

**LES VERTUS CARDINALES** (Suite.)

**IV. La justice.**
*Définition.* — Vertu qui consiste à garder la loi, à respecter tous les droits, à accomplir tous les devoirs.
— Ainsi entendue, la justice résume en elle toutes les vertus.
*Deux sens du mot justice.* — Dans le sens large et ancien, justice veut dire : *rectitude morale.* — Dans le sens restreint et moderne, justice signifie : *respect des droits d'autrui.*
— Ces deux sens du mot justice correspondent aux deux sens de l'expression : *honnête homme.*
— Dans la langue chrétienne, le mot juste est toujours pris dans le sens large, et il est synonyme de *saint*; il s'oppose à *pécheur.*

**V. Rapports des vertus cardinales avec nos facultés et avec la division des devoirs.** — *Vertus cardinales d'après Platon.* — Platon distingue dans l'homme l'esprit, le cœur et les sens, et il assigne à chacun de ces éléments une vertu particulière :

A l'esprit, la *prudence*, la *sagesse* ou la *science* (science du bien);
Au cœur (volonté), la *force* ou *courage*;
Aux sens, la *modération* ou *tempérance*.
Du mélange de ces trois vertus naît la *justice*, qui est l'ordre même dans son acception la plus haute, ou la perfection.

*Division des devoirs chez les anciens et chez les modernes.* — Les anciens faisaient rentrer tous les devoirs dans les quatre vertus cardinales : c'était leur division des devoirs; division toute *subjective*.

— Les modernes ont précisé davantage en prenant une division *objective* : Dieu, nous-mêmes, nos semblables. — Cette division est conforme à cette parole de l'Evangile : « Aimez Dieu par-dessus toute chose, et votre prochain comme vous-même, pour l'amour de Dieu. »

**VI. Vertus naturelles et vertus surnaturelles.**
Au-dessus de ces vertus, qui naissent du développement normal des forces de la nature humaine, et qu'on appelle pour cela naturelles, il y a les vertus *théologales*, qui appartiennent à l'ordre surnaturel et se rapportent directement à Dieu.
Il y a trois vertus théologales : la foi, l'espérance et la charité.
Les vertus naturelles peuvent être surnaturalisées par l'*intention* ou *motif d'action*.
Les *vertus naturelles* ont pour *principe* les forces de la nature humaine; pour *règle*, la raison; pour *fin*, la destinée naturelle.
Les *vertus surnaturelles* ont pour *principe* la grâce; pour *règle* la foi; pour *fin*, la destinée surnaturelle.
Les premières sont dites *acquises*, parce que la cause efficiente de leur formation est la répétition des mêmes actes.
Les secondes sont dites *infuses*, parce que la cause efficiente de leur formation et de leur développement est Dieu, qui en dépose le germe dans l'âme baptisée.
L'ordre naturel et l'ordre surnaturel, la raison et la foi, la volonté et la grâce existent simultanément : ils doivent être distingués, mais non séparés.
La morale naturelle et la morale surnaturelle sont l'une et l'autre obligatoires.

# 9ᵉ LEÇON

## ORDRE NATUREL ET ORDRE SURNATUREL

**ORDRE NATUREL ET ORDRE SURNATUREL**

**Définitions.**
- *Naturel* veut dire qui est la propriété essentielle d'une nature créée ou possible;
- *Surnaturel*, ce qui dépasse toutes les forces de la nature créée ou possible.
- *Fin naturelle*, celle qui est assignée à un être par ses facultés naturelles;
- *Fin surnaturelle*, celle qui est au-dessus des exigences et des forces de la nature créée.
- — Mêmes définitions pour les *moyens naturels* et *surnaturels*.
- *Morale naturelle*, celle qui règle notre vie de simples créatures raisonnables;
- *Morale surnaturelle*, celle qui règle notre vie de chrétiens.
- *Ordre naturel*, celui dans lequel l'homme serait créé seulement pour connaître, aimer et servir Dieu comme auteur de la nature.
- — Cet ordre naturel n'a jamais existé; c'est un état purement hypothétique.
- *Ordre surnaturel*, celui dans lequel l'homme est destiné à une fin supérieure à sa nature : la vision et la possession de Dieu.
- — Tous les hommes sont appelés à cette destinée surnaturelle.

**Éléments de l'ordre naturel et de l'ordre surnaturel.**
- Un ordre comprend essentiellement trois éléments :
- 1° *Une fin*, qui attire et détermine le mouvement;
- 2° *Des moyens*, qui conduisent à la fin;
- 3° *Un agent*, qui doit atteindre la fin par des moyens convenables.
- La *fin de l'ordre naturel* est de connaître et d'aimer Dieu, auteur de la nature;
- Les *moyens* sont l'intelligence et la volonté;
- L'*agent*, c'est l'homme avec ses facultés naturelles.
- La *fin de l'ordre surnaturel*, c'est la vision directe et immédiate de Dieu;
- Les *moyens* sont la foi et la grâce;
- L'*agent*, c'est l'homme surnaturalisé, doué d'un organisme surnaturel.

**Relations entre l'ordre naturel et l'ordre surnaturel.**
- Il faut distinguer, mais non séparer, l'ordre naturel et l'ordre surnaturel :
- L'ordre surnaturel ne détruit pas l'ordre naturel;
- La *foi* ne détruit pas la *raison*, ni la *grâce* la *volonté*; au contraire, elles les présupposent.
- Dieu est le principe commun de la raison et de la foi. — D'une part, la *foi est nécessaire à la raison* pour l'élever, l'empêcher de s'égarer et suppléer à son insuffisance pour atteindre la fin surnaturelle. — D'autre part, *la raison est nécessaire à la foi*; elle en est le sujet, le support naturel : « Nous ne serions pas capables de foi, si nous n'étions capables de raison. » (Saint Augustin.)
- C'est pourquoi, bien que la foi soit au-dessus de la raison, il ne peut y avoir entre elles ni dissentiment ni séparation. — Les mystères sont *au-dessus de la raison*, ils ne sont pas *contre la raison*; et c'est une fausse philosophie que celle qui sépare l'ordre naturel de l'ordre surnaturel, la raison de la foi, la volonté de la grâce.

## 10e LEÇON

## DEVOIR ET DROIT

**DEVOIR ET DROIT**

**I. Vertu, loi, devoir et droit.**
La vertu est pour l'homme un devoir et un droit :
— Un *devoir*, parce que la loi morale la prescrit ;
— Un *droit*, parce que tout ce que la loi morale prescrit comme un devoir, personne n'a le droit de l'empêcher.
La loi morale rend l'homme inviolable dans l'usage qu'il fait de ses facultés pour lui obéir.
Le devoir et le droit sont la loi morale sous deux aspects différents :
— *C'est le droit*, en tant qu'elle est l'ordre établi par Dieu pour conduire l'homme à sa fin ;
— *C'est le devoir*, en tant qu'elle oblige, qu'elle commande.

**Droit et force.**
Le droit ou *pouvoir moral* s'oppose à la *force* ou *puissance physique*.
La force peut opprimer le droit, elle ne peut le primer.
« La raison du plus fort *n'est pas* toujours la meilleure. »
La force doit être au service du droit. Celui-ci est imprescriptible, inviolable, immortel, et peut toujours être revendiqué. On ne peut invoquer contre lui le *fait accompli*.

**Caractères du droit.**
L'idée du droit, considéré en soi, a les caractères des idées rationnelles :
Elle est *à priori* : on ne saurait constater empiriquement l'inviolabilité que la raison attribue à la personne ;
Le droit est *universel*, comme la loi morale ;
*Inviolable* : expression d'une nécessité idéale inconditionnelle, il subsiste alors même qu'on le méconnaît ou qu'on le viole ;
*Inaliénable* : la personne ne peut faire abandon de ses droits sans s'avilir ;
*Exigible* : on peut recourir à la force pour le faire respecter ;
*Antérieur* et *supérieur* à tous droits positifs : ceux-ci ne sont légitimes que s'ils sont fondés sur celui-là.

**Corrélation du devoir et du droit.**
Le devoir et le droit sont corrélatifs.
Le devoir suppose, implique le droit ; mais la réciproque n'est pas toujours vraie, absolument au moins : Le droit s'étend à plus de choses que le devoir.
Il y a des choses que nous avons le droit de faire et qui ne sont pas des obligations.
Tout acte que la loi ne défend pas, nous avons le droit de le faire, pourvu qu'il ne porte pas atteinte aux droits d'autrui.

**Droits que nous ne pouvons abdiquer.**
Il est des droits que nous ne pouvons abdiquer : ce sont ceux qui sont nécessaires à l'accomplissement de nos devoirs. — On les appelle droits *incessibles*.

**Dignité de la personne humaine.**
Ce qui constitue l'éminente dignité de la personne humaine, c'est sa nature intelligente et libre, d'où découle le droit de disposer librement de ses facultés pour atteindre sa fin.
Les animaux et les autres êtres inférieurs n'ont ni devoirs ni droits.
L'homme ne peut jamais se traiter ni être traité comme une chose.
Même celui qui manque à son devoir ne perd pas ses droits ; il devient seulement moins digne de les revendiquer et de les exercer.

**DEVOIR ET DROIT** (Suite).

**II. Origine du devoir et du droit.**
—
**Fausses théories sur l'origine du droit.**

Dieu est le principe du devoir, parce qu'il est la loi suprême ;
Il est le principe du droit, parce qu'il est le souverain maître du monde.
Il est le principe du droit social comme du droit individuel, et tous les droits des créatures ne sont qu'une participation aux droits du Créateur. — Rigoureusement parlant, Dieu seul a des droits.

1° Rousseau a donc tort, quand il fait dériver le droit social du droit individuel, en vertu d'un contrat primitif ;
2° De même ceux qui font dériver le droit individuel du droit social de l'État. — L'État ne crée rien, il doit seulement régler et protéger les droits existants ;
3° D'après Kant, le droit naturel, c'est l'ensemble des conditions suivant lesquelles la liberté de chacun peut coexister avec la liberté de tous.
— La liberté ne suffit pas pour constituer le droit, il faut y ajouter l'idée de bien obligatoire.
4° « Le droit, c'est tout ce qui est utile et qui n'est pas contraire aux intérêts d'autrui. » (STUART-MILL.)
— Non, à moins qu'on n'entende par intérêt le devoir ; cette définition est insuffisante.
5° D'après Hobbes, l'idée du droit viendrait de la conscience de la force.
— L'expérience réfute suffisamment cette grossière théorie du déterminisme.
6° Enfin les socialistes ont dit : « L'homme a autant de droits qu'il a de besoins naturels. »
— Théorie inacceptable, car il est impossible que le droit soit mobile et indéterminé comme le besoin.
— La vraie doctrine a été donnée ci-dessus.

**III. Division des devoirs.**

On divise les devoirs d'après leur *objet*, ou d'après les *rapports qui s'imposent à l'homme*.
Ce sont : 1° Rapports de l'homme avec lui-même : objet de la morale individuelle ;
2° Rapports de l'homme avec ses semblables : objet de la morale sociale ;
3° Rapports de l'homme avec Dieu : objet de la morale religieuse.
Une autre division des devoirs peut se tirer *de l'espèce de lois auxquelles ils correspondent* :
1° Devoirs imposés par les lois positives ;
2° Devoirs imposés par la loi naturelle, y compris ceux résultant d'engagements contractés.
Observons que la loi morale embrasse tous les devoirs, quelle que soit la division adoptée.
Il s'agit toujours de respecter la loi, expression de la sagesse et de la volonté de Dieu ; d'où la formule générale : *Se conformer à la raison en obéissant à Dieu.*
— Cette formule nous montre pourquoi nos devoirs à l'occasion des êtres inférieurs (les choses) ne constituent pas une classe à part : il s'agit toujours de respecter la loi en se conformant à la raison.
La division des devoirs par rapport à leur objet appartient à la philosophie moderne. Malebranche l'a employée le premier ; elle est conforme à l'Évangile : « Aime *Dieu* par-dessus tout, et ton *prochain* comme *toi-même*. »
— Nous avons vu que les anciens faisaient rentrer tous les devoirs dans les quatre vertus cardinales.

**Unité et solidarité des devoirs.** — De ce qu'on fait plusieurs classes de devoirs, il n'en résulte pas que ces devoirs soient indépendants les uns des autres. Au fond, tous sont des devoirs envers Dieu et peuvent se ramener à la formule générale donnée plus haut. De plus, ils sont solidaires, et manquer à un, c'est manquer en quelque point à tous les autres.
— La formule : « Je ne fais de mal qu'à moi-même, » et autres semblables, sont des sophismes au point de vue social, moral et même économique. — Partout, « la vie est un tissu où les solidarités s'entrecroisent. » (BASTIAT.)

**DEVOIR ET DROIT** (Suite.)

- **Importance relative des devoirs.**
  - L'importance relative des devoirs se tire de l'importance des rapports :
    - 1° Les devoirs envers Dieu priment tous les autres ;
    - 2° Les devoirs envers l'âme priment les devoirs envers le corps ;
    - 3° Les devoirs de justice priment les devoirs de charité, etc.
  - — *Règles relatives au conflit des devoirs.* 1° Quand l'ordre des biens est en conflit avec l'ordre des devoirs, celui-là doit être subordonné à celui-ci ; par exemple, je dois préférer l'honneur qui est un *devoir*, à la vie, qui est un *bien* ; 2° Si les devoirs sont relatifs à des groupes différents, leur importance est en raison directe de l'étendue des groupes auxquels ils s'appliquent ; les devoirs généraux passent avant les devoirs spéciaux.

- **Devoirs positifs et devoirs négatifs.**
  - Les devoirs sont dits *négatifs*, s'ils défendent le mal ; *positifs* ou affirmatifs, s'ils commandent le bien.
  - Les premiers sont dits aussi devoirs stricts ou précis ; les autres, devoirs larges.
  - Les premiers sont toujours obligatoires ; les seconds sont facultatifs quant à l'objet, au temps, aux personnes, etc.

---

## 11ᵉ LEÇON

## JUSTICE ET CHARITÉ

Deux vertus, la *justice* et la *charité*, résument tous les devoirs de l'homme envers ses semblables.

**I. Justice.**

*Définition.* — La justice est le respect des droits d'autrui.
*Fondement.* — Le fondement de la justice, c'est le *droit*.
*Formule.* — Ne fais pas aux autres ce que tu ne veux pas qu'ils te fassent.

- **Obligations comprises dans la justice.**
  - 1° Respect des droits du prochain ;
  - 2° Réparation des torts commis ;
  - 3° Observation des engagements ;
  - 4° Reconnaissance.
  - — Les trois premières obligations sont de stricte justice ; on peut employer la contrainte pour les faire remplir ; on ne le peut pas pour la quatrième.

*Justice distributive.* — Obligation de traiter chacun selon son mérite.
Elle se formule ainsi : A chacun le sien ; à chacun ce qui lui est dû.
On l'appelle *commutative* en tant qu'elle préside aux échanges et oblige à rendre autant qu'on reçoit.
*Deux sortes d'injustice :* 1° Celle que l'on fait ;
2° Celle qu'on laisse faire, pouvant l'empêcher.

- **Degrés de la justice.**
  - On peut distinguer quatre degrés dans la justice :
    - 1° Ne pas rendre le mal pour le bien, c'est-à-dire ne pas être ingrat ;
    - 2° Ne pas faire de mal à ceux qui ne nous en font pas, et empêcher, autant que possible, qu'on n'en fasse à personne, c'est-à-dire ne pas être méchant ni complice des méchants ;
    - 3° Ne pas rendre le mal pour le mal, c'est-à-dire ne pas se venger ;
    - 4° Rendre le bien pour le bien, c'est-à-dire être reconnaissant.

**II. Charité.**

*Définition.* — La charité, c'est l'amour du prochain ; elle consiste dans le dévouement, c'est-à-dire dans le sacrifice du bien personnel au bien de tous.

mines.

Après toute violation de la justice, on est tenu à réparation ou à restitution, non après violation de la charité.

La justice oblige également envers tous les hommes, la charité est plus particulière.

*Fondement.* — Au point de vue psychologique, les devoirs de charité sont fondés sur la sympathie de l'homme pour l'homme.

Au point de vue rationnel : 1° Sur la nature même de la société, qui, sans la charité, serait impossible ;

2° Sur la nature de l'homme, qui est fait pour vivre en société ;

3° Sur la communauté d'origine et de destinée de tous les hommes.

*Formule.* — Fais aux autres ce que tu veux qu'ils fassent pour toi.

**JUSTICE ET CHARITÉ** (Suite.)

**II. Charité.** (Suite.)

Degrés de la charité.

L'homme charitable va plus loin que l'homme juste : aux quatre degrés de la justice il en ajoute deux autres :

1° Il fait du bien à ceux qui ne lui ont fait ni bien ni mal, c'est-à-dire qu'il se dévoue ;

2° Il rend le bien pour le mal. — C'est la perfection de la charité.

— Ce dernier degré n'a pas reçu de nom particulier dans notre langue ; c'est la conformité à ces paroles de l'Évangile : « Aimez vos ennemis ; faites du bien à ceux qui vous haïssent, et priez pour ceux qui vous persécutent et vous calomnient. »

Sentiments et actes qui inspirent et mettent en exercice la charité.

1° La *bienveillance*, disposition à vouloir du bien aux autres ;

2° La *bonté* ou *bienfaisance*, disposition à faire du bien aux autres ;

3° Le *dévouement*, disposition à trouver son bonheur dans le bonheur des autres ;

4° Le *sacrifice*, renoncement à soi pour le bien des autres : un sacrifice difficile devient *héroïque* ;

5° Le *pardon des injures*, disposition à rendre le bien pour le mal.

*La charité est obligatoire.* — Qui dit devoir, dit obligation : un devoir non obligatoire ne serait pas un devoir.

Les devoirs de charité sont plus indéterminés que les devoirs de justice, mais ils sont obligatoires comme eux.

**III. La justice est impraticable sans la charité.** — Les vérités morales veulent être saisies à la fois par la raison et par le cœur. « Les hommes, dit Joubert, ne sont justes qu'envers ceux qu'ils aiment. » La charité seule rend capable des sacrifices qu'exige la stricte justice.

— Se souvenir que l'extrême justice, c'est-à-dire justice sans charité, devient extrême injustice.

Théoriquement on peut séparer la justice de la charité ; pratiquement, on ne le peut guère.

*La justice s'étend plus loin qu'on ne le croit communément.* — Il est rare, par exemple, que celui qui manque à la politesse ne manque pas aussi à la justice.

Le patron qui spécule sur le salaire de ses ouvriers manque à la justice.

Le marchand qui fraude sur sa marchandise manque également à la justice.

L'ouvrier qui ne travaille pas suffisamment pour le salaire qu'il reçoit manque à la justice.

Le domestique qui ne prend pas les intérêts de son maître manque aussi à la justice.

*L'honnête homme, l'homme de bien.* — *L'honnête homme, l'homme juste*, ne fait pas aux autres ce qu'il ne veut pas que les autres lui fassent : il est franc, sincère, loyal, droit, reconnaissant, ne se venge pas ; non seulement il ne nuit à personne, mais autant qu'il est en lui il empêche qu'on ne nuise.

*L'homme de bien, l'homme charitable*, fait pour les autres ce qu'il désire que les autres fassent pour lui. — Il pratique la justice ; de plus, il se dévoue, se sacrifie pour autrui.

## 12ᵉ LEÇON

### SANCTION

**Définition.** — La sanction est l'ensemble des récompenses et des châtiments qui garantissent l'exécution de la loi.

**Nécessité d'une sanction.** — La sanction de la loi morale *existe*. — L'idée de loi implique l'idée de sanction : une loi sans sanction ne serait pas une loi.

La raison affirme que l'ordre et la paix, le bien et le bonheur, le désordre et la souffrance, le mal et le malheur, sont unis par des liens indissolubles.

— Les stoïciens, et Kant après eux, ont eu tort de soutenir que l'idée de sanction amoindrissait la moralité des actes.

**Fondement.** — Il est dans le principe du *mérite* et du *démérite* :

*Mériter*, c'est accroître sa valeur morale, c'est avoir droit à une récompense ;

*Démériter*, c'est diminuer sa valeur morale, c'est être passible d'un châtiment.

— Le principe du mérite et du démérite se formule ainsi :

Tout acte conforme à la loi morale mérite une récompense proportionnée à son degré de vertu ou de moralité ; tout acte contraire à la loi morale mérite un châtiment proportionné à son degré de perversité.

— Le principe du mérite et du démérite est un principe rationnel, immuable, absolu, éternel, évident ; c'est un des axiomes de la morale.

**Noms divers que prend la sanction.** — On distingue la sanction *naturelle*, la sanction *morale*, la sanction *sociale*, qui comprend la sanction de l'*opinion publique* et la sanction *légale* ; enfin la sanction *religieuse* ou de la vie future.

LA SANCTION

**Sanction naturelle.**
> La sanction naturelle consiste dans les conséquences heureuses ou malheureuses que nos actes entraînent avec eux, en vertu des lois naturelles établies par la Providence.
> — Le vice porte avec lui son châtiment, la vertu sa récompense :
> On est puni par où l'on pèche ;
> On recueille ce que l'on a semé.
> D'ordinaire, le bien est un principe de santé, de joie, etc. ; le mal ruine la santé et la fortune.
> *Insuffisance.* — Il y a des hommes vertueux qui sont maladifs, qui ne réussissent en rien ; tandis qu'il y a des hommes vicieux qui se portent bien et qui réussissent.
> — De plus, si cette sanction était la seule, il n'y aurait pas de différence entre le bien et l'utile.

**Sanction morale.**
> Elle consiste dans la satisfaction de conscience et le remords.
> Ces deux sentiments ont un nom dans toutes les langues.
> « La gloire de l'homme de bien, c'est le bon témoignage de sa conscience. » (Saint Paul.)
> « Vous l'avez ainsi ordonné, Seigneur, toute affection déréglée fait elle-même son tourment. » (Saint Augustin.)
> *Insuffisance.* — Le remords va souvent s'affaiblissant avec les progrès du vice ;
> — De même la satisfaction de conscience avec les progrès de la vertu.

**Sanction de l'opinion publique.**
> Elle consiste dans l'estime ou le mépris des autres hommes.
> — C'est un devoir de mériter l'estime des autres, parce que c'en est un d'avoir de l'honneur. L'estime n'est que le bon témoignage de la conscience de nos semblables faisant écho à celui de la nôtre.
> *Insuffisance.* — L'opinion publique juge sur les apparences et s'égare souvent.
> L'opinion peut juger les actions, non les intentions.

**Sanction des lois positives.**
> Cette sanction consiste dans les récompenses et les châtiments déterminés par les lois positives.
> Toutes les législations édictent des pénalités contre les auteurs de certains actes, tandis qu'elles garantissent des honneurs ou des récompenses à d'autres.
> *Insuffisance.* — Cette sanction est surtout pénale ;
> Elle est faillible, et ne peut atteindre tous les actes coupables.

**LA SANCTION** (Suite)

*Insuffisance des sanctions terrestres.*

*Sanction religieuse.*

toutes les fautes et à toutes les vertus, dans la proportion exacte du degré de mérite et de démérite.

— Il est inutile de montrer qu'aucune des sanctions précédentes ne remplit ces conditions.

De cette insuffisance des sanctions terrestres, on conclut à la nécessité d'une *sanction future*, que l'on appelle *sanction religieuse*, qui établira une équation parfaite entre le *bien* et le *bonheur*, entre le *mal* et le *malheur*. — Cette sanction implique l'*immortalité de l'âme* et l'*existence de Dieu*.

---

## 13ᵉ LEÇON

## FAUX SYSTÈMES DE MORALE

**DES FAUX SYSTÈMES DE MORALE**

*Principaux systèmes de morale.*

Les principaux systèmes de morale qui ont été professés sont :
1º La *morale du plaisir* (ARISTIPPE DE CYRÈNE, ÉPICURE, IVᵉ siècle avant Jésus-Christ).
2º La *morale de l'intérêt* (revêt plusieurs formes avec BENTHAM, STUART MILL, H. SPENCER).
3º La *morale de la sympathie* (A. SMITH).
4º La *morale du sentiment* (ROUSSEAU, JACOBI).
5º La *morale de la passion* (FOURIER).
6º La *morale de l'amour de Dieu* (quiétistes).
7º La *morale de la crainte de Dieu* (PUFFENDORF).
8º La *morale de la loi ou du devoir pur* (les stoïciens, KANT).
9º La *morale de l'ordre ou du devoir* (morale chrétienne et spiritualiste, la seule vraie).

**I. Réfutation générale des faux systèmes.**

Pour réfuter d'une manière générale tous les faux systèmes de morale, il suffit de montrer qu'ils n'ont pas les caractères de la loi morale; c'est-à-dire qu'ils ne sont pas universels, immuables, absolus, obligatoires, évidents et autonomes. Le plaisir, la passion, l'intérêt, la sympathie, le sentiment, ne sauraient avoir ces caractères, et surtout jamais ils ne peuvent revêtir le caractère de l'obligation, et dès lors servir de règle de conduite.

**II. Morales utilitaires.**

*a) Morale du plaisir.*

*Histoire.* — Professée par Aristippe de Cyrène, puis par Épicure.
*Souverain bien.* — Le plaisir. — Le plaisir quelconque (ARISTIPPE). — Plaisir de choix (ÉPICURE).
*Formule.* — Chercher le plaisir, fuir la douleur.
*Règles d'Épicure.* — 1º Prendre le plaisir qui ne doit être suivi d'aucune peine.
2º Fuir la peine qui n'amène aucun plaisir.
3º Fuir la jouissance qui prive d'une plus grande jouissance.
4º Prendre la peine qui amène un plus grand plaisir, etc.
*Réfutation.* — Le plaisir en lui-même est un bien, puisqu'il résulte de l'activité normalement exercée;
La douleur en elle-même est un mal...
Mais le plaisir et la douleur sont des biens ou des maux *relatifs*.
Au fond, le plaisir, c'est l'égoïsme; il ne saurait être le but de la vie.
*Effets du sensualisme.* — L'épicurisme conduit au *sensualisme*, ou vie des sens, et au *matérialisme*.
Il dégrade l'homme et le met au rang de l'animal; il lui fait oublier que la vie n'est pas un banquet, mais un devoir.

La morale utilitaire a été fondée successivement sur l'intérêt personnel (ÉPICURE), l'intérêt bien entendu (BENTHAM), l'intérêt général (STUART MILL), l'intérêt de l'espèce (HERBERT SPENCER).

*Souverain bien.* — L'utilité : une chose est *bonne*, si elle est *utile*; *mauvaise*, si elle est *nuisible*.

*Formule.* — Chercher le maximum de plaisir et le minimum de peine.

*Règles.* — Arithmétique des plaisirs. Une chose est morale (bonne), si le résultat final procure plus de plaisir que de peine;
Une chose est immorale (mauvaise), si le résultat procure plus de peine que de plaisir.

Dans chaque plaisir on doit calculer sept choses :

1º L'*intensité*; 2º la *durée*; 3º la *certitude*; 4º la *proximité*; 5º la *fécondité*; 6º la *pureté*; 7º l'*étendue*. — Cette dernière règle veut que l'on préfère au plaisir personnel le plaisir du plus grand nombre. — C'est la morale *altruiste*, dont la formule est : Le plus grand bonheur possible pour le plus grand nombre.

— Stuart Mill, après Bentham, a essayé de soutenir la morale utilitaire ainsi entendue; il a ajouté un élément de plus : la *qualité* des plaisirs. On désigne cette morale sous le nom de *morale associationiste*.

*Réfutation.* — 1º Les calculs de Bentham et de Stuart Mill peuvent être excellents pour la conduite; ils ne sauraient fonder une morale. En les suivant, nous pourrons être habiles, nous ne serons pas vertueux.

2º Souvent les calculs de l'intérêt sont contraires au devoir.

3º Il n'est pas vrai non plus que toujours notre intérêt se trouve dans l'intérêt d'autrui.

J.-J. Rousseau prétend que le sentiment moral est un guide infaillible; Jacobi, qu'il faut toujours suivre l'inspiration naïve du cœur; A. Smith, que le *bien*, c'est ce qui provoque la *sympathie*; le *mal*, ce qui provoque l'*antipathie*; Fourier, que le *bonheur*, et partant le *devoir*, consiste dans la satisfaction des passions.

*Souverain bien.* — Pour tous ces systèmes, le souverain bien consiste dans le plaisir de la conscience ou le bonheur.

*Formules.* — Fais tout ce qui plaît à la conscience instinctive; fuis tout ce qui lui déplaît. (ROUSSEAU, JACOBI.)

— Fais tout ce qui excite de la sympathie; évite tout ce qui excite de l'antipathie. (A. SMITH.)

— Contente tes passions. (FOURIER.)

*Appréciation et réfutation.* — Le sentiment, la sensibilité morale, le cœur, les passions, jouent un rôle considérable dans la morale, mais ils ne sauraient fournir des règles de conduite.

— Il est vrai de dire, avec J.-J. Rousseau et Jacobi, qu'il faut toujours faire ce qui plaît à la conscience; mais il ne faut pas confondre la *conscience* avec la *satisfaction de conscience*, ce qu'ils font, et ainsi prendre l'effet pour la cause.

— Quant à la conscience *instinctive* et à l'*intuition naturelle* ou *inspiration naïve du cœur*, comme l'appelle Jacobi, il faut dire que souvent elle se confond avec l'instinct, et l'instinct ne saurait servir de règle aux actions humaines.

— A. Smith a fondé *sa morale sur la sympathie* : Est bonne toute action qui inspire de la sympathie. On lui répond : Une action inspire de la sympathie parce qu'elle est bonne, mais elle n'est pas bonne parce qu'elle inspire de la sympathie.

La sympathie est instinctive et non raisonnée. Le critérium de la sympathie du plus grand nombre est souvent faux, et le devoir est souvent de braver l'opinion. Quant au *spectateur impartial* que Smith veut que nous consultions, quel sera-t-il, nous ou un autre?

— La doctrine de Fourier se réfute d'elle-même; c'est une grossière adaptation de la formule d'Épicure, qui conduit au plus abject matérialisme.

**DES FAUX SYSTÈMES DE MORALE** (*Suite*.)

**IV. Morale de l'amour de Dieu.**
- *Le faux mysticisme* se contente d'un amour de Dieu aveugle et passif.
- *Réfutation.* — La morale ne peut être fondée sur l'amour de Dieu, entendu au sens vague du *quiétisme* et du *faux mysticisme*. L'amour est une passion, et, comme telle, il doit être réglé et éclairé par la raison.

**V. Morale du devoir pur.**
- Les stoïciens, Kant et Jouffroy, ont prétendu que l'idée du devoir exclut toute idée de sanction, de récompense et de châtiment.
- *Souverain bien.* — Pour eux, le souverain bien, c'est le devoir, qui doit être accompli pour lui-même.
- *Formule.* — La vertu suffit au bonheur; — accomplir le devoir pour le devoir.
- *Appréciation et réfutation.* — Cette doctrine est *contre nature et irrationnelle*.
- Prétendre que, pour agir moralement, il faut se désintéresser absolument des conséquences de nos actes, cela est contraire à notre nature, qui aspire au bonheur.
- C'est une nécessité pour la raison d'unir le mérite et la récompense, le démérite et le châtiment.
- Kant et les stoïciens confondent la *fin* avec le *moyen*, et ils ne voient dans l'homme qu'un esprit.

**VI. Morale de la volonté de Dieu.**
- La volonté de Dieu, entendue dans le sens ordinaire, se confond avec la loi, l'ordre, le bien, le devoir, et alors elle est le fondement de la morale.
- Entendue dans le sens d'une volonté arbitraire et tyrannique (PUFFENDORF), elle ne peut servir de règle : elle ferait des esclaves, non des serviteurs. C'est dans le premier sens que l'on dit que Dieu est la loi morale vivante.

# MORALE PRATIQUE

## PRÉLIMINAIRES

**Définition et division de la morale pratique.** — La morale *pratique* est la science des devoirs. Elle donne les règles à suivre dans nos rapports avec nous-mêmes, avec nos semblables, avec Dieu, avec les êtres inférieurs.

De là quatre sortes de devoirs ou quatre divisions :
1° devoirs *envers nous-mêmes* (morale *individuelle*);
2° devoirs *envers nos semblables* (morale *sociale*);
3° devoirs *envers Dieu* (morale *religieuse*);
4° devoirs dont les êtres inférieurs sont l'occasion et qui rentrent dans les divisions précédentes.

## 1re LEÇON

### MORALE INDIVIDUELLE. — DEVOIRS ENVERS LE CORPS

**MORALE INDIVIDUELLE**

L'homme a des devoirs envers lui-même : il doit réaliser l'ordre dans sa personne, conformément à sa nature morale.

Les devoirs envers nous-mêmes reposent sur ce principe : *L'homme est tenu d'être homme;* il est tenu de conserver sa dignité personnelle, de respecter et de faire respecter en lui l'agent du devoir.

**Maxime qui résume tous les devoirs personnels** : *S'aimer d'un amour bien réglé.*

La maxime de Kant : « Agis de telle sorte que tu traites l'humanité dans ta personne et dans celle des autres hommes, toujours comme une fin, jamais comme un moyen, » est incomplète; elle ne renferme que les devoirs négatifs; il en est de même de la maxime des stoïciens : « Abstiens-toi et supporte. »

**Division.**

L'homme étant composé d'un corps et d'une âme, la morale individuelle se divisera en deux grandes parties :
1° *Les devoirs envers le corps;*
2° *Les devoirs envers l'âme.*

Chacune de ces deux classes de devoirs comprendra : 1° des *devoirs de conservation et d'intégrité*, qui sont d'obligation stricte; 2° des *devoirs de perfectionnement*, qui sont des devoirs larges.

**DEVOIRS ENVERS LE CORPS**

Le corps est une partie essentielle de la personne humaine; il n'est donc pas permis de le traiter comme une chose.

Mais c'est la partie inférieure : d'où il suit que les devoirs envers le corps doivent être réglés sur les devoirs envers l'âme; d'où il suit encore que le corps ne doit pas être considéré comme *fin*, mais comme *moyen*, ou mieux, comme le *sanctuaire* de la personne morale.

La règle, c'est le vieil adage : « Une âme saine dans un corps sain. »

Nous remplissons nos devoirs envers le corps en le conservant par des soins raisonnables (tempérance, hygiène), et en le développant par des exercices rationnels (gymnastique). — (Voir Appendice, p. 133.)

**Le suicide.**

Le premier des devoirs envers le corps, c'est la *conservation;*

Le *suicide*, ou mort volontaire, viole ce premier devoir et du même coup tous les autres.

Le *suicide* est un triple crime : crime envers Dieu, envers la société, envers nous-même.

L'homme n'a pas plus le droit de s'ôter l'existence, qu'il n'a le pouvoir de se la donner.

**DEVOIRS ENVERS LE CORPS**

**Le suicide.** *(Suite.)*
- Rien ne peut excuser le suicide : ni la souffrance, ni les revers, ni les malheurs.
- Non seulement il n'y a pas de courage à se donner la mort, mais c'est la suprême lâcheté.
- Le *suicide partiel*, c'est-à-dire la mutilation, l'altération volontaire de la santé, est défendu aux mêmes titres que le suicide total.
- Ne pas confondre le suicide avec le dévouement : le soldat ne se suicide pas, il se dévoue.

**Ascétisme.**
- On a quelquefois confondu le *suicide partiel* avec l'*ascétisme*, pratique habituelle de la mortification.
- La raison et la religion s'accordent pour proscrire tout excès qui pourrait amener la mort ou mettre dans l'impossibilité de remplir les devoirs d'état.
- Mais elles sont d'accord aussi pour reconnaître que l'abstinence, le jeûne, les veilles, les disciplines, affaiblissant le corps, diminuent les passions et rendent plus facile le règne de l'âme.
- La mortification est utile au travail de l'esprit, comme à la pratique de la vertu.
- Et quant aux prétendus *suicides* des ascètes, l'expérience prouve que les macérations tuent moins de personnes que la débauche.

**L'âme et le corps.**
Voici quelques principes relatifs à nos devoirs envers le corps :
1° Le corps ne peut être le but direct de nos devoirs ; nous avons des devoirs envers le corps, parce qu'il fait partie du moi humain, de la personne humaine.
2° Le corps a été créé pour l'âme, et non l'âme pour le corps ; d'où il suit que les soins donnés au corps s'adressent à l'âme ;
3° Toute dégradation du corps est une dégradation de l'âme, à cause de leur union substantielle ; de là, la pudeur, la décence, les soins de propreté ;
4° Il ne faut pas seulement conserver la vie du corps, mais encore l'employer à perfectionner l'être moral ;
5° Enfin, il ne faut pas séparer, mais distinguer l'âme du corps.

## 2ᵉ LEÇON

### DEVOIRS ENVERS L'AME. — INTELLIGENCE

**Devoirs envers l'Ame.** — Ces devoirs se rapportent aux trois facultés : intelligence, sensibilité, volonté, qu'il faut développer en vue du bien.
Les devoirs d'intégrité et de conservation se confondent ici avec les devoirs de perfectionnement.

**DEVOIRS ENVERS L'INTELLIGENCE.**
- Il y a obligation de développer l'intelligence dans la mesure du possible : laissée sans culture, elle se remplit d'idées fausses, de préjugés, d'erreurs.
- C'est un devoir d'empêcher la *curiosité* de s'égarer sur des objets futiles ou dangereux ; de se garder de la *crédulité*, qui accepte aveuglément tout ce qu'on lui dit ; et du *scepticisme*, qui doute sans motif.
- Tous les devoirs relatifs à l'intelligence peuvent se résumer dans les formules suivantes :
  1° Instruis-toi ;
  2° et 3° Respecte la vérité : sois sincère avec les autres et avec toi-même ;
  4° Sois prudent ;
  5° Sois ordonné.

# DEVOIRS ENVERS L'AME

**DEVOIRS ENVERS L'INTELLIGENCE (Suite.)**

**1° Devoir de s'instruire.**
- *C'est un devoir de s'instruire :* il y a des connaissances nécessaires, qu'il n'est pas permis à un homme d'ignorer ;
- Il y en a d'autres qui se rapportent aux devoirs professionnels ; elles sont obligatoires aussi ;
- Il y en a enfin qui sont de simple perfectionnement ; celles-ci sont facultatives.
- *Remarque.* — L'instruction est une des conditions de la moralité, mais elle ne suffit pas, et il faut bien se garder de confondre la science avec la vertu, comme l'ont fait Platon et d'autres philosophes.

**2° Devoir d'être sincère envers les autres.**
**—**
**Le mensonge, le respect humain, l'hypocrisie.**
- Le devoir de respecter la vérité nous oblige à être sincères envers les autres et envers nous-mêmes. Il condamne le mensonge, le respect humain, l'hypocrisie et l'orgueil sous toutes ses formes.
- Le *mensonge* est condamné par la morale individuelle et par la morale sociale ; il est contraire non seulement à la justice et à la charité, mais encore à la dignité personnelle.
- « Quiconque est capable de mentir, est indigne d'être compté au nombre des hommes. » (FÉNELON.)
- Mentir, c'est manquer directement à notre intelligence, qui ne subsiste, ne se développe, ne se perfectionne que par la vérité (principe d'identité, instinct de véracité, instinct de crédulité, principe d'ordre).
- Tout défaut, tout vice, toute passion est mensonge ou se couvre du mensonge.
- On peut mentir autrement qu'en paroles : tout homme qui n'agit pas comme il pense, qui n'est pas ce qu'il paraît, est un menteur.
- Ce mensonge d'action ou d'omission a deux formes : le *respect humain* et l'*hypocrisie*.
- Le *respect humain* consiste à agir autrement qu'on ne pense, par crainte du « qu'en dira-t-on ». C'est une inconséquence et une lâcheté.
- L'*hypocrisie* consiste à se couvrir des apparences du bien pour faire le mal. — L'hypocrite est un lâche, qui veut jouir des faveurs attachées à la vertu et qui n'a pas le courage de la pratiquer.

**3° Devoir d'être sincère envers soi-même.**
- Être sincère avec soi-même, c'est se juger avec impartialité, sans exagérer ni méconnaître le bien ou le mal que l'on a en soi.
- Pour cela, il faut éviter l'orgueil sous toutes ses formes et pratiquer la *modestie* et l'*humilité*, qui sont le juste sentiment de ce que nous sommes. « L'humilité, c'est la vérité. » (SAINT AUGUSTIN.)
- Pour être sincère avec soi-même, savoir ce que l'on vaut, il faut pratiquer l'*examen de conscience*.

**4° Devoir de prudence.**
- La vertu propre à l'intelligence est la *prudence* ou la *sagesse*, qui nous indique ce qu'il faut faire et ce qu'il faut éviter.
- Ne pas confondre la prudence chrétienne et la prudence épicurienne, dont il a été parlé à la leçon 8ᵉ, p. 655, avec cette prudence bonne, mais imparfaite, de la conduite ordinaire, qui nous fait discerner notre intérêt et celui d'autrui.

**5° Devoir d'ordre.**
- L'ordre, c'est la disposition rationnelle des moyens par rapport à une fin.
- Ainsi, c'est une vertu de la raison ou de l'intelligence. C'est un devoir de mettre de l'ordre dans sa vie et dans sa conduite.

# 3ᵉ LEÇON

## DEVOIRS RELATIFS A LA SENSIBILITÉ

Notre devoir est d'empêcher de naître et de se développer dans notre âme les passions viles, sensuelles, égoïstes, envieuses, et de cultiver les sentiments nobles, élevés, généreux, héroïques.

Il ne faut pas détruire les penchants, mais les diriger, les moraliser. Ce sont les ressorts nécessaires de notre activité. (Voir ce qui a été dit sur ce sujet, p. 13.)

Les principaux devoirs relatifs à la sensibilité se ramènent aux deux suivants : *respect de soi-même* ou *sentiment de la dignité humaine* et *tempérance*.

**Dignité personnelle. — Respect de soi.**

Sentiment ou respect profond de notre destinée morale, de nos devoirs, des droits qui en découlent et qui rendent la personne sacrée pour nous et pour nos semblables.

Le *respect de soi-même*, c'est le respect de la personne en soi et dans les autres.

Ce respect prend diverses formes : il s'appelle *prudence*, s'il regarde l'intelligence ; *tempérance*, s'il concerne la sensibilité ; *courage*, s'il s'agit de la volonté.

(Voir 6ᵉ leçon, *Sentiment de la dignité humaine*.)

**Tempérance : diverses formes.**

La tempérance revêt diverses formes. (Il en a déjà été parlé, p. 100, *Vertus cardinales*.)

1° *Dans le boire et le manger*, elle s'appelle *sobriété* et s'oppose à la gourmandise, à la gloutonnerie, à l'ivrognerie, vices qui ravalent l'homme au-dessous de la brute ; qui ruinent la santé et excitent les passions les plus grossières ; qui font enfin perdre, par la *satiété*, jusqu'au plaisir naturel du boire et du manger.

2° *Dans l'usage des biens extérieurs*, elle prend le nom de *modération*, d'*épargne*, d'*économie*, et s'oppose à la cupidité, à l'avarice, au *luxe*, qui est l'intempérance dans les habits, la table, etc.

L'homme tempérant jouit de ses biens d'une manière raisonnable.

L'avare, l'homme cupide, amasse des richesses, non pour en jouir, mais uniquement pour les avoir : il ne possède pas ses biens, il en est possédé.

Un défaut contraire à l'avarice et à la tempérance tout à la fois, c'est la *prodigalité*, la *dissipation*. — L'*économie* ou *épargne* est une vertu ; elle implique le travail et le sacrifice.

3° *Dans l'usage des plaisirs charnels*, la tempérance prend le nom de *continence* ou de chasteté.

La continence est une vertu morale et sociale, qui constitue ce qu'on appelle les *bonnes mœurs*.

## 4e LEÇON

## DEVOIRS RELATIFS A LA VOLONTÉ. — TRAVAIL

**DEVOIRS RELATIFS A LA VOLONTÉ**

*Importance de la volonté.* — (Sur l'importance de la volonté, voir 19e leçon de *Psychologie*, p. 42).
« La volonté est ce qu'il y a en nous de plus intimement personnel. » (Descartes.) C'est elle qui constitue vraiment l'individualité humaine. La valeur d'un homme se mesure à sa volonté.

*Devoirs envers la volonté.* — Les principaux devoirs envers la volonté consistent : 1° A ne point l'aliéner, soit en acceptant volontairement l'esclavage, soit en se laissant tomber sous le joug des mauvaises habitudes, du plaisir, de la passion, de l'intérêt (devoir d'indépendance) ;
2° A conserver et à accroître sa valeur personnelle par la vertu de force, par la constance, le courage, la patience, etc.

*Force et confiance.* — (Voir ce qui a été dit de la force, page 100, à propos des *vertus cardinales*.)
C'est une faiblesse de s'épouvanter des difficultés ; on peut d'ordinaire beaucoup plus qu'on ne croit pouvoir.
La confiance dans le succès est presque le succès.
Ne pas confondre la *confiance* et la *présomption*, la *force* et la *violence*.

**Constance.** — La *constance*, c'est l'énergie employée à l'achèvement de ce qui a été commencé. Elle est à la portée de tous ; l'*esprit de suite*, tendance continue vers un but une fois déterminé.

**Courage.** — Le *courage* ou la *force* est la vertu propre de la volonté ; il nous fait surmonter les obstacles qui s'opposent à la réalisation du bien, à l'accomplissement du devoir.

**LE TRAVAIL**

**Nécessité du travail.** — Le travail est nécessaire à l'entretien et à la conservation du corps et au perfectionnement de l'âme ;
Il est nécessaire aussi à l'accomplissement de nos devoirs envers Dieu et envers la société.
Le travail est donc pour l'homme un devoir.
C'est de plus la *loi organique de notre nature*, et non pas seulement un *châtiment*, comme on le dit souvent.
Même avant sa chute, l'homme travaillait. « L'homme est né pour travailler, comme l'oiseau pour voler. » (Écriture.)

**Moralité du travail.** — Source de la science et de la richesse, le travail est aussi la source et l'auxiliaire de la vertu ;
La vertu est elle-même le travail par excellence.
L'oisiveté est la mère de tous les vices ; l'homme qui ne fait rien n'est pas loin de mal faire ; ne rien faire est déjà un mal.

**Travail et bonheur.** — Le travail étant la loi de la nature de l'homme, il doit être la condition de son bonheur.
Vivre, agir, c'est travailler, et nous avons vu (*Plaisir et douleur*) que vivre, agir librement, est le plus grand bonheur de l'homme.
Par contre, l'oisiveté fait notre malheur. — Tandis qu'un travail raisonnable entretient et développe la santé, l'oisiveté la ruine comme la rouille ruine le fer. — La fin du travail n'est cependant pas le bonheur, mais le bien.
(Sur le *Travail au point de vue économique*, voir 12e leçon, p. 131).

# 5ᵉ LEÇON

## MORALE SOCIALE. — FAMILLE. — AMITIÉ

**MORALE SOCIALE. — FAMILLE. — AMITIÉ**

L'homme est un être sociable. — La société est un fait naturel qui s'impose à l'homme comme une nécessité : il ne peut naître, vivre et se perfectionner que dans l'état de société.

La théorie du *Contrat social*, de Rousseau, est démentie par l'histoire aussi bien que par la raison.

**Divisions de la morale sociale.**
La morale sociale se divise comme la société elle-même. — On distingue :
1º Des devoirs *domestiques* ou envers la famille ;
2º Des devoirs *sociaux* ou envers les hommes en général, par cela seul qu'ils sont hommes ;
3º Des devoirs *civiques* ou envers la société civile, devoirs de l'homme considéré comme citoyen ;
4º Des devoirs *internationaux* ou des nations entre elles : c'est ce qu'on appelle le *droit des gens*.

## I. La famille.

*Définition.* — La famille est la société naturelle et primitive formée par le père, la mère et les enfants.

La famille est le fondement de toute société humaine ;

Elle répond à deux besoins impérieux de notre être : le besoin de vivre en autrui et le besoin de revivre en autrui.

**Constitution de la famille. — Le mariage.**

La famille est constituée par *le mariage*, union légitime de l'homme et de la femme.

*Le mariage est un contrat*, qui implique le libre consentement des deux parties et contient implicitement l'obligation d'élever les enfants.

*Ses conditions essentielles* sont :
1º *L'unité*, union d'un homme avec une seule femme ; — condamnation de la polygamie ;
2º *L'indissolubilité*, tant que les deux époux sont vivants ; — condamnation du divorce.
— La polygamie et le mariage susceptible d'être dissous sont des formes inférieures de l'union conjugale.

L'essence du mariage réside dans le lien résultant de l'accord consensuel.

A la différence des autres contrats, le mariage n'est pas résiliable.

Cependant la loi française reconnaît le divorce. Mais il n'est pas permis à un chrétien d'user de cette faculté, car le mariage civil n'est pas le vrai mariage, c'est le mariage religieux.

## II. Rapports créés par la famille. — Devoirs qui en dérivent.

La famille se compose de trois sociétés, d'où naissent trois classes de devoirs :
1º Société du mari et de la femme : — devoirs conjugaux ;
2º Société des parents et des enfants : — devoirs paternels et maternels ; devoirs filiaux ou piété filiale ;
3º Société des enfants entre eux : — devoirs fraternels.
— On ajoute à ces devoirs ceux qui résultent de la domesticité.

**Devoirs conjugaux.**
Le mari doit à la femme : amour, fidélité, confiance, protection, entretien convenable ;
La femme doit à son mari : amour, fidélité, soumission.
Les époux doivent supporter charitablement les défauts l'un de l'autre.

**MORALE SOCIALE — FAMILLE. — AMITIÉ** (Suite.)

**II. Rapports créés par la famille. — Devoirs qui en dérivent.** (Suite.)

**Devoirs paternels.**
- Les parents doivent aimer tous leurs enfants d'une affection égale ;
- Ils doivent les nourrir, les instruire, les corriger, les élever et leur procurer une position en rapport avec leurs ressources et la vocation des enfants.
- L'éducation des enfants est pour les parents un devoir et un droit imprescriptible (condamnation de l'État éducateur).

*Fondement et limites de l'autorité paternelle.* — L'autorité paternelle est fondée : 1° Sur la nécessité d'une autorité dans toute société ;
2° Sur les devoirs que les parents ont à remplir envers leurs enfants.
Elle est limitée : 1° Par les *droits des enfants* : ce sont des personnes ; ils ne peuvent être traités en choses ;
2° Par les droits de Dieu, de la conscience et de la société.

*Devoirs des enfants.* — Ils doivent aimer leurs parents, les respecter, leur obéir et les assister dans leurs besoins.
Ces devoirs, qu'on résume sous le nom de *piété filiale*, durent toute la vie.

*Devoirs fraternels.* — Ils consistent dans l'affection, la concorde, la confiance, le secours mutuel.

*Esprit de famille.* — Tous les devoirs résultant des rapports créés par la famille se résument en un mot : *esprit de famille*; esprit de solidarité et d'affection, qui réunit tous les membres d'une famille.

**Devoirs réciproques des maîtres et des serviteurs.**
- Les maîtres doivent à leurs serviteurs : *justice, bonté, bienveillance*.
- Les serviteurs doivent être *honnêtes, dévoués, discrets*.

**III. L'amitié.**

*Définition.* — L'amitié est l'affection réciproque de deux personnes qui se veulent et se font du bien : Un ami, c'est un frère que l'on s'est choisi.
(Voir ce qui a été dit de l'amitié en *Psychologie*, 6° leçon, p. 17.)

**La vraie et la fausse amitié.**
Saint Thomas reconnaît trois sortes d'amitiés fondées sur les trois sortes de biens :
1° *L'amitié fondée sur le plaisir ou fausse amitié*; c'est l'union dans le vice; elle a sa source dans la passion : c'est une sensation plutôt qu'un sentiment.
2° *L'amitié fondée sur l'intérêt* : celle que la Rochefoucauld définit : « un commerce où l'amour-propre se propose toujours quelque chose à gagner. »
Sa maxime est : « Vis avec tes amis comme si demain ils pouvaient être tes ennemis. »
3° *L'amitié fondée sur la vertu*. C'est la *vraie amitié*, essentiellement désintéressée; elle a pour base la charité.
La première est une *complicité*, la seconde un *calcul*; la troisième seule mérite le nom d'amitié.

**Devoirs de l'amitié.**
Les amis se doivent l'un à l'autre :
1° *La vérité* : « Nul, dit saint Augustin, ne peut être l'ami d'un homme, s'il ne l'est d'abord de la vérité. »
2° *La confiance*, qui exclut tout doute : elle est fondée sur l'estime réciproque ;
3° *Le dévouement*, c'est-à-dire le don de soi, l'abnégation.
Le véritable ami met son bonheur dans le bonheur de celui qu'il aime.

## DEVOIRS ENVERS NOS SEMBLABLES, ENVERS LA SOCIÉTÉ EN GÉNÉRAL
## RESPECT DE LA PERSONNE DANS SA VIE,
### DANS SA LIBERTÉ, DANS SA CONSCIENCE ET SES AUTRES FACULTÉS

**Fondement des devoirs de l'homme envers ses semblables :** Communauté d'origine ; Communauté de nature et de destinée ; Impossibilité pour l'homme dans l'ordre physique, intellectuel et moral, de se suffire à lui-même.

**DEVOIRS ENVERS NOS SEMBLABLES**

**Droits naturels :**
- Dérivent de la nature humaine, indépendamment de toute loi écrite ;
- Ils sont communs à tous les hommes, et chacun est tenu de les faire respecter en lui et de les respecter chez les autres.
- Ces droits sont : le respect de la *vie*, de la *liberté*, de la *conscience* et des autres *facultés*, de l'*honneur* et des *biens*.

**I. Respect de la vie.**

« Tu ne tueras point. » Ce précepte nous défend de détruire en nous et dans les autres le principe de la moralité.

Le droit de vivre est le premier de tous les droits et la condition de tous les autres.

On viole ce droit en soi par le *suicide*, dans les autres par l'*homicide*.

— L'homicide est permis : 1° Dans le cas de légitime défense ; 2° Dans le cas d'exécution légitime d'un condamné à mort ; 3° Dans la guerre (légitime défense des nations).

On ne peut faire rentrer dans ces exceptions ni l'*assassinat politique*, ni le *duel*.

**Le duel.**
- Le *duel* est un homicide compliqué d'un suicide conditionnel.
- Le duel est opposé : A la *loi naturelle*, qui condamne le suicide et l'homicide ;
- — A l'*ordre public*, qui repose sur ce principe : qu'il n'est pas permis aux individus de se faire justice eux-mêmes ; — (nul ne doit être juge et partie : axiome de jurisprudence) ;
- Au *bon sens* : il n'y a pas de rapport entre la fin et les moyens ; entre une réparation d'honneur et un coup d'épée ou une balle ; — parce qu'on est le plus fort ou le plus adroit ou que l'on est favorisé du sort, cela ne veut pas dire que l'on soit le plus honnête. — C'est souvent le coupable qui tue l'innocent, dans ces sortes de combats : quoi de plus *déraisonnable* et de plus *injuste* ?
- Les *sophismes* en faveur du duel, comme du suicide, ne manquent pas ;
- Ils sont tous condamnés par le bon sens et la loi morale.

**II. Respect de la conscience et de la liberté.**

Le respect de la liberté comprend : le respect de la conscience, des opinions, des croyances, et la liberté individuelle (*habeas corpus*).

**Respect de la conscience d'autrui.**
- La liberté de conscience, c'est la liberté de faire son devoir.
- C'est la première et la plus importante de toutes les libertés.
- La contrainte qui réprime le mal ne viole pas la liberté de conscience : le mal n'a pas de droits.
- La société civile a le devoir de protéger la liberté de conscience contre toute erreur, tout scandale qui y porte atteinte. — L'*indifférence*

**II. Respect de la conscience et de la liberté.** *(Suite.)*

- **Respect de la conscience d'autrui.** *(Suite.)*
  - entre le bien et le mal est condamnée par la morale. — La *tolérance* de l'erreur peut, dans certaines circonstances, n'être pas condamnable.
  - Le respect des opinions et des croyances, la patience dans les discussions sont des vertus, pourvu qu'elles ne deviennent pas de l'indifférence, ce qui serait une complicité.

*Liberté philosophique.* — A la liberté de conscience se rattache la *liberté philosophique*, qui est le droit de penser, en dehors de toute religion, ce que l'on trouve de plus conforme à la raison, sur la nature, l'âme, Dieu, etc.
Cette liberté n'est pas illimitée : l'erreur, pas plus que le mal, n'a de droits, et l'évidence s'impose à l'intelligence.

- **Respect de la liberté physique. — Esclavage et servage.**
  - (Voir *Psychologie*, 20ᵉ leçon, p. 43.)
  - La liberté individuelle condamne l'*esclavage* et le *servage*.
  - L'*esclavage* est contre nature ; c'est un crime de lèse-humanité, que la morale condamne.
  - Les arguments des *philanthropes* et des *économistes* contre l'esclavage ont leur valeur sans doute, mais ils ne suffisent pas, parce qu'ils ne s'appuient que sur des raisons d'utilité ou de sentiment, abstraction faite des raisons morales.
  - Le *servage* est condamné pour les mêmes raisons. — Entre le serf et l'esclave, il y a cependant une distance immense : le premier est une *personne*, le second est considéré comme une *chose*.
  - Le *serf* est un homme qui ne jouit pas de tous ses droits ; l'*esclave* n'est pas un homme ; il n'a aucun droit.

*Abus de pouvoir.* — L'abus de pouvoir est une violation de la liberté.
Le père, le patron, le maître, qui contraignent ceux qui leur doivent obéissance à faire quelque chose de réprouvé par la conscience ;
Le patron qui exige un travail trop considérable de ses ouvriers, ou qui profite de leur faiblesse, de leur besoin pour les exploiter ;
Le gouvernement qui profite de l'autorité du pouvoir pour violer la liberté, commettent des *abus de pouvoir*.

**III et IV. Respect des facultés.**

- **Respect de l'intelligence.**
  - On peut porter atteinte à la liberté de l'intelligence d'autrui de trois manières :
  - 1º En l'empêchant de s'instruire ;
  - 2º En le trompant par le mensonge, la fourberie, la ruse, l'hypocrisie ;
  - 3º En abusant de sa confiance par indiscrétion.
  - (Voir ce qui a été dit ci-dessus, p. 118 : *Respect de la vérité*).

- **Respect de la sensibilité.**
  - Le respect de la personne dans la sensibilité se nomme *politesse*.
  - La politesse est souvent un devoir de justice : les injures, les railleries, les paroles blessantes sont des injustices.
  - Toujours elle est la manifestation de la bienveillance, de la bonté, de la charité.
  - « Ne faites pas aux autres ce que vous ne voudriez pas qu'ils vous fassent. »
  - « Faites pour eux ce que vous désirez qu'ils fassent pour vous. » — Voilà les maximes de la politesse.

# 7ᵉ LEÇON

## DEVOIRS ENVERS NOS SEMBLABLES (suite)
## RESPECT DE LA PERSONNE DANS SON HONNEUR OU SA RÉPUTATION ET DANS SA PROPRIÉTÉ

L'honneur ou la réputation est un des biens les plus précieux pour l'homme.
C'est un devoir de garder sa réputation intacte, d'avoir de l'honneur, et c'est aussi un droit que nul ne peut violer sans injustice.
(Voir *Psychologie*, 6ᵉ leçon; voir aussi *Morale générale*, p. 94).

**DEVOIRS ENVERS NOS SEMBLABLES (suite).**

**I. — Diverses manières de manquer au respect dû à l'honneur du prochain.**
**— Médisance, calomnie, diffamation, etc.**

Il y a diverses manières de porter atteinte à l'honneur du prochain:
1° Par la *médisance*, en découvrant sans nécessité les défauts ou les fautes du prochain;
2° Par la *calomnie*, en lui attribuant des défauts qu'il n'a pas ou des fautes qu'il n'a point commises.
— « Le médisant ou le calomniateur fait ordinairement trois meurtres : 1° il tue son âme; 2° celle de celui qui l'écoute (scandale); 3° il ôte la vie civile au prochain dont il médit. » (Saint François de Sales.)
3° Par la *diffamation*, médisance ou calomnie qui reçoit une grande publicité (livre, journal, affiche);
4° Par des *injures*, paroles ou actes attentatoires au respect dû à autrui.
La loi civile punit la *médisance*, la *calomnie*, la *diffamation* et l'*injure*.
5° Par la *détraction*, action de dénigrer quelqu'un en son absence.
6° Par la *dénonciation* non motivée. — La dénonciation peut être un devoir strict; dans le témoignage en justice, par exemple, ou lorsqu'il s'agit d'éviter un mal considérable.
— La règle à suivre est celle-ci : ne jamais révéler les fautes du prochain dans l'intention de lui nuire; n'avoir en vue que son devoir, la justice, qu'il faut sauvegarder; le droit, qu'il faut défendre. Celui qui est dénoncé dans ces conditions n'a aucun droit de se plaindre.
7° Par la *délation*, c'est la dénonciation intéressée. — Elle est toujours mauvaise.
La délation revêt mille formes : simple *conversation*, lettre anonyme, journal, livre, indiscrétion voulue;
8° Par le *mauvais rapport*, qui consiste à faire connaître à quelqu'un ce que d'autres ont dit de lui.
On blesse encore l'honneur du prochain par le doute, la suspicion et le jugement téméraire.
— Plusieurs de ces atteintes à la réputation d'autrui ne sont pas passibles de peines civiles; mais toutes tombent sous le coup de la conscience, et sont des péchés graves de leur nature.

Il ne faut pas confondre la médisance, la calomnie, etc., avec la *critique*, qui est un droit La critique n'attaque pas les personnes, mais les actes. — C'est une œuvre de défense, et tout homme public est soumis à la critique dans les actes de son emploi (littérature, morale, politique, administration, etc.).

## DEVOIRS ENVERS NOS SEMBLABLES

**DEVOIRS ENVERS NOS SEMBLABLES (Suite.)**

**II. — Respect de la personne dans sa propriété. — Fondement du droit de propriété.**

1° Dieu a donné à tout homme le droit de vivre, et la destination des biens de la terre est la nourriture de l'humanité. De là le droit de propriété des hommes sur les choses créées.

2° L'appropriation individuelle est préférable à la propriété collective :
  a) Pour la bonne administration des biens ;
  b) Pour éviter une confusion nuisible à la fécondité ;
  c) Pour éviter des querelles entre les hommes.

3° C'est donc en vue de l'utilité générale que la doctrine chrétienne recommande l'appropriation individuelle. Parallèle de cette doctrine avec la conception moderne de la propriété individuelle, inspirée des principes païens du droit romain. Corollaire pratique : devoir de charité qui s'impose au riche.

**Origines de l'appropriation individuelle.**

1° *Le droit du premier occupant* : droit légitime, puisqu'on n'empiète sur les droits de personne.
Il faut que l'occupation soit marquée par un signe apparent : fossé, haie ;... de plus, il ne *saurait être illimité*.

2° *Le travail.* — L'objet fabriqué appartient de droit au fabricant, qui peut le vendre, le garder ou l'échanger à son plaisir. C'est comme un prolongement de sa personne.
Le capital, qui est une propriété, fruit du travail et de l'épargne, est légitime, comme toute autre propriété.

3° *La loi.* Doctrine de Léon XIII sur le rôle des *institutions publiques* dans la formation de la propriété : Le droit de propriété est un droit naturel, conséquence du droit de vivre, antérieur à la loi et à l'État ; mais, dans la pratique, l'appropriation individuelle est régie par le droit positif, par la loi.

**Systèmes qui nient le droit de propriété.**

Le *communisme* réclame le partage égal du sol entre tous les citoyens.
Le partage égal des biens est *impossible* : qui le ferait ? en vertu de quel droit ? comment connaître la richesse de chacun ?
*S'il se faisait, il ne durerait pas* : l'un est actif, l'autre paresseux ; l'un fort, l'autre faible.
*Il est illégitime* : de quel droit me dépouiller de ce que j'ai légitimement acquis ?
*Il serait funeste* : ce serait favoriser la paresse et tous les vices. — *De plus, il conduirait à une misère universelle.*
Le *socialisme* nie la légitimité de la propriété ; il revêt différentes formes :

1° Les *saint-simoniens, fouriéristes, anarchistes, nihilistes*, jugent l'organisation de la société défectueuse ; ils veulent la détruire pour la reformer sur d'autres bases ;

2° Les *collectivistes* demandent le retour des instruments du travail à la collectivité, c'est-à-dire aux ouvriers, qui alors jouiront de tout le fruit de leur travail ;

3° Rousseau et Prudhon ont attaqué la légitimité de la propriété personnelle ;

4° Louis Blanc a proclamé le droit au travail : la nation doit fournir à tous du travail ou du pain ;

5° D'autres veulent remettre à l'État le soin de partager la richesse et de distribuer à tous un salaire convenable (*socialisme d'État*)

Tous ces systèmes sont réprouvés par la *justice*, par le *bon sens* condamnés par l'*histoire* et l'économie politique.

**Limitations apportées au droit de propriété.**

La loi française a apporté un certain nombre de restrictions au droit de propriété.
La plus importante, c'est la limitation *du droit de tester.* — C'est une dérogation à un droit naturel.
Les autres, moins importantes, sont : les *servitudes* de diverses sortes, le droit d'expropriation, etc.

<table>
<tr><td rowspan="2">DEVOIRS ENVERS NOS SEMBLABLES (Suite.)</td><td>Diverses manières de violer le droit de propriété.</td><td>autrui, et sur laquelle on n'a pas de droits (distinguer du vol la prise par nécessité);<br>2° L'escroquerie, qui consiste à s'emparer de la fortune d'autrui par ruse et tromperie;<br>3° La fraude, qui consiste à tromper le prochain dans les contrats;<br>4° Le dol, qui consiste à tromper sur la qualité des marchandises;<br>5° Le faux, qui consiste à altérer les écrits, chiffres, dates;<br>6° L'usure, qui consiste à prélever des intérêts exagérés;<br>7° La banqueroute, la faillite, qui consiste à faire perdre les autres, par le peu de soin qu'on apporte à ses affaires.<br>Toutes ces violations obligent en conscience à restitution.</td></tr>
<tr><td>Droits d'association et de coalition.</td><td>Le droit d'association et de coalition se rattachent au droit de propriété.<br>Le droit d'association est un droit naturel, et l'État n'a le droit d'empêcher aucune association dont le but n'est pas manifestement mauvais.<br>Le droit de coalition est une garantie du droit de propriété.<br>Les ouvriers et les patrons peuvent s'en servir pour protéger leurs droits.</td></tr>
</table>

---

## 8ᵉ LEÇON

### DEVOIRS ENVERS NOS SEMBLABLES (SUITE)
### ÉQUITÉ. — DEVOIRS PROFESSIONNELS. — FIDÉLITÉ AUX ENGAGEMENTS
### CHARITÉ. — AUMONE

<table>
<tr><td rowspan="3">DEVOIRS ENVERS NOS SEMBLABLES (Suite.)</td><td></td><td>Sens des mots probité, équité, loyauté, délicatesse. — La probité, c'est la justice légale;<br>L'équité, la justice naturelle;<br>La loyauté ou bonne foi, la fidélité à la parole donnée;<br>La délicatesse, c'est la finesse d'esprit et la pureté de sentiment dans l'exercice de la justice et de la charité.<br>Un homme probe remplit exactement les devoirs de la vie civile; il ne nuit à personne (honnête homme au sens vulgaire);<br>L'homme équitable rend à chacun ce qui lui est dû; à chacun selon son mérite, sans tenir compte des lois positives;<br>L'homme loyal est celui qui obéit aux lois de l'honneur, et dont la parole vaut un contrat;<br>Enfin l'homme délicat s'ingénie pour faire plaisir; il est bon, charitable, observe les règles de la bienséance.</td></tr>
<tr><td>Devoirs professionnels.</td><td>L'homme qui n'accomplit pas consciencieusement ses devoirs professionnels pêche contre la probité, c'est-à-dire qu'il commet une injustice envers tout le corps social.<br>Un médecin, un pharmacien, un avocat, un magistrat, un professeur, etc., qui manquent d'instruction ou ne s'occupent pas sérieusement de leurs fonctions, manquent à la probité; ils sont malhonnêtes.<br>Un ouvrier qui perd son temps, un patron qui ne paye pas assez ses ouvriers, un marchand qui vend de la mauvaise marchandise ou la vend trop cher, manquent à la probité; ils sont de malhonnêtes gens.</td></tr>
</table>

## DEVOIRS ENVERS NOS SEMBLABLES

**DEVOIRS ENVERS NOS SEMBLABLES (Suite.)**

**Devoirs professionnels. (Suite.)**
De même un électeur qui ne vote pas selon sa conscience; les législateurs qui se laissent mener par l'esprit de parti; les employés qui s'acquittent mal de leurs fonctions, les élèves qui perdent le temps, etc., tous ceux-ci encore pèchent contre la probité; ils manquent à l'honnêteté naturelle, à la justice.
Quiconque embrasse volontairement une profession, s'engage à en remplir les devoirs, quelque difficiles qu'ils puissent être; il y va de l'honnêteté. — Voilà une règle formelle.

**Fidélité aux engagements.**
La fidélité aux engagements est une forme de la justice, qui nous défend de tromper.
C'est en même temps l'un des fondements de la société, qui ne subsiste que par un échange de services.
Cette obligation de tenir nos engagements porte:
1° Sur la *simple promesse*, par laquelle on s'engage gratuitement à quelque chose;
2° Sur le *contrat*, convention par laquelle une ou plusieurs personnes s'obligent, envers une ou plusieurs autres, à donner, à faire ou à ne pas faire quelque chose.
— Une chose mauvaise ou illicite de sa nature ne saurait faire l'objet d'une promesse ou d'un contrat obligatoire.

**Justice distributive.** — A quoi elle nous oblige (voir p. 105).

**Devoir de reconnaissance. — L'ingratitude.**
La reconnaissance est un devoir de justice, mais non exigible par la contrainte.
La reconnaissance a deux degrés: l'un *négatif*: ne pas faire du mal à un bienfaiteur; l'autre *positif*: rendre le bien pour le bien. — Ce dernier degré seul est la vertu.
L'ingratitude a aussi deux degrés: 1° ne pas rendre le bien pour le bien (négatif); 2° rendre le mal pour le bien. — Ce dernier degré est doublement odieux.
Quel que soit le degré que l'on considère, l'ingratitude est l'indice d'un mauvais cœur.
Celui qui n'est pas reconnaissant n'est pas *équitable*; il ne rend pas à chacun ce qui lui est dû.

**Respect des personnes avancées en âge, des supériorités morales.** — C'est un devoir de justice de respecter les personnes avancées en âge: elles ont travaillé plus que nous au bien social. Ordinairement la vieillesse implique la vertu. — C'est aussi un devoir de charité, à cause de la faiblesse inhérente à la vieillesse.
Il faut respecter aussi les personnes qui ont rendu des services à la société: ce qu'on appelle les *supériorités morales*, savants, inventeurs, etc., toujours en vertu du principe de la justice distributive.

**Passions malveillantes. — Leurs effets.**
(On a déjà vu, en *Morale générale*, p. 105, ce qu'est la charité, sa nécessité, ses degrés).
La charité nous oblige à réprimer les *passions malveillantes*, dont les principales sont:
1° La *colère*, mouvement aveugle et violent, qui nous prive momentanément de la raison et nous fait agir comme des brutes. — C'est une courte démence;
2° La *haine*, colère réfléchie et méditée;
3° La *vengeance*, haine cherchant à se satisfaire;
4° L'*envie*, la *jalousie*, passions qui nous rendent tristes du bien qui arrive aux autres, et joyeux du mal qui les frappe. — L'envieux, le jaloux, cherche son bonheur dans le malheur des autres;
5° L'*orgueil*, qui est la source de toutes les passions précédentes;
L'orgueil s'appelle *intolérance*, lorsqu'il ne peut souffrir les paroles ou les opinions opposées.
Les *passions malveillantes* dépriment l'âme, aigrissent le caractère, torturent le cœur; elles mettent le désordre dans les familles et dans la société, et sont la source des crimes les plus abominables.

**DEVOIRS ENVERS NOS SEMBLABLES (Suite.)**

**Obligations positives de la charité.**

Les obligations précédentes sont toutes négatives ; en voici de positives :
1° Œuvres de miséricorde corporelle : aumône, visite des malades et des prisonniers, etc. ;
2° Œuvres de miséricorde spirituelle : prière, bons conseils, bons exemples, etc.
Ces diverses œuvres constituent le *dévouement*, renoncement à soi pour le bonheur des autres : le christianisme est fondé sur le dévouement ; celui qui ne sait pas se dévouer n'est pas chrétien.
La charité nous oblige encore au *pardon des injures*. — Non seulement il ne nous est pas permis de nous venger, mais il faut encore, pour obéir à la loi de Jésus-Christ, pardonner à nos ennemis, leur vouloir et leur faire du bien.

**L'aumône.**
—
**Charité légale.**

L'aumône est un des principaux devoirs de charité ;
Elle est *obligatoire* pour tous, dans la mesure où on peut la faire.
L'obligation de faire l'aumône est fondée sur la fraternité et la solidarité humaines.
En faisant l'aumône, il faut se garder d'humilier celui qui la reçoit ; ce serait manquer à la charité en la faisant. Il faut se souvenir que « la façon de donner vaut mieux que ce qu'on donne ».
On a fait des objections contre la charité, contre l'aumône, en particulier.
On a soutenu que l'aumône était *démoralisatrice*, puisqu'elle encourage le vice et la paresse ; qu'elle était contraire aux progrès de l'humanité (évolutionnistes).
On a dit encore (socialistes) que l'aumône humilie ; qu'elle se fait aux dépens de la justice ; que l'ouvrier a droit à tout ce dont il a besoin, etc.
La première objection s'applique à la théorie darwinienne de la lutte pour la vie ; la seconde, à la société dans laquelle l'Etat serait un Etat-Providence.
Les socialistes ont, en effet, demandé l'*assistance obligatoire légale*. — C'est là une erreur sociale très grave, qui entraînerait la ruine de la charité privée, la seule vraie.

**DEVOIRS RELATIFS AUX ÊTRES INFÉRIEURS**

On a vu en *Morale générale*, 10° Leçon, que nos devoirs à l'occasion des êtres inférieurs (choses, animaux) ne constituent pas précisément une classe à part. Dans les rapports que l'on a avec eux, il s'agit toujours de respecter la loi morale, de se conformer à la raison. — Reste à résoudre deux questions :
1° Les physiologistes peuvent-ils alléguer les droits de la science pour opérer des vivisections sur les animaux ? — Oui ; car les animaux sont des choses dont l'homme peut se servir comme d'un moyen. Mais ce serait une *cruauté*, par conséquent une faute contre soi-même, de les faire souffrir sans nécessité. (La loi Grammont punit d'une amende et de la prison les mauvais traitements contre les animaux domestiques.)
2° Une seconde question se pose : Les physiologistes ont-ils le droit, même quand il s'agit de la science, de faire des expériences dangereuses sur l'homme ? — Non ; parce que l'homme ne peut jamais être traité comme une chose, comme un moyen.

# 9ᵉ LEÇON

## SOCIÉTÉ CIVILE OU ÉTAT
### DEVOIRS ET DROITS DES GOUVERNANTS ET DES GOUVERNÉS

**SOCIÉTÉ CIVILE OU ÉTAT — I. La patrie et le patriotisme.**

*Patrie, nation, peuple, État, gouvernement.*

Le mot *patrie* signifie terre des pères ou des aïeux.
La patrie, c'est le pays où l'on est né, la nation dont on fait partie, la société politique dont on est membre.
L'idée de patrie renferme un ensemble d'institutions, de croyances, de traditions, de monuments, qui forment le patrimoine d'un même peuple.
« *Une nation*, c'est une réunion d'hommes habitant un même territoire, soumis ou non au même gouvernement, ayant depuis longtemps des intérêts assez communs pour qu'on les regarde comme appartenant à la même race. » (LITTRÉ.)
On appelle *principe des nationalités* un principe en vertu duquel toutes les portions d'une même race d'hommes tendent à se constituer en un seul corps politique, à former un État distinct (pangermanisme, panslavisme, irrédentisme).
Un *État* est une réunion d'hommes vivant d'une manière permanente sur un territoire à eux, et soumis à des lois communes et à un gouvernement indépendant.
Le *gouvernement* est l'ensemble des personnes qui représentent et dirigent l'État. — C'est aussi le régime politique : monarchie, république. — Ces deux mots s'emploient souvent l'un pour l'autre.
*Peuple* se dit souvent pour *nation, État, gouvernement.*

*Famille, patrie, humanité,* sont trois termes qui désignent des sociétés naturelles.
La *famille* est la société primitive, fondement des deux autres. (Voir ce qui en a été dit plus haut, p. 116).
La *patrie* ou la *nation* est un groupement de familles ;
L'*humanité* est le groupement de toutes les nations ; c'est la famille et la patrie universelles.
L'homme a des devoirs à remplir envers chacun de ces trois groupes.
Le *communisme* détruit les devoirs envers la famille ;
Le *cosmopolitisme* méconnaît les devoirs envers la patrie ;
Le *chauvinisme* nie les devoirs envers l'humanité.
(Voir ce qui a été dit sur l'amour de la patrie, *Psych.*, 6ᵉ leçon.)

*Le patriotisme.*

Le *patriotisme*, c'est l'amour de la patrie, le dévouement à la chose publique.
Le patriotisme est un sentiment et un devoir. Il doit se manifester par des actes : en temps de paix, par l'obéissance aux lois ; l'accomplissement des devoirs professionnels ; en temps de guerre, par le sacrifice de ses biens et de sa personne.

**SOCIÉTÉ CIVILE OU ÉTAT** (Suite).

**Le patriotisme.** (Suite.)

Il ne faut pas confondre le patriotisme avec le chauvinisme et le *fanatisme*, passion aveugle et barbare.

L'amour de la patrie n'a pas toujours été compris de la même manière.

*Chez les anciens*, Grecs et Romains, c'était un sentiment étroit, jaloux, barbare : la patrie, c'était la *cité*; les *compatriotes* étaient les hommes libres, pas les esclaves ni les étrangers.

*Chez les nations barbares* le patriotisme était vivace, mais cruel.

*Au moyen âge*, on pouvait voir deux patries, la petite (ville ou province) dans la grande (France, Italie, Espagne, Angleterre, Allemagne).

C'est le christianisme qui a adouci, ennobli et agrandi le sentiment patriotique.

**II. Fondement de l'autorité publique.**

**Théories sur l'origine du pouvoir.**

Aucune société n'est possible sans un pouvoir dirigeant. La société civile doit donc être gouvernée, comme la société domestique et la société religieuse.

Il existe différents systèmes ou théories pour expliquer l'origine du pouvoir civil.

**1° Théorie du droit divin.**

Elle se divise en théorie du *droit divin direct* et du *droit divin indirect*.

a) Le droit divin *direct* prétend que le pouvoir vient immédiatement de Dieu, *sans aucune participation de la nation*.

Cette théorie a été soutenue par Bossuet (*Politique tirée de l'Écriture sainte*) et par les partisans de l'ancien régime. — Elle est fausse et aboutit à l'absolutisme. L'Église la condamne.

b) Le droit divin *indirect* enseigne que *tout pouvoir vient de Dieu, mais par l'intermédiaire des hommes*.

La société étant d'origine divine, le pouvoir doit l'être aussi.

Mais il ne faut pas entendre par là que Dieu désigne *directement tel homme* ou *telle famille pour l'exercer*. Dieu est ici cause première; mais il laisse aux causes secondes, c'est-à-dire aux hommes réunis en société, l'exercice de leur liberté dans le choix de leurs gouvernants. Telle est la doctrine de l'Église, qui ne condamne aucune forme de gouvernement.

**2° Théorie de la souveraineté nationale.**

Par souveraineté nationale, on entend le droit qui appartient à la nation de se diriger elle-même, de faire des lois et d'en poursuivre l'exécution.

Ce droit peut être entendu de deux façons, comme le droit divin :

a) *Théorie de Rousseau et de la Révolution.* — Rousseau et la Révolution ont soutenu la théorie de la *souveraineté absolue du peuple*.

La loi est l'expression de la volonté générale; le peuple est la source de tout droit et de tout pouvoir;

Sa souveraineté est indépendante de Dieu, dans son origine et dans son exercice.

Cette théorie conduit à la tyrannie populaire et au despotisme d'État.

b) *Théorie catholique.* — « Le pouvoir civil émane du peuple : le consentement de la nation est la source de tout pouvoir juste. » (Suarez.)

Ce pouvoir, la nation le délègue à des hommes de son choix pour le bien commun. D'où il suit que la nation a le droit de le retirer à celui qu'elle en a investi, s'il en use contre les intérêts de la communauté.

Tel est l'enseignement des théologiens. Mais il est toujours bien entendu que le pouvoir a son origine première en Dieu, auteur de toute société, et qu'il ne peut aller contre les lois naturelles, contre la raison, contre la justice.

## SOCIÉTÉ CIVILE OU ÉTAT (Suite).

### II. Fondement de l'autorité publique.

**Théories sur l'origine du pouvoir.**

**3° Théorie dite de la légitimité ou du pouvoir héréditaire.**

C'est l'hérédité appliquée à la possession du pouvoir dans une nation.

Ce système tient de la souveraineté nationale et du droit divin : de la souveraineté nationale, en ce que c'est le peuple qui désigne le premier chef, le fondateur de la dynastie ; du droit divin, en ce que, une fois la dynastie ou famille désignée, le peuple se croit lié envers elle.

C'est ce système qui a prévalu dans toute l'Europe moderne, et qui prévaut encore dans la majorité des États.

On lui reproche d'exposer le pouvoir à tomber dans les mains d'un indigne ou d'un incapable et de favoriser la tyrannie et l'absolutisme ; mais il offre de grands avantages, en ce qu'il assure une transmission régulière du pouvoir, qu'il écarte les compétitions, rend difficiles les révolutions causées par la faiblesse et l'instabilité du pouvoir central.

C'est seulement l'hérédité qui différencie aujourd'hui les monarchies des républiques.

**4°** Nous ne ferons que nommer le pouvoir résultant de l'*usurpation* ou de la *force* (fait accompli). — Ce n'est pas une théorie, et il ne devient légitime que par la consécration d'un vote libre de la nation. Il rentre alors dans la souveraineté nationale.

**5°** Enfin on a voulu fonder le pouvoir sur les *droits* du citoyen. — C'est revenir à la théorie de la souveraineté nationale, si les citoyens délèguent leurs droits à leurs représentants, ou tomber dans l'anarchie, si chacun prétend les exercer et les défendre sans contrôle.

*Fin de la société civile ou de l'État.* — C'est la fin même de l'humanité : le développement complet des facultés humaines sous l'empire et la protection de la loi ; c'est l'ordre dans la liberté.

### III. L'État et les citoyens.

**Le gouvernement.**
**Les trois pouvoirs.**

Le gouvernement est l'ensemble des pouvoirs qui régissent l'État. Il comprend :
1° *Le pouvoir législatif*, qui doit faire des lois pour le bien de la communauté ;
2° *Le pouvoir judiciaire*, qui doit interpréter et appliquer les lois avec impartialité ;
3° *Le pouvoir exécutif*, qui doit sauvegarder le bon ordre, en assurant l'exécution des lois.

**Principales formes de constitutions ou de gouvernements.**
**Quel est le meilleur.**

La *constitution* est la loi fondamentale qui établit la forme du gouvernement et règle les rapports des gouvernants et des gouvernés. — On distingue :
1° *La constitution ou gouvernement monarchique*, dans lequel tous les pouvoirs sont dans les mains d'un seul. La monarchie peut être plus ou moins libérale, absolue ou despotique.
2° *La constitution ou gouvernement aristocratique*, dans lequel tous les pouvoirs appartiennent à une classe de citoyens, ou du moins aux classes élevées (Venise, au moyen âge).
3° *La constitution ou gouvernement démocratique ou républicain*, dans lequel le peuple se gouverne lui-même, directement ou par ses délégués.

*Quel est le meilleur de ces gouvernements ?* En *théorie*, c'est celui qui garantit le mieux les droits des citoyens, qui investit du pouvoir le plus digne. — Cicéron, saint Thomas, Montesquieu, pensent que c'est la monarchie tempérée ou constitutionnelle, qui répond le mieux à cet idéal. *Pratiquement*, le meilleur gouvernement, pour un pays donné, est celui qui s'adapte le mieux aux idées, aux mœurs, aux traditions, au tempérament du peuple qu'il doit régir.

| | | | |
|---|---|---|---|
| SOCIÉTÉ CIVILE OU ÉTAT (*Suite.*) | III. L'État et les citoyens. (*Suite.*) | La loi. — Lois justes et lois injustes. | Le pouvoir de faire des lois appartient au peuple, qui le délègue à ceux qui le gouvernent. Une loi est *juste* et *oblige en conscience*, quand elle est faite pour le bien de la communauté, et qu'elle n'excède pas le pouvoir du législateur. Une loi est *injuste* et *n'oblige pas en conscience*, si elle est contraire à la loi naturelle, si elle confisque un droit naturel (droit des parents sur les enfants, droit d'association, etc.), si elle est nuisible au bien de la communauté en général. — Dans ces cas, la protestation est un *droit* et un *devoir*, et la résistance est permise; elle peut même être obligatoire, s'il s'agit de droits naturels nécessaires à l'accomplissement des devoirs. |
| | | Droits et devoirs des gouvernants et des gouvernés. | L'État a le *droit* et le *devoir* de faire des lois protectrices de l'ordre et de la liberté, et d'en assurer l'exécution, même par la force (d'où les tribunaux et la force armée). Spécialement dans le domaine économique, l'État doit agir pour la protection des faibles, c'est-à-dire des travailleurs. L'État doit protéger les citoyens dans leur vie, leurs biens et leur honneur. Mais cette protection de l'État a des limites : il ne peut porter atteinte à aucune des libertés qu'il a le devoir de faire respecter (liberté individuelle, inviolabilité de la propriété, droits du père de famille, etc.). Les principaux devoirs des citoyens envers l'État sont : 1° *L'obéissance aux lois et à l'autorité légitimes*; 2° *Le payement de l'impôt*. — L'impôt est une dette de justice que chacun doit acquitter en retour des avantages que la société lui procure; 3° *Le service militaire :* c'est l'impôt du sang. — Celui qui se soustrait au service militaire, sans se rendre un service équivalent, est un *lâche* et un *déserteur*. 4° *Le vote*. — Tout Français âgé de 21 ans, qui n'a pas subi une peine infamante, a le *droit* et le *devoir* de voter. Le vote est *libre* d'après la loi, mais *obligatoire* en conscience. — Ne pas voter, c'est abdiquer son droit et aussi sa part de responsabilité dans les affaires de la commune ou de l'État. Il ne suffit pas de voter, il faut encore *bien voter*. Le vote doit être *libre*, c'est-à-dire qu'il doit émaner de l'initiative personnelle; *Honnête :* selon la conscience, n'avoir en vue que le bien général; *Désintéressé :* chercher plus l'intérêt général que l'intérêt personnel ou l'intérêt d'un parti; *Éclairé :* l'électeur doit chercher à ne donner son suffrage qu'à un citoyen honnête et capable. L'*indifférence* en matière politique *est coupable*, parce qu'il n'est pas permis de se désintéresser du bien général; Elle est *dangereuse*, parce qu'elle expose le pouvoir à tomber entre les mains de malhonnêtes gens. 5° *L'amour de la patrie et le dévouement au bien public.* Droits du citoyen. — Ils se résument en deux termes : droits *civils* (vie privée) et *politiques* (vie publique). |

## 10ᵉ LEÇON

### DEVOIRS DES NATIONS ENTRE ELLES OU DROIT DES GENS

**Définition.** — Le droit des gens ou droit international est l'ensemble des règles pratiques qui déterminent les obligations qu'ont à remplir les Etats les uns à l'égard des autres.

On distingue le droit des gens *naturel*, fondé sur les préceptes de la raison et de la conscience, et le droit des gens *positif*, réglé par les lois humaines.

**Droits et devoirs des nations.**

L'État, personne collective, a, dans l'ordre international, les mêmes droits et les mêmes devoirs que la personne individuelle dans l'ordre moral et dans la société proprement dite.

Comme l'individu, l'Etat doit être respecté dans sa vie et sa liberté, c'est-à-dire dans son *indépendance*;

Dans ses biens, c'est-à-dire dans l'*intégrité de son territoire*;

Dans son *honneur*, c'est-à-dire dans sa *dignité et celle de ses représentants*.

Les États, comme les individus, doivent observer les devoirs de charité, qui tempèrent ce qu'aurait de trop absolu la stricte justice. *Summum jus, summa injuria.*

**La guerre.** — **Ses lois.**

*Le droit de guerre*, qui n'est que le droit de légitime défense appliqué aux nations, est fondé sur les mêmes raisons que lui et que le droit de contrainte dans la société : *nécessité de défendre le droit.*

Comme les nations ne reconnaissent pas de tribunaux arbitraux, elles se font justice directement.

Vattel, Grotius, Domat, Kent, sont favorables au droit de punir une attaque ou une insulte par la guerre;

Saint Thomas est du même avis; mais il veut que le prince qui prend le glaive ne le fasse que par respect pour le droit violé, comme un juge qui rend la justice.

*Le droit de guerre admis, quelles guerres sont légitimes?* Ce sont :

1° Les *guerres défensives*, qui ont pour but de repousser une agression armée;

2° Les *guerres réparatrices*, qui ont pour but de venger la violation d'un droit de l'Etat;

3° Les *guerres d'humanité*, entreprises pour protéger le faible contre l'ambition du plus fort.

*Des lois de la guerre.* — Non seulement la guerre doit être juste dans son principe et dans le but qu'elle poursuit, mais encore elle doit se conformer à certaines règles, sous peine de devenir un *brigandage*.

Ces règles sont : 1° *La déclaration* : il serait injuste d'attaquer une nation sans la prévenir. La déclaration prend diverses formes : négociations, ultimatum, rappel de représentants.

2° Ne doit être considéré comme *belligérant*, et traité comme tel, que le soldat ou celui qui fait acte *de soldat*.

3° *L'humanité* veut qu'on ne fasse au pays vaincu que le mal nécessaire pour vaincre: le pillage, les incendies inutiles sont prohibés;

4° Les biens et la *vie* des non-belligérants doivent être respectés;

5° Le prisonnier doit être traité avec humanité;

6° Les blessés doivent être soignés et les morts enterrés, à quelque armée qu'ils appartiennent;

7° Enfin le poison, les armes empoisonnées, la trahison, etc., sont proscrites par la morale et par le droit des gens.

La guerre est un mal; il serait donc avantageux de la rendre impossible ou d'en diminuer les ravages. — On a essayé diverses combinaisons pour cela : *projet de paix perpétuelle* (Henri IV, l'abbé de Saint-Pierre); *tribunaux arbitres*, *médiations*, *congrès*, etc. Lorsque deux nations ont accepté un arbitrage, le jugement de l'arbitre est obligatoire pour les deux partis; des *conventions particulières* : convention de Genève ou de la Croix-Rouge (1864).

## 11ᵉ LEÇON

## LA RELIGION NATURELLE

**Définition.** — Ensemble des devoirs de l'homme envers Dieu connu par la raison ;
— Ou encore : ensemble des rapports qui lient l'homme à Dieu, rapports fondés sur la nature de l'homme et sur celle de Dieu, découverts et formulés par la raison.

**Son existence.** — Si Dieu existe, il est manifeste que nous avons des devoirs envers lui.

En sa qualité de créateur, de bienfaiteur, de maître et de père, il a des droits sur nous. D'où il résulte que la morale, même naturelle, est essentiellement religieuse.

**Différence avec la religion révélée.** — La religion naturelle est l'œuvre de la raison seule ; la religion révélée repose sur une révélation directe ou indirecte de Dieu aux hommes. Elles impliquent, l'une et l'autre, l'idée et le sentiment religieux (voir *Psychologie*, 6ᵉ leçon, p. 18).

**DE LA RELIGION NATURELLE**

**En quoi consiste la religion naturelle.**
La religion naturelle consiste essentiellement dans l'*adoration*, qui comprend :
1° La *foi*, croyance à l'existence d'un Dieu personnel ;
2° Le *respect* envers l'être infini et parfait ;
3° L'*amour* et la *reconnaissance* envers le Créateur et le conservateur de toutes choses ;
4° L'*espérance* en sa bonté et en ses promesses ;
5° L'*obéissance*, respect de la volonté de Dieu comme législateur ;
6° Enfin la *sainteté*, qui n'est que la tendance à l'imitation de Dieu.

On peut encore résumer la religion naturelle dans les trois mots suivants : croyance à l'existence de Dieu ; croyance à la dépendance de l'homme ; et, comme conséquence, devoir de l'honorer par un ensemble de pratiques ou *culte*.

**Le culte.**
Le culte est l'ensemble des pratiques par lesquelles l'homme honore Dieu. — Il est *individuel* ou *social*.

a) Culte *individuel*. — Il est *intérieur* : *adoration* de Dieu « en esprit et en vérité » ; *obéissance* constante à la loi morale, expression de la volonté de Dieu ; *prière*, qui est à la fois un *besoin* et un *devoir* (action de grâces).

Ou *extérieur* : ensemble d'attitudes, de pratiques, de cérémonies, qui expriment au dehors le sentiment religieux, comme la parole exprime la pensée.

— Ce culte extérieur est *nécessaire* : en toute justice, l'homme doit à Dieu l'hommage de son corps, comme de son âme ; de plus, en vertu de l'*union de l'âme et du corps*, les sentiments se traduisent par des expressions.

b) Culte *social* : hommage extérieur rendu à Dieu, au nom des sociétés, par ceux qui les gouvernent ou par leur ordre.

C'est un acte de justice, Dieu étant l'auteur de la société comme de l'individu.

Dans cette affirmation de leur dépendance de Dieu, les gouvernements trouvent une consécration de leur autorité, et les peuples un motif d'obéissance et de moralité.

**Peut-on se contenter de la religion naturelle ?** (Voir *Morale génér.*, p. 101 et 102.)

**Respect du nom de Dieu.** — Une des obligations de la religion naturelle, comme de la religion révélée, c'est le respect du nom de Dieu. — On ne doit pas l'employer comme un mot vulgaire.

Le *blasphème* est une faute aussi bien contre la morale naturelle que contre la religion ; de même, le *serment* ou *jurement* non motivé.

Les plus grands esprits ont donné l'exemple du respect du saint nom de Dieu. Ex. : Newton, Leibniz.

## 12ᵉ LEÇON

### RAPPORTS DE LA MORALE ET DE L'ÉCONOMIE POLITIQUE
### TRAVAIL, CAPITAL, PROPRIÉTÉ

**RAPPORTS DE LA MORALE ET DE L'ÉCONOMIE POLITIQUE**

**Définitions.** — L'économie politique se définit :
Science de la richesse ou des richesses sociales;
Science des lois du travail;
Science de l'utile; — « Science du ménage social. » (J. Simon.)

**Objet et utilité de l'économie politique.**

L'objet de l'économie politique est la *richesse* et la détermination des lois générales qui président à sa production, à sa distribution, à sa circulation et à sa consommation. — Son but est la prospérité du corps social, en rendant l'aisance aussi générale que possible.

L'*utilité* de cette science résulte de son *but*, de son *objet* et de sa *définition*.

La société, considérée au point de vue particulier de la production et de la consommation des richesses, est un organisme qui a ses lois propres, qu'il faut connaître, si on ne veut pas s'exposer à des catastrophes. Toutes les attaques contre la propriété, la famille, le capital, viennent d'une économie politique fausse. « Faisons des économistes, si nous ne voulons avoir des niveleurs. » (Rossi.)

**Rapports de l'économie politique avec la morale, le droit, l'histoire.**

L'économie politique ne peut se séparer de la *morale* : l'honnête est la règle de l'utile. Elle doit donc être subordonnée à la morale.

Toutes les vertus économiques (tempérance, ordre, travail) sont des vertus morales; — et ce que la morale condamne ou ordonne au nom du devoir, l'économie politique le condamne ou le conseille au nom de l'intérêt (voir appendice, p. 181). — Se garder cependant de les confondre, on tomberait dans l'*utilitarisme*.

L'économie politique et le *droit* se complètent réciproquement : on ne peut être *économiste* sans connaître les lois (héritages, contrats, impôts, commerce et industrie), ni *législateur* sans connaître l'économie politique; on s'exposerait à faire des lois qui ne répondraient pas aux besoins de la société.

L'*histoire* fournit à l'économiste de précieux termes de comparaison et un vaste champ d'observations.

La recherche de l'utile est-elle légitime? — Oui, puisqu'elle répond aux besoins naturels. Mais il ne faut pas en faire la loi suprême de la vie; elle doit être subordonnée au devoir, c'est-à-dire au bien. Le bien et l'intérêt sont deux ressorts de l'activité humaine; ils doivent rester unis, mais toujours le second doit être subordonné au premier.

**Les agents de la production.**

Les *agents* de la production sont : la *nature* et le *travail*; un troisième élément y concourt : le *capital*.

**1º La nature.**
C'est tout ce qui nous entoure : sol, air, eau, lumière, chaleur, climat, exposition, etc.
Elle fournit à l'homme les éléments premiers, les matériaux de la production; mais elle ne produit pas seule, en général; il faut la diriger, la maîtriser.

**2º Le travail.**
Le *travail*, au point de vue économique, peut se définir : une peine prise d'une façon suivie, en vue d'un but productif, c'est-à-dire en vue de satisfaire un besoin.
Le travail est pour l'homme une nécessité naturelle : c'est la condition de tout progrès physique, intellectuel et moral.

**Travail productif et travail improductif.**
Le travail est *productif*, s'il augmente l'avoir social;
Il est *improductif*, s'il diminue cet avoir; si c'est une consommation en pure perte : briser des objets, brûler une maison, etc.

## RAPPORTS DE LA MORALE ET DE L'ÉCONOMIE POLITIQUE. (Suite.)

### Les agents de la production. (Suite.)

**2° Le travail. (Suite.)**

*Travail physique et travail intellectuel.*
- Le travail *physique* ou *matériel* est celui dans lequel le corps joue le principal rôle : maçon, manœuvre, artisan, en général ;
- Le travail *intellectuel* est celui où l'esprit domine : invention, direction, administration, etc.
— Contrairement à l'assertion des socialistes, on peut affirmer que le travail intellectuel est plus productif que le travail manuel.

*Organisation du travail.*
L'organisation du travail a pour but de rechercher les moyens de produire le plus d'utilité possible avec le moins d'efforts possible.
Il semble que trois conditions soient nécessaires pour atteindre ce but :
1° La *liberté* : liberté de profession, liberté de production, de transport et de fixation des prix, corrigée et réglée par une certaine organisation professionnelle ;
2° L'*association* : c'est un droit naturel, dont il a été parlé ailleurs. Elle rend possible une multitude de travaux qu'un homme seul ne pourrait jamais entreprendre.
3° La *division*, qui rend le travail plus fécond en accroissant l'habileté de l'ouvrier, en évitant les pertes de temps, en permettant à chacun de faire un travail proportionné à ses capacités ou à ses forces.
— On reproche à la division du travail de faire de l'homme une machine, de mettre l'ouvrier à la merci du patron.

**3° Le capital.**
C'est une partie des richesses produites, mise en réserve et destinée à la production.
On distingue les *capitaux fixes*, qui subsistent après la production, qui peuvent produire indéfiniment (machines, outils, routes, constructions, etc.) ;
Et les *capitaux circulants*, qui sont absorbés dans l'œuvre de la production (approvisionnements, monnaies, etc.).

# APPENDICE

## DE L'ALCOOLISME — SA NATURE, SES EFFETS, SES REMÈDES

### ADDITIONS AUX PROGRAMMES DE LA CLASSE DE PHILOSOPHIE
(Décret du 9 mars 1897)

**I. DE L'ALCOOLISME — SES EFFETS SUR L'INDIVIDU ET SUR LA SOCIÉTÉ**

**Ce qu'est l'alcoolisme.** — C'est un empoisonnement lent, qui trouble profondément l'organisme, diminue les forces physiques, intellectuelles et morales, et conduit à la mort ou à la folie.

Il ne faut pas confondre l'*ivresse*, qui n'est qu'un *phénomène passager*, avec l'*alcoolisme*, qui est un *état permanent*, une *maladie*.

**Comment on devient alcoolique.** — On devient alcoolique :
1° Par l'ivresse répétée;
2° Par l'usage *habituel* des liqueurs fortes, des *apéritifs* : tels que vermouth, amer, bitter, etc.;
3° Surtout par le fréquent usage de l'absinthe.

**Effets de l'alcoolisme sur le corps.**

L'alcool, même pris à petites doses, si elles sont souvent répétées, attaque tous les organes essentiels à la vie.

a) *Action sur l'appareil digestif.* — Il fait perdre le sens du *goût*, irrite la *gorge*, congestionne et enflamme l'*estomac*, modifie en l'exagérant la sécrétion des *sucs digestifs*, ulcère les *intestins*, altère le *foie*, ôte l'*appétit* et amène un amaigrissement et un affaiblissement progressifs.

b) *Action sur l'appareil respiratoire.* — L'alcool passant dans l'appareil respiratoire fait perdre au *larynx* son élasticité, éraille la *voix*, irrite les *bronches*, provoque une toux continuelle, attaque les *poumons* et amène la *phtisie*.

c) *Action sur l'appareil circulatoire.* — L'alcool passe en nature dans le *sang*, qu'il coagule et corrompt; il désagrège les tissus du *cœur*, dilate les *artères* et les *veines*, expose aux embolies et aux anévrismes.

d) *Action sur le cerveau.* — Porté avec le sang jusqu'au cerveau, l'alcool décompose les *tissus*, produit le ramollissement cérébral, amène la rupture des vaisseaux sanguins : autant de causes des apoplexies, des paralysies, du gâtisme, de la folie, etc.

e) *Action sur les organes des sens.* — Sous l'action de l'alcool, la *vue* s'affaiblit, l'*oreille* est remplie de bourdonnements, la *parole* s'embarrasse, le *tact* s'émousse, les *jambes* fléchissent, tout le *système musculaire* est comme paralysé.

L'alcool ouvre la porte à toutes les maladies.

L'alcoolique est un *vieillard anticipé* : à quarante ans, il a les tissus d'un homme de soixante au moins.

**Effets de l'alcoolisme sur les facultés de l'âme.**

L'alcoolisme attaque aussi les facultés de l'âme.

Il est cause de la lenteur d'esprit, des illusions, des hallucinations, des vertiges, des craintes non justifiées; il détruit la *mémoire*, trouble l'*imagination*, affaiblit la *volonté*, altère le *caractère* et produit peu à peu l'*abrutissement*, la *manie*, la *démence*.

## DE L'ALCOOLISME – SES EFFETS (Suite)

**Alcoolisme et hérédité.**

Partout on voit la courbe de la folie parallèle à la courbe de l'alcoolisme.

L'alcoolisme n'est pas seulement un mal individuel, c'est un mal social, un mal de la race.

La science et l'expérience prouvent tous les jours la vérité de ces vieux dictons : « A père ivrogne, fils idiot. » — « L'ivrogne engendre un ivrogne. »

L'alcoolique tue en lui toute sa descendance ; les statistiques nous apprennent que les fils de buveurs sont *dégénérés, épileptiques, hystériques, tuberculeux, ivrognes, fous*, en très grande proportion.

L'avenir moral et matériel de la famille, de la patrie, de la société sont compromis par l'alcoolisme. Un peuple qui s'alcoolise est un peuple en voie de disparaître.

**Effets de l'alcoolisme sur la richesse particulière.** — Il est la cause de la ruine matérielle de la famille : dépense d'argent au cabaret, perte de temps et de salaires, perte de la santé ; désunions, disputes, voies de fait, mauvais propos, mauvais exemples : voilà les fruits de l'alcoolisme.

**Effets de l'alcoolisme sur la richesse publique.** — Ruine matérielle de la famille, l'alcoolisme l'est aussi de la société.

Si l'on compte ce que coûte à la France :
1° L'entretien de vingt mille aliénés alcooliques ;
2° La répression des crimes dus à l'alcool ;
3° Le traitement des victimes de l'alcool dans les hospices et les hôpitaux ;
4° Les pertes de journées occasionnées par l'abus des boissons fortes ;
5° Les pertes provenant des accidents et des suicides, qui ont pour cause l'alcool,

on arrive au total formidable de *un milliard et demi de francs*, plus que les budgets de la guerre et de la marine réunis !

A cette somme, il faudrait encore ajouter le prix de l'alcool consommé (cent trente à cent quarante millions) et le montant des impôts (deux cent cinquante millions) pour avoir la perte matérielle totale éprouvée par l'ensemble des citoyens français du fait de l'alcoolisme.

**Effets de l'alcoolisme sur la moralité, le suicide, la criminalité, les accidents du travail.** — L'alcool dégrade l'homme, lui fait perdre tout sentiment de respect de soi et d'autrui.

Les statistiques prouvent que la criminalité, les suicides, les accidents du travail, croissent partout avec les progrès de l'alcoolisme.

## II. REMÈDES CONTRE L'ALCOOLISME

On peut distinguer des remèdes *fiscaux*, des remèdes *légaux* et des remèdes *moraux*.

**a) Remèdes fiscaux.**

Diverses solutions ont été proposées :
1° Prohibition complète des *boissons alcooliques distillées* et droits élevés sur les alcools *fermentés* ;
2° Monopole de l'État soit pour la vente, soit pour la rectification ou pour l'un et l'autre à la fois ;
3° Droits très élevés sur les alcools distillés, et dégrèvement des boissons dites *hygiéniques* : vin, bière, cidre, etc. ;
4° Droits sur toutes les boissons, *fermentées* ou *distillées*, et dégrèvement du *sucre*, du *thé*, du *café*, qui servent à préparer les seules boissons absolument inoffensives ;
5° Tout le monde est à peu près unanime à demander la suppression des bouilleurs de cru et une plus sévère répression de la fraude sur la fabrication et la vente clandestines de l'alcool.

**b) Remèdes légaux.**

Loi du 23 janvier 1875 contre l'ivresse publique ;
Loi du 24 juillet 1889, prononçant la *déchéance* paternelle pour cause d'ivresse habituelle ;
La même loi punit d'une amende de 1 à 5 francs le cabaretier qui donne à boire à un mineur de moins de seize ans.
On devrait faire une loi réglementant d'une manière sévère la profession de cabaretier. Tous les pays qui l'ont fait s'en sont très bien trouvés.

APPENDICE — DE L'ALCOOLISME   135

**REMÈDES CONTRE L'ALCOOLISME (Suite.)**

*c) Remèdes moraux.*

Ces remèdes sont les plus importants : sans eux, les remèdes légaux et fiscaux seraient impuissants à enrayer le mal.

Il faut instruire les nouvelles générations des ravages de l'alcoolisme ; réveiller le sentiment moral et le sentiment religieux ; réfuter les préjugés et les sophismes.

La lutte contre l'alcool est une œuvre à la fois patriotique et religieuse : elle intéresse les représentants de la nation comme ceux de la religion ; tous, prêtres, législateurs, instituteurs, hommes de lettres, hommes de sciences, patrons, officiers, tous, par la parole, le livre, le journal, nous devons lutter contre le fléau de l'alcoolisme.

Il faut se souvenir cependant que tous ces moyens échoueront encore si on ne revient au *Décalogue*, à la *vie de famille* et aux *pratiques religieuses*.

*Réponse à quelques préjugés.*

On attribue généralement à l'alcool des vertus et des propriétés merveilleuses ; beaucoup croient qu'un homme qui travaille ne saurait s'en passer.

L'alcool, disent-ils, réconforte, donne du courage, de la vigueur, remplace une nourriture plus substantielle et plus chère ; par les temps froids, l'alcool réchauffe ; avant le repas, un verre d'absinthe ouvre l'estomac ; un petit verre après active la digestion ; le vin noie les chagrins ; etc.

Eh bien ! non, il n'en est pas ainsi, et ce sont là autant de sophismes, autant de préjugés.

Non, les spiritueux ne *réconfortent pas, ils excitent ;* ils ne donnent pas la force, mais l'*illusion* de la force ;

Non, les spiritueux ne *nourrissent pas* : l'alcool n'est à aucun degré un aliment ;

Non, l'alcool n'est pas *une source de jouissances*, au moins de jouissances dignes de l'homme ;

Non, l'alcool ne *réchauffe pas*, loin d'*élever* la température il l'*abaisse ;*

Non, les spiritueux, tels que bitters, absinthes, vermouths, amers, etc., ne sont pas des *apéritifs ;* ce sont des poisons, doublement funestes, et parce qu'ils sont pris à jeun, et parce qu'ils sont fabriqués avec des substances essentiellement toxiques ;

Non, enfin, ce ne sont point des *digestifs*, puisqu'ils diminuent la sécrétion du suc gastrique. — Les vrais *digestifs*, comme les vrais *apéritifs*, sont la *tempérance*, le *grand air*, la *vie réglée*, le *travail* et l'*exercice*.

*Conclusion.* — « Il ne suffit pas de proscrire les poisons tels que l'absinthe, de combattre les liqueurs perfides, telles que l'eau-de-vie, de favoriser l'usage des boissons saines ; il faut encore et surtout réveiller chez l'homme le sentiment de la responsabilité morale, le respect de lui-même, l'amour de la famille, l'idée de la patrie et la crainte de Dieu. » (J.-B<sup>te</sup> DUMAS.)

# TABLE DES MATIÈRES

## PRÉLIMINAIRES

| | | |
|---|---|---|
| 1<sup>re</sup> Leçon. | — La science, les sciences.................... | 1 |
| 2<sup>e</sup> — | — Classification et hiérarchie des sciences .......... | 2 |
| 3<sup>e</sup> — | — Philosophie. — Objet et division de la philosophie . . . | 4 |

## PSYCHOLOGIE

| | | |
|---|---|---|
| 1<sup>re</sup> Leçon. | — Objet de la psychologie. — Psychologie et physiologie. — Méthode de la psychologie................ | 6 |
| 2<sup>e</sup> — | — Diverses sortes de phénomènes psychologiques. — Les facultés, détermination et division des facultés...... | 9 |
| 3<sup>e</sup> — | — De l'activité. — Ses modes .................. | 10 |
| 4<sup>e</sup> — | — De la sensibilité. — Du plaisir et de la douleur...... | 11 |
| 5<sup>e</sup> — | — Appétits, inclinations, penchants, passions, désirs. . . . | 13 |
| 6<sup>e</sup> — | — Sensibilité morale. — Inclinations personnelles, inclinations sociales, inclinations supérieures .......... | 16 |
| 7<sup>e</sup> — | — De l'intelligence ....................... | 18 |
| 8<sup>e</sup> — | — Condition fondamentale de toute connaissance intellectuelle : l'attention ..................... | 19 |
| 9<sup>e</sup> — | — Acquisition de la connaissance : perception externe. . . . | 21 |
| 10<sup>e</sup> — | — Acquisition de la connaissance (suite) : perception interne ou conscience ........................ | 23 |
| 11<sup>e</sup> — | — Acquisition de la connaissance (suite) : Raison....... | 24 |
| 12<sup>e</sup> — | — Notions et vérités premières.................. | 25 |
| 13<sup>e</sup> — | — Conservation de la connaissance : Mémoire......... | 30 |
| 14<sup>e</sup> — | — Conservation de la connaissance (suite) : De l'association des idées............................ | 32 |
| 15<sup>e</sup> — | — Conservation de la connaissance (suite) : De l'imagination. | 33 |
| 16<sup>e</sup> — | — Élaboration de la connaissance : Abstraction, comparaison, généralisation ......................... | 34 |
| 17<sup>e</sup> — | — Élaboration de la connaissance (suite) : Jugement et raisonnement............................ | 36 |
| 18<sup>e</sup> — | — Instinct et habitude....................... | 38 |

| | | | |
|---|---|---|---|
| 22ᵉ | — | — Esthétique | 49 |
| 23ᵉ | — | — Rapports du physique et du moral. — États anormaux | 51 |
| 24ᵉ | — | — Psychologie comparée | 53 |

## LOGIQUE

*Préliminaires.* — Définition. — Logique, science et art. — Division... 55
1ʳᵉ Leçon. — Divers états de l'esprit par rapport au vrai et au faux... 55
2ᵉ — — Causes, remèdes et classification de l'erreur. — Sophismes. 58
3ᵉ — — *Logique formelle.* — Les trois opérations de l'esprit. — Le raisonnement et le syllogisme. — Arguments dérivés du syllogisme... 60
4ᵉ — — *Logique pratique.* — Méthode. — Analyse et synthèse... 62
5ᵉ — — Méthode des sciences mathématiques... 65
6ᵉ — — Méthode des sciences de la nature... 67
7ᵉ — — Méthode des sciences morales... 71
8ᵉ — — Méthode de l'histoire. — Critique historique... 73

## MÉTAPHYSIQUE

*Préliminaires.* — Définition, légitimité, importance, méthode, division de la métaphysique... 76
1ʳᵉ Leçon. — Valeur objective de la connaissance... 77
2ᵉ — — Ontologie : Être et modes généraux de l'être : Activité, essence, propriété, nature, substance... 79
3ᵉ — — De la nature en général : Diverses conceptions sur la matière et sur la vie. — Origine du monde (Cosmologie). 81
4ᵉ — — De l'âme. — Spiritualisme et matérialisme... 83
5ᵉ — — Immortalité de l'âme... 85
6ᵉ — — Théodicée : Existence et attributs de Dieu... 86
7ᵉ — — Théodicée (suite) : La Providence, le problème du mal, optimisme et pessimisme... 88

## MORALE GÉNÉRALE

*Préliminaires.* — Définition de la morale. — Sa méthode. — Ses rapports avec les autres parties de la philosophie. — Division... 90
1ʳᵉ Leçon. — Sujet de la loi morale : la personne. — Premières données de la conscience. — La responsabilité... 91

# TABLE DES MATIÈRES

2ᵉ Leçon. — La loi et les lois. — La loi morale : ses cara[ctères], existence, son origine .......... 
3ᵉ — — La conscience ; sens moral, sentiment moral .......... 
4ᵉ — — Le bien, le mal. — Le bien en soi. — Le mal moral. — Fondement de la morale .......... 95
5ᵉ — — Conduite morale. — Motifs d'action .......... 96
6ᵉ — — La vertu et le vice .......... 98
7ᵉ — — Les passions .......... 99
8ᵉ — — Vertus morales : Prudence, force, tempérance, justice. 100
9ᵉ — — Ordre naturel et ordre surnaturel .......... 102
10ᵉ — — Devoir et droit .......... 103
11ᵉ — — Justice et charité .......... 105
12ᵉ — — Sanction .......... 107
13ᵉ — — Faux systèmes de morale .......... 108

## MORALE PRATIQUE

— Introduction, définition, division .......... 111
1ʳᵉ Leçon. — Morale *individuelle*. — Devoirs envers le corps .......... 111
2ᵉ — — Devoirs envers l'âme. — Intelligence .......... 112
3ᵉ — — Devoirs relatifs à la sensibilité .......... 114
4ᵉ — — Devoirs relatifs à la volonté. — Travail .......... 115
5ᵉ — — Morale *sociale*. — Famille. — Amitié .......... 116
6ᵉ — — Devoirs envers nos semblables, envers la société en général. — Respect de la personne dans sa vie, dans sa liberté, dans sa conscience et ses autres facultés .... 118
7ᵉ — — Devoirs envers nos semblables (suite) : Respect de la personne dans son honneur ou sa réputation et dans sa propriété .......... 120
8ᵉ — — Devoirs envers nos semblables (suite) : Équité. — Devoirs professionnels. — Fidélité aux engagements. — Charité. — Aumône. .......... 122
9ᵉ — — Société civile ou État. — Devoirs et droits des gouvernants et des gouvernés .......... 125
10ᵉ — — Devoirs des nations entre elles ou *droit des gens*. .... 129
11ᵉ — — La religion naturelle .......... 130
12ᵉ — — Rapports de la morale et de l'économie politique. — Travail, capital, propriété .......... 131
*Appendice.* — De l'alcoolisme : sa nature, ses effets, ses remèdes. .... 133

www.ingramcontent.com/pod-product-compliance
Lightning Source LLC
Chambersburg PA
CBHW060143100426
42744CB00007B/886